AF550746

Hartmut Sommerschuh

Aquarell im Regen

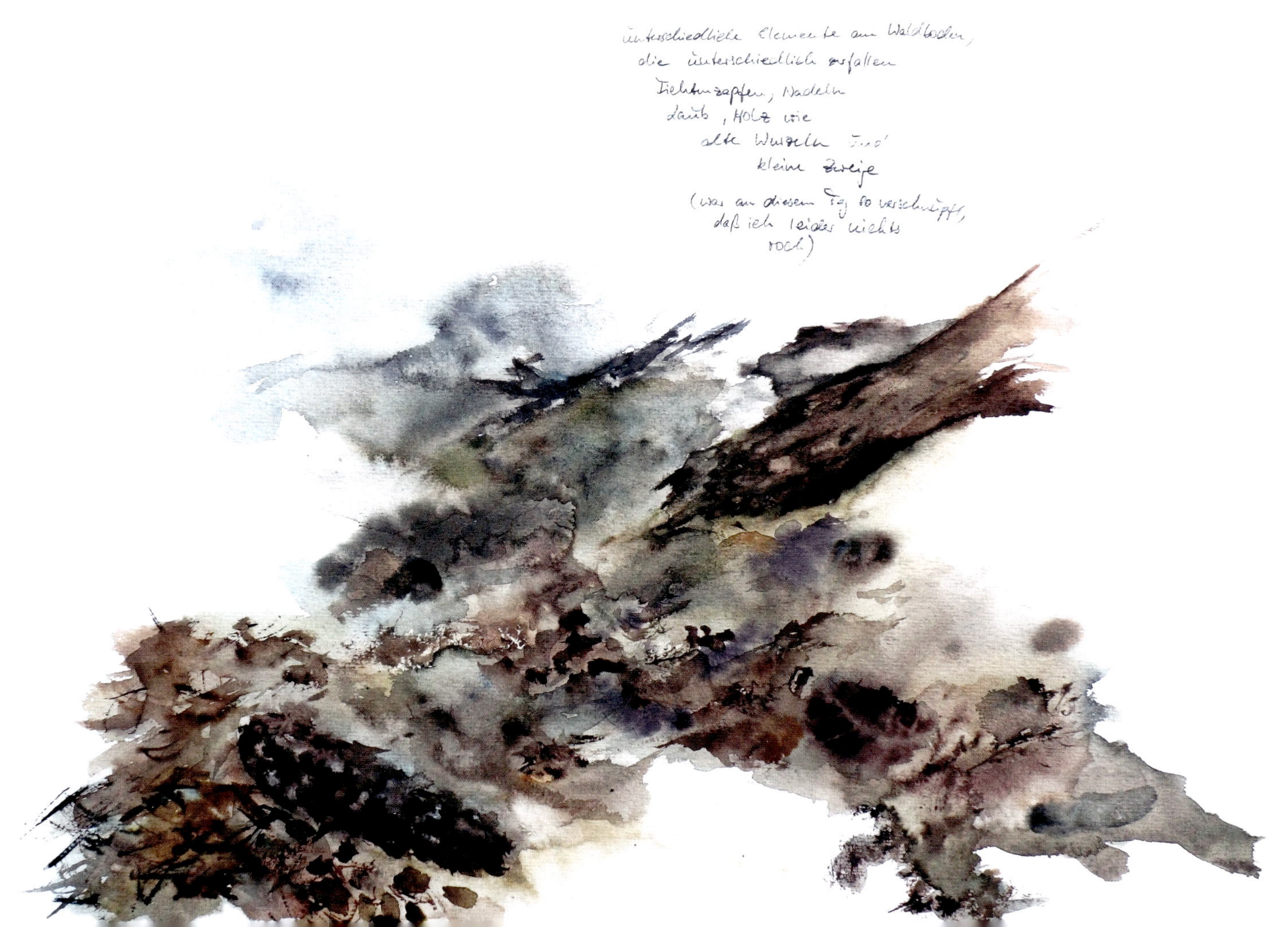

Sage keiner,
es sind doch noch Kinder.
Sie setzen sich ein
für das, was sie malen.

Meiner Zwillingsschwester Elke in Dankbarkeit.
Gilbert Waligora

Hartmut Sommerschuh

Aquarell im Regen

Naturverständnis und Kunst.
Gilbert Waligora und die
faszinierenden Bilder seiner ‚Kinder'

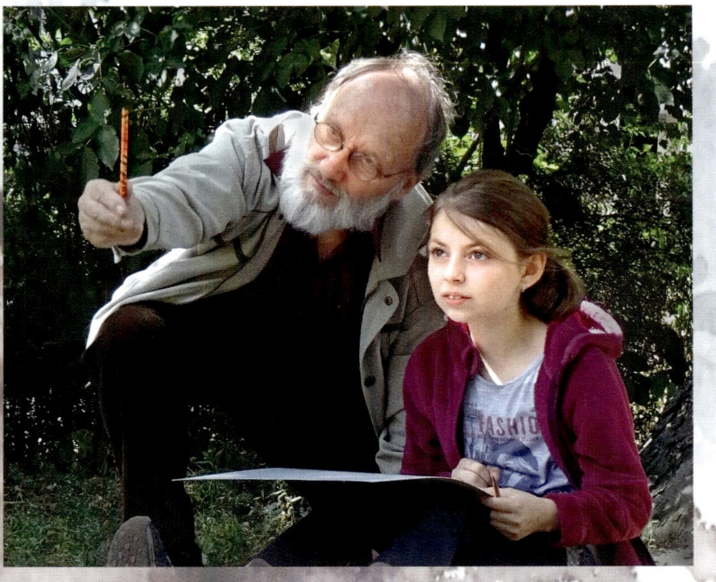

Bäßler

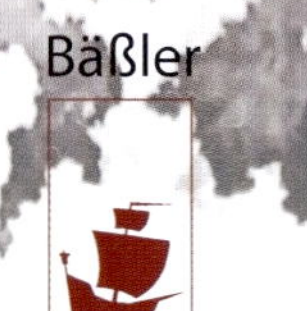

Wir danken dem Biosphärenreservat Schorfheide Chorin, dem Studienarchiv Umweltgeschichte im IUGR – Institut für Umweltgeschichte und Regionalentwicklung e.V. an der Hochschule Neubrandenburg, dem Förderverein für Öffentlichkeitsarbeit im Natur- und Umweltschutz FÖN e.V., der BBF | Bibliothek für Bildungsgeschichtliche Forschung des DIPF | Leibniz-Institut für Bildungsforschung und Bildungsinformation.

Wir danken allen Kursteilnehmern, Schülerinnen und Schülern, die uns unterstützten.

Aquarell Cover: Andrej Loll 21 Jahre. Kummerow im Bruch hinterm Berge, Aquarell 1997
Aquarell Seite 1: Alexander Martynow, 16 Jahre. Waldboden riecht pilzig, Aquarell 1991

Die Deutsche Nationalbibliothek verzeichnet diese Publikation in der Deutschen Nationalbibliografie; detaillierte bibliografische Daten sind im Internet unter http://dnb.d-nb.de abrufbar.

Fon: 030.24 08 58 56 · Fax: 030.2 49 26 53
E-Mail: info@baesslerverlag.de
Internet: www.baesslerverlag.de
1. Auflage 2020

Satz und Umschlaggestaltung: Hendrik Bäßler, Berlin
Druck und Verarbeitung: UAB Standartu spaustuve, Vilnius

ISBN 978-3-945880-59-3

INHALT

DANK AN EINEN WEGGEFÄHRTEN

Als Künstler auf Familie und Karriere völlig verzichten, wer macht das schon? Über 50 Jahre hat der Berliner Maler Gilbert Waligora ohne Unterbrechung mit Kindern und Jugendlichen Landschaften erforscht, gezeichnet und gemalt. An der Ostsee, im Erzgebirge, vor allem in der schönen Gegend nördlich von Berlin rings um das Kloster Chorin. Im Gebiet unseres heutigen Biosphärenreservats Schorfheide-Chorin. Dabei wuchs ein einmaliger Schatz faszinierender Aquarelle, Grafiken, Kalender und Ausstellungen. Die ungewöhnlichen Arbeiten von 13- bis 18-Jährigen sind das Ergebnis inniger Zwiesprache mit Landschaften, Pflanzen, Bäumen, die Gilbert Waligora über Generationen immer wieder wecken konnte: In langen Ferienlagern und Arbeitseinsätzen, auf Exkursionen mit Geologen, Biologen, Historikern, berühmten Naturschützern. Schon in der DDR regte er seine Zirkelmitglieder an zu einem kritischen, ganzheitlichen Blick auf die Welt. Sie lernten Umweltprobleme erkennen, pflanzten auf unseren Forstflächen tausende Bäume, planten Wanderwege und lieferten Vorschläge für den künftigen Schutz wichtiger Gebiete. Als 1990 in letzter Minute noch das legendäre Nationalparkprogramm der DDR beschlossen werden konnte, wurde ihre Lieblingslandschaft Teil des Biosphärenreservates. Dessen 30. Geburtstag, am 12. September 2020, feiern wir auch mit diesem Buch. Es soll Eltern, Lehrer, Umweltverbände anregen, Kunstsinn und Naturliebe möglichst früh gemeinsam zu wecken. Bevor Internet und Smartphone alle Sinne fesseln. Gilbert Waligoras einmaliges Lebenswerk mit seinen „Jugendgruppen für Grafik, Malerei und Umweltpflege" macht Hoffnung, dass das auch heute noch gelingen kann.

Dr. Martin Flade, Leiter des Biosphärenreservates

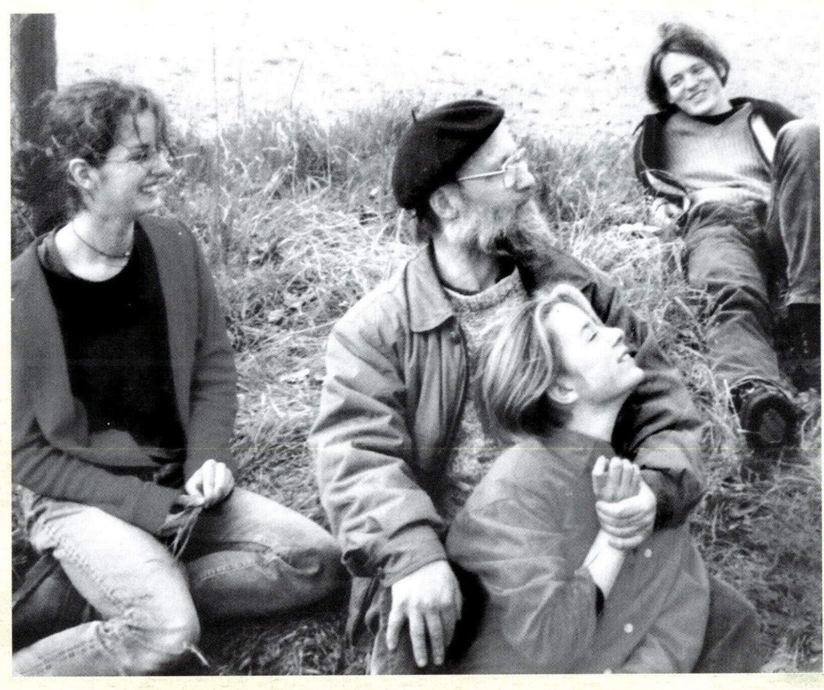

Wanderung über den Forstlehrpfad, April 1999. Foto: privat

Marko Senzel, 14 Jahre. Wie sich alles ständig verändert, Aquarell, 1997

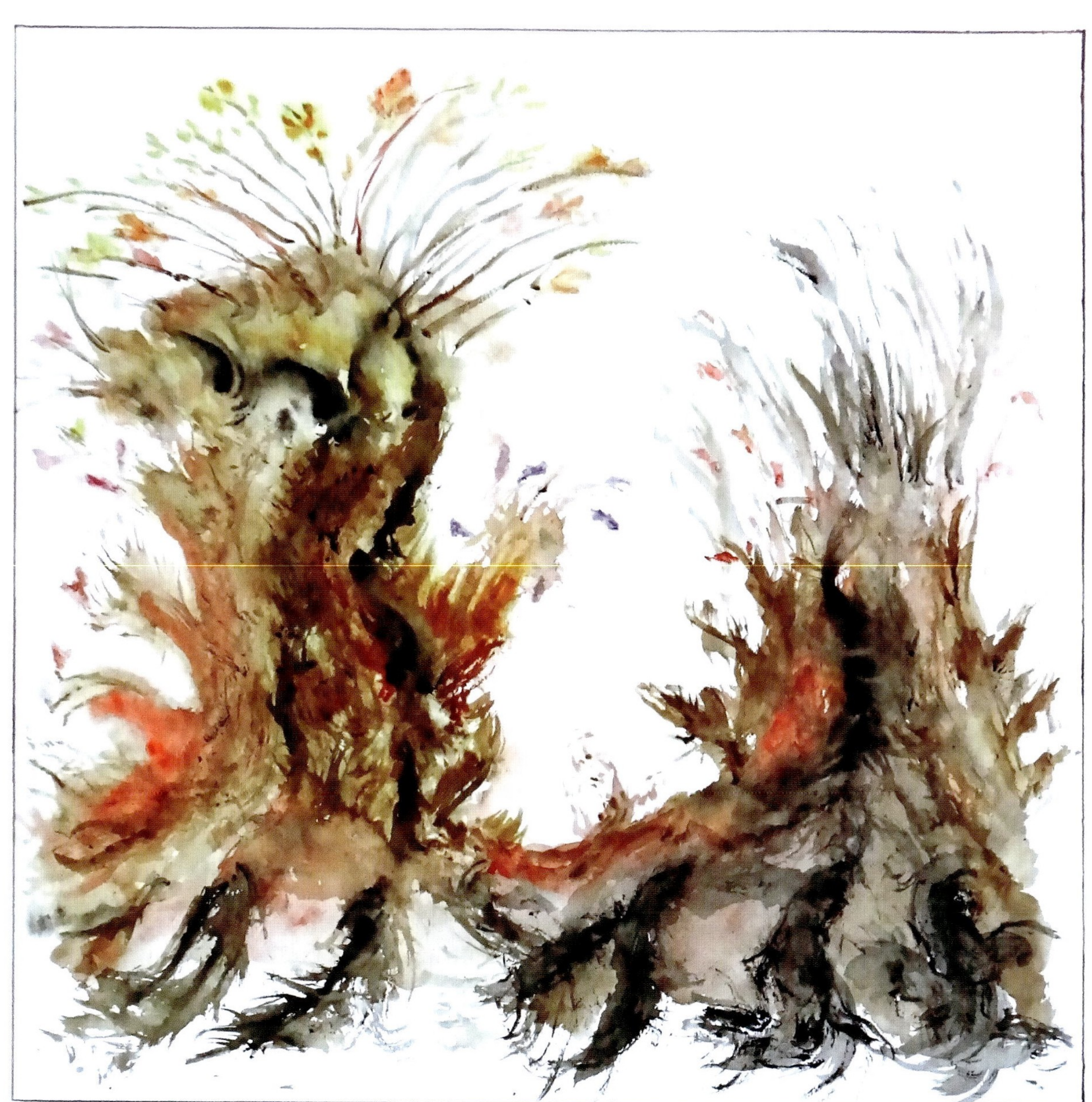

▷ *Sebastian Bürkner, 17 Jahre. Kernzone des Totalreservates, Aquarell, 1993*

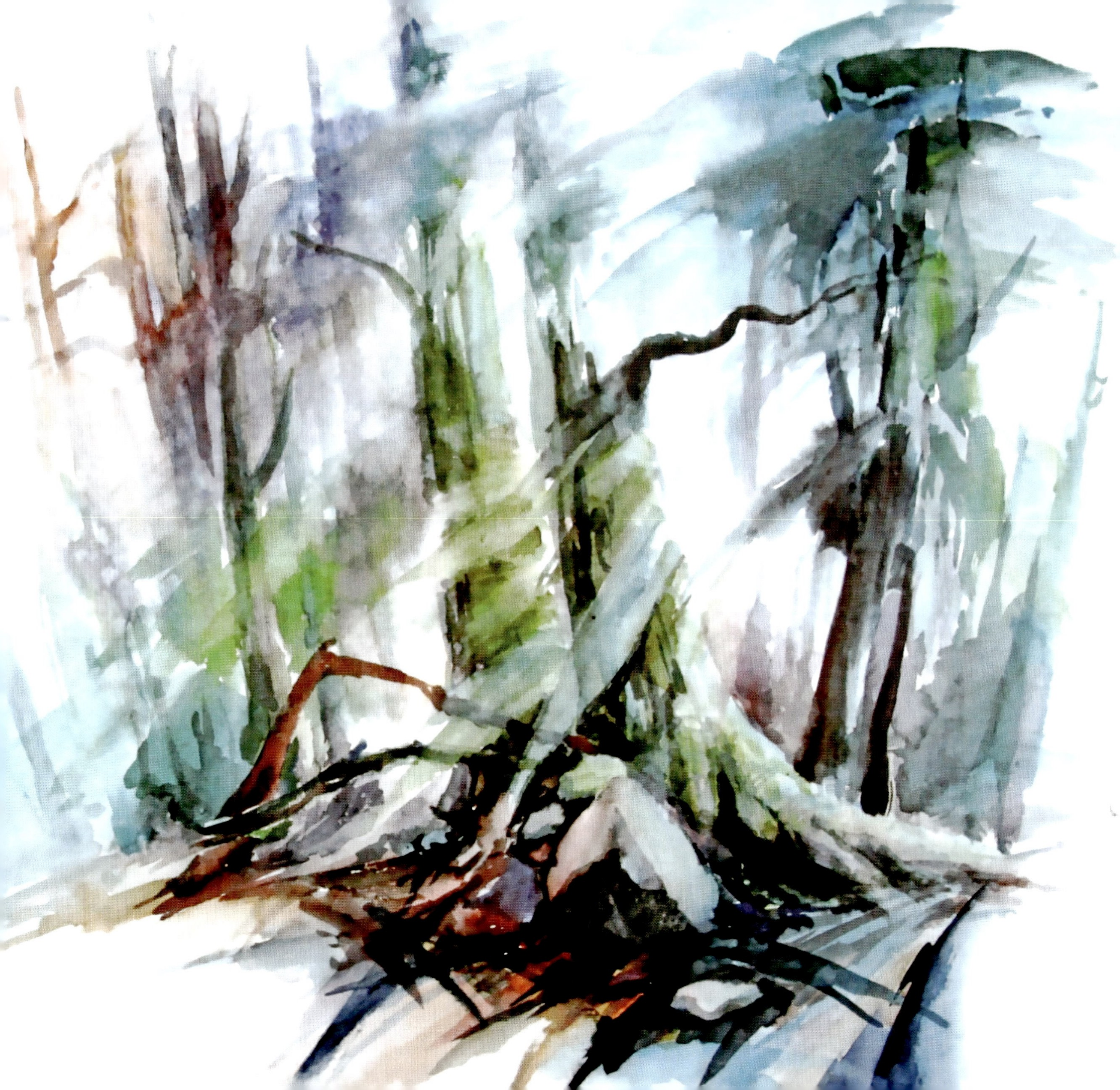

In abendlicher Frühlingskühle. Wir waren eilig auf dem Heimweg, da überraschte uns dieser Baum in seinem Blühen. Ich blieb zurück, vergaß die Anderen fast und malte rasch.
Andrej Loll

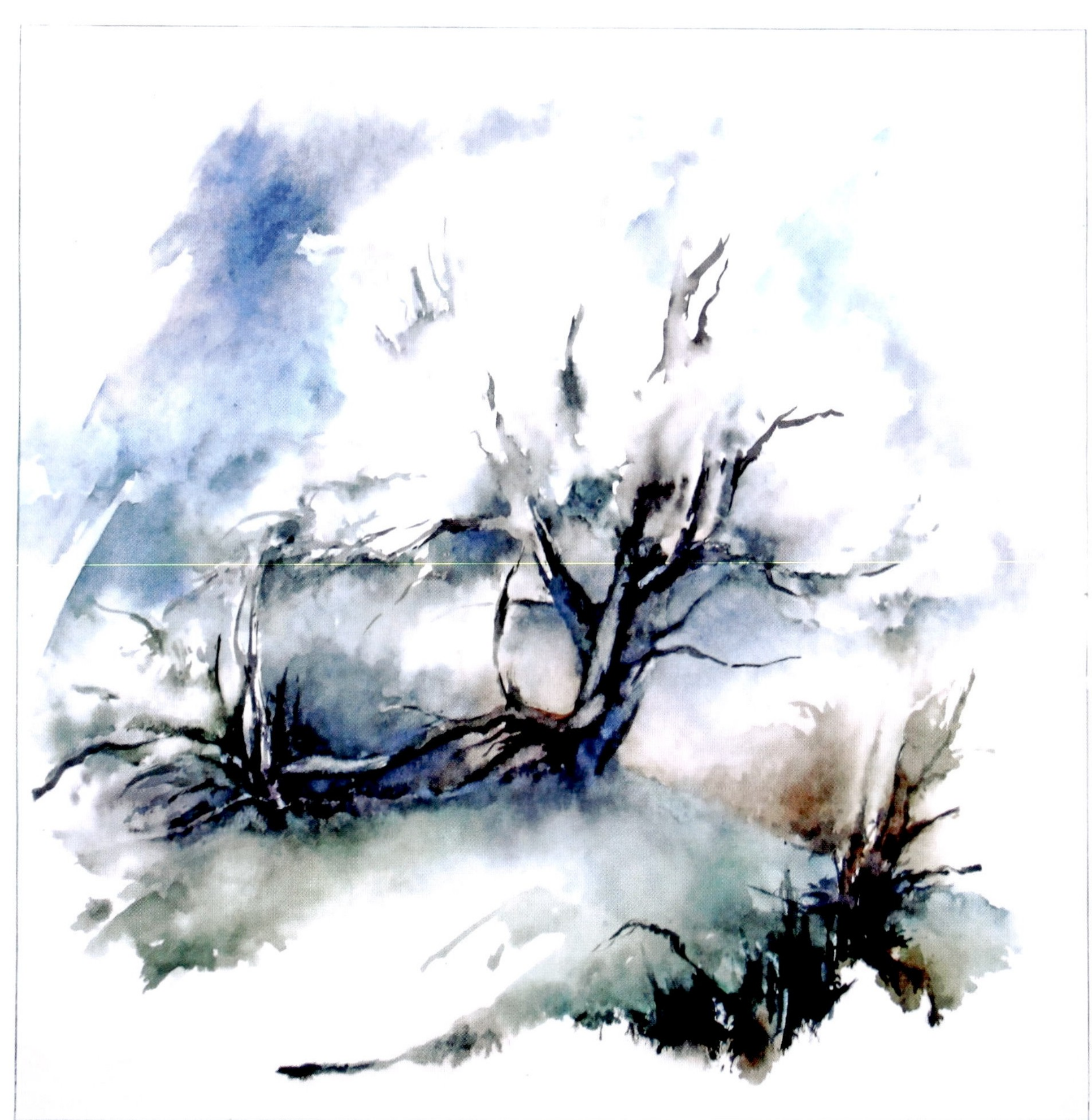

Andrej Loll, 18 Jahre. Der alte Birnbaum, Aquarell, 1993

MEHR ALS KUNST

Viele Grafiken und Aquarelle in diesem Buch übertreffen alle Erfahrungen, wie Kinder und Jugendliche normalerweise Natur zeichnen und malen. Die innere Wahrhaftigkeit der Arbeiten verblüfft Laien wie Kunstexperten. Manche sind Forschungsarbeiten über das Unsichtbare.

Zwar entdeckte Albrecht Dürer (1471–1528) die uralte Art, mit Wasser und Farbe zu malen, ganz neu für die Malerei, folgten ihm später die Reise- und Freilichtmaler des 19. Jahrhunderts. In England sogar große Künstler wie William Turner (1775–1851). Doch bis in die Gegenwart waren es immer Einzelne, die nicht nur ihre Skizzenbücher damit füllten, sondern dem Aquarell die Selbständigkeit als Kunstwerk gaben. Heute gibt es unzählige *WaterColor-Schulen* und Lehrvideos im Internet. Doch oft betonen sie nur das handwerkliche Geschick und die Routine.

Was dagegen gelang geradezu virtuos über fünf Jahrzehnte den Mitgliedern in Gilbert Waligoras Malzirkeln! Erst nach wochenlangen Erkundungen hielten sie mit Zeichenstift, Wasser und Farbe Naturstimmungen und Prozesse fest. So, wie man sie selbst bei Profis selten sieht. Nichts war unmöglich. Modergeruch und auftauender Frostboden, zu schützende Landschaften, Stimmungen bei Regen und Schnee, stinkende Seen, das beeindruckende Gleichgewicht von Wurzeln und Krone. Geräusche und Gerüche in einem nächtlichen Wald. Oder die Würde und das Leid alter Bäume.

Dabei setzten die „Walikinder" nach vielen Versuchen nicht nur souverän alle Tricks lavierender und lasierender Aquarellkunst ein, sondern hoben sie geradezu in eine neue Dimension: Zum Teil nur duftig hingeworfen, geben ihre Bilder wieder, was im Kunstunterricht fehlt, weil der Lehrplan keine Zeit lässt: Erleben und Verstehen lebendiger Natur.

Dieses Ergebnis ganzheitlicher pädagogischer Arbeit von Gilbert Waligora ist als Teil „ökologischer Kunst" nahezu einmalig in Deutschland. Aus intensiver Beschäftigung und stiller Begegnung konnten erst Gefühle, dann Erkenntnisse wachsen. Schon Goethe drückte diese Naturanschauung in einer berühmt gewordenen Gedichtzeile aus:

„Erst Empfindung, dann Gedanken. Erst ins Weite, dann zu Schranken" (Inschriften, Denk-und Sendeblätter 1827).

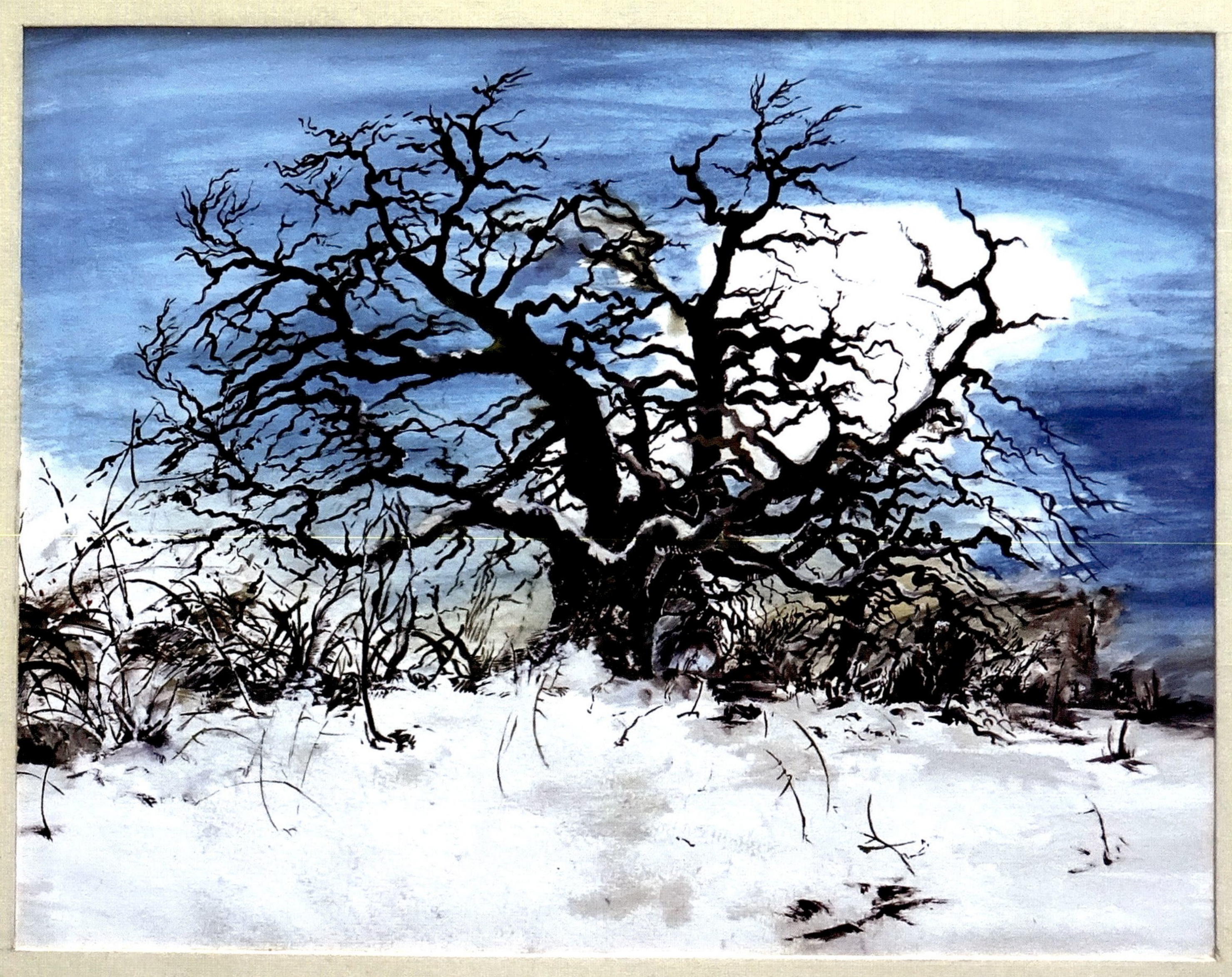

Marian Romanus, 16 Jahre – "Eiche auf dem winterlichen Pehlitzwerderwall" – Öl auf Papier

DIE BÄUME IN DIESEM BUCH

Uralte Eichen prägten über Jahrhunderte nicht nur die großen Wälder Brandenburgs, sondern wurden überall verehrt. Schon bei den Germanen und Kelten. Auch der Sherwood Forest von Robin Hood war ein Wald voller Eichen. Als Inbegriff von Natur und Schutz überstanden einzelne von ihnen Kriege, markierten Aussichtspunkte, Alleen, Fest- wie Richtplätze. Deshalb schmückten auch die Maler der Romantik ihre Gemälde mit ihnen.

Was wären unsere Kulturlandschaften ohne die kunstvollen Baumgruppen der englischen Landschaftsparks. Was wäre die alte Jagdtradition der Schorfheide nördlich von Berlin ohne den riesigen Wald, ohne seine berühmten Buchen und Eichen? Doch nun, trotz durchgestandener Strapazen vergangener Jahrhunderte, sterben plötzlich viele an Dürre und Krankheit, werden Baumbilder auf einmal bewegende Erinnerung.

Es war die weite, hügelige Eiszeitlandschaft rings um das berühmte Kloster Chorin, in die Gilbert Waligora mit den Jugendlichen seiner Mal- und Zeichenzirkel seit Ende der 1960er Jahre immer wieder aufbrach. Hier wuchs aus Vertrautheit ihre Naturliebe. Waren in den achtziger Jahren große Ausstellungen zu vielen Aspekten der Landschaft entstanden, so tauchte nach der Wende die Frage auf „Wali, wie malt man eigentlich Wald und Bäume?" Es wurde das Thema für viele Jahre.

Denn Gilbert Waligora verstand es, bei den Jugendlichen die Lust auf immer neues Erleben wach zu halten. In Hitze, Regen, Schnee oder dunklen Waldnächten erforschten sie lange vor der kommerziellen Bücherwelle das „geheime Leben der Bäume": Die mit Pilzen und Wasseradern verbundenen Wurzeln, das Atmen und Zerfallen, ihre Rolle für Landschaften, ihr Sterben auf immer größeren Feldern, durch den Klimawandel und den schwindenden Sinn für schöne Landschaft.

Aus hunderten Studien wuchsen seit den 70er Jahren immer genauere, teils meisterhafte Aquarelle, Grafiken, Jahreskalender. Schließlich entstand 2010 für das Nationalparkzentrum Hainich eine große Ausstellung: *„Der Baum und Ich und Du – Wir wollen leben."* Ein Leitgedanke für dieses Buch. Es darf trotz der Wirtschaftskrise durch den Coronavirus kein Gedenkbuch werden.

◁ *Ölbild von 1983*

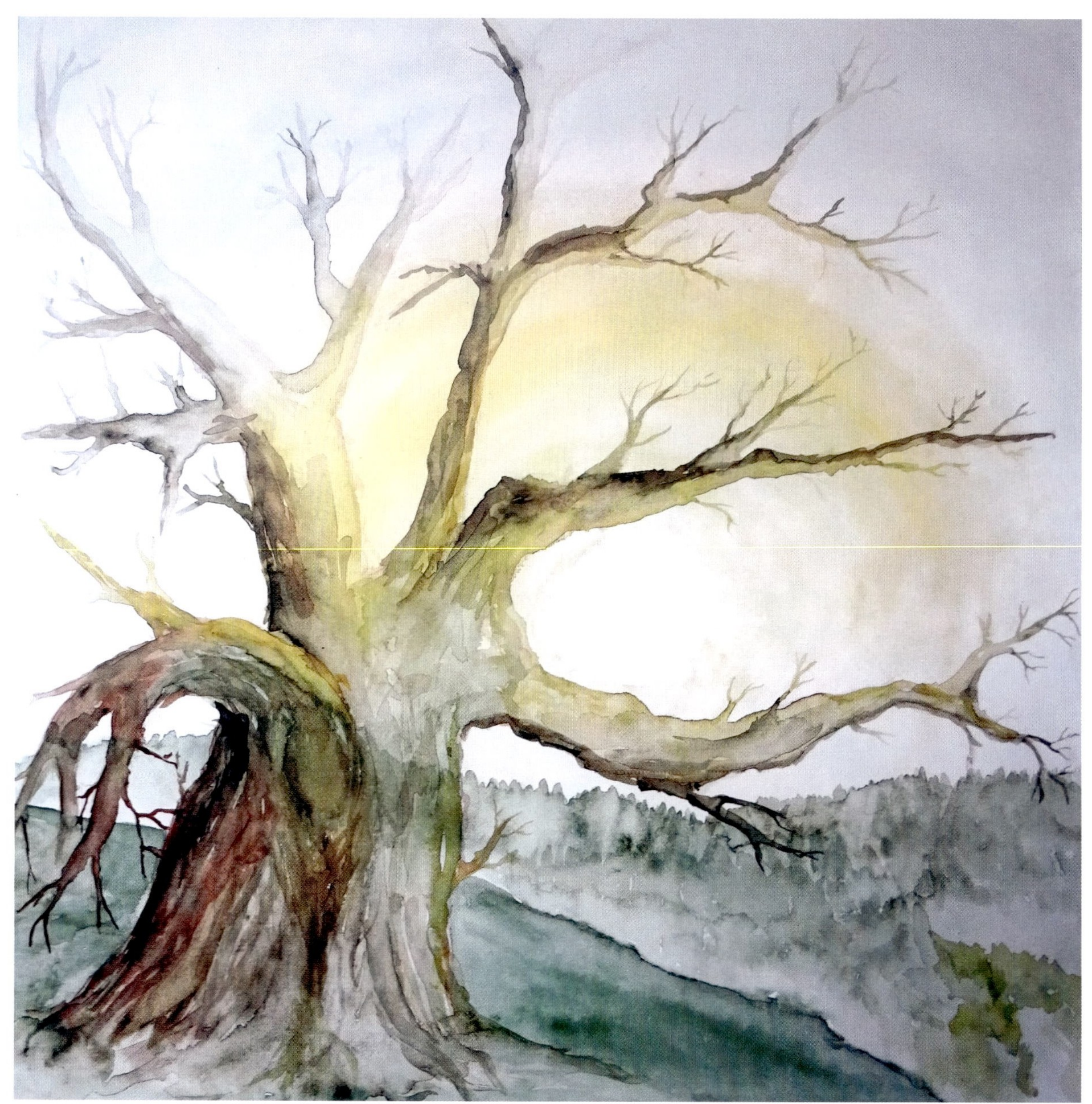

Tanja Kaiser,
13 Jahre.
Wächter über das Biosphärenreservat,
Aquarell, 2002

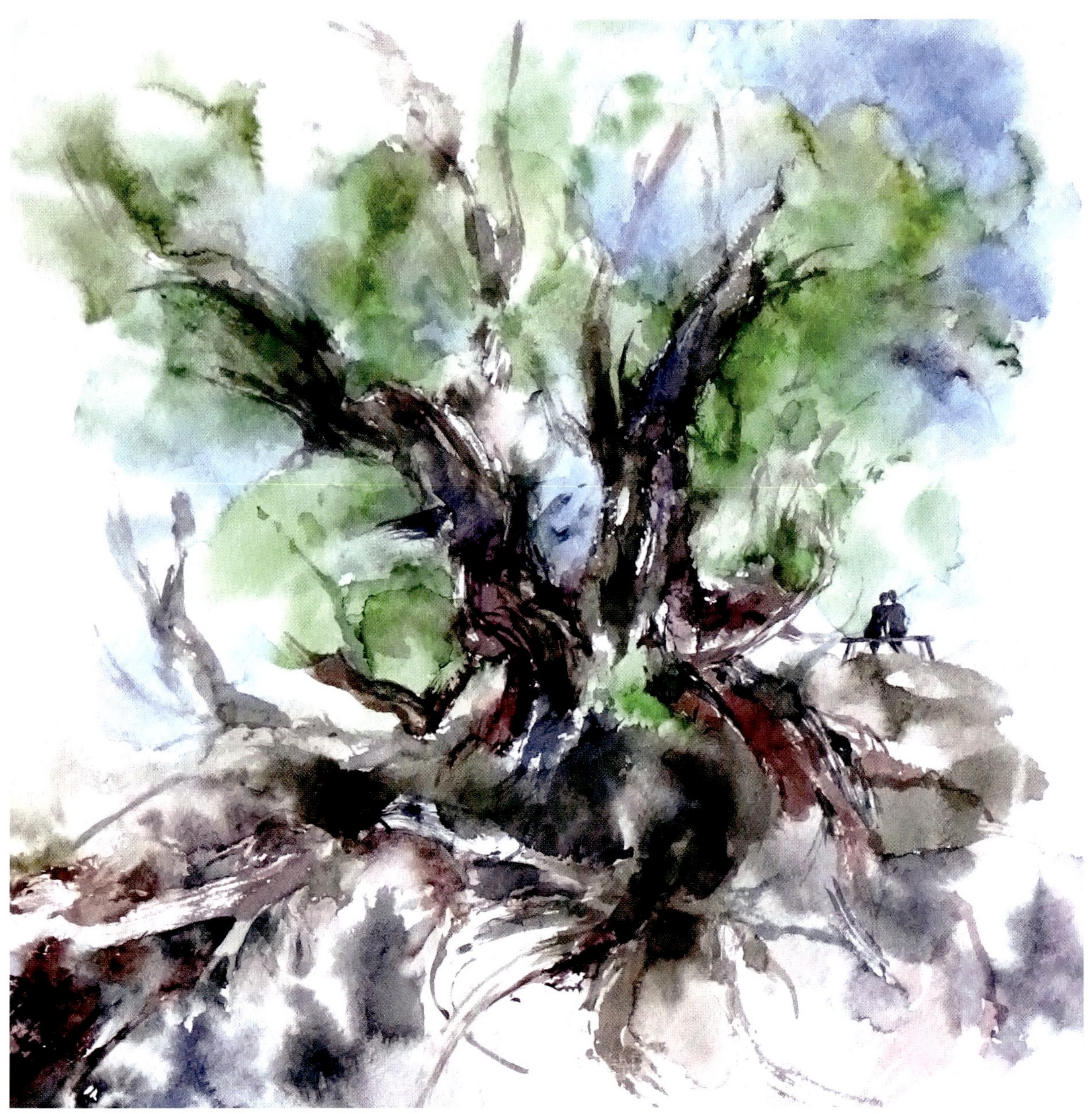

*Die alte Dorflinde
hat Geschichte
erlebt.
Tief verwurzelt
spricht sie
von Dauer.*

***Anne Jüttner
16 Jahre.
Dorflinde,
Aquarell, 1997***

Marian Romanus,
17 Jahre.
Wohin?
1986, privat

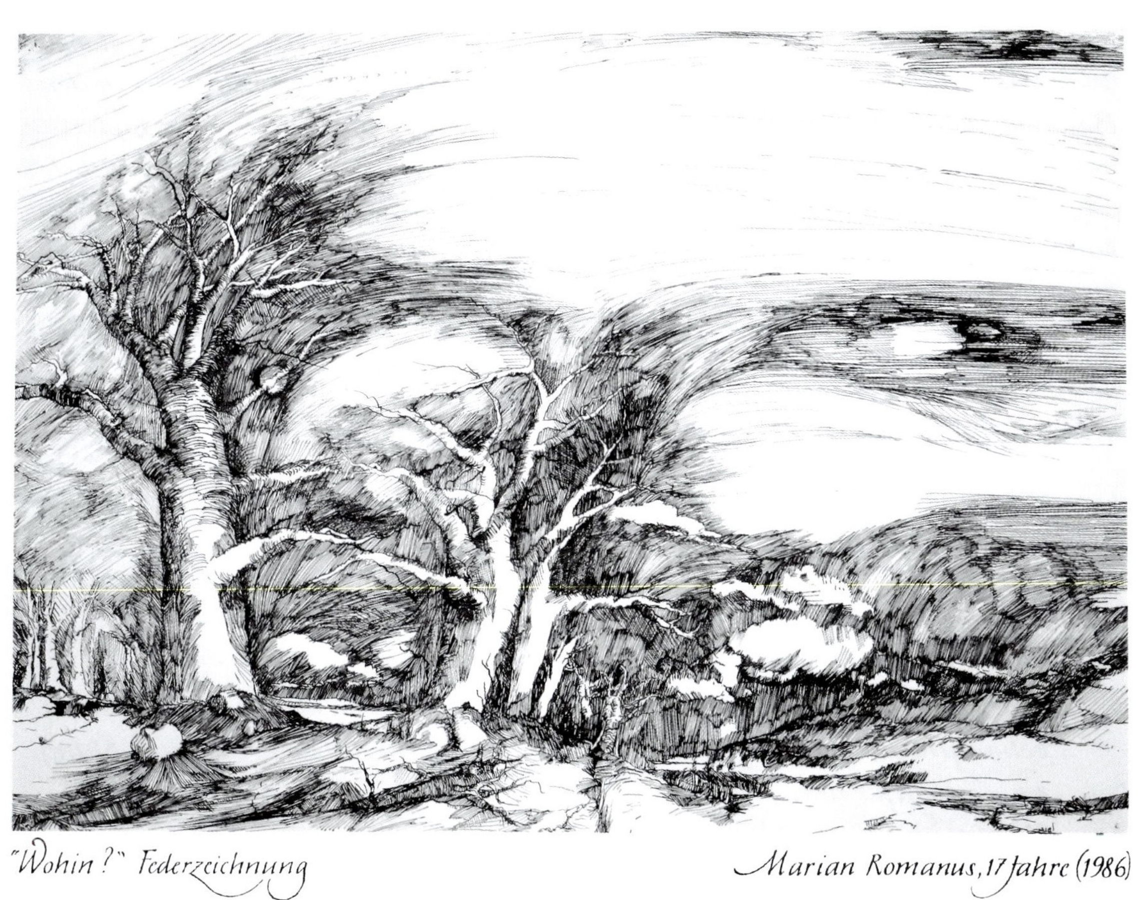

Wann und wo Marian in einem Ferienlager 1986 mit Tusche und Feder diese tief empfundene Landschaft zeichnete, weiß keiner. Er hatte sich zurück gezogen. Als er sie uns zeigte, wollte er nichts erklären. Wer sich hinein vertieft, erlebt einige Rätsel. Ist da ein Weg? Wohin?

Zwei gewaltige Bäume stehen. Ihr Atem verweht und bildet Wolken. In der Ferne liegen sie schwer und dicht über dem Boden. Kommt ein Sturm auf? Woher scheint dieses Licht? Ist es heller Tag? Abend? Liegt da ein Mond? Eine tolle Arbeit!

Gilbert Waligora

MEIN LEBEN FÜR KINDER

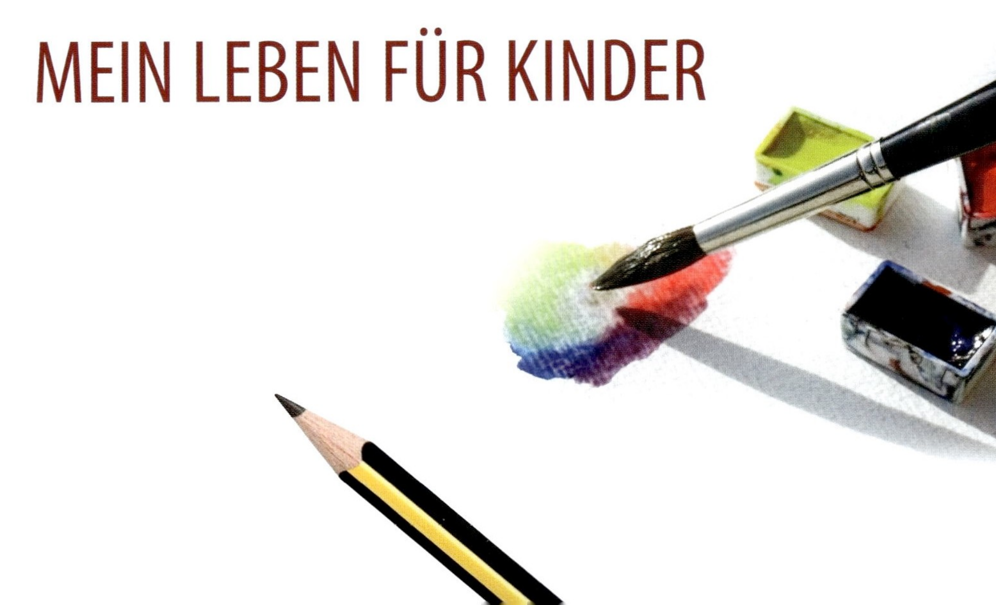

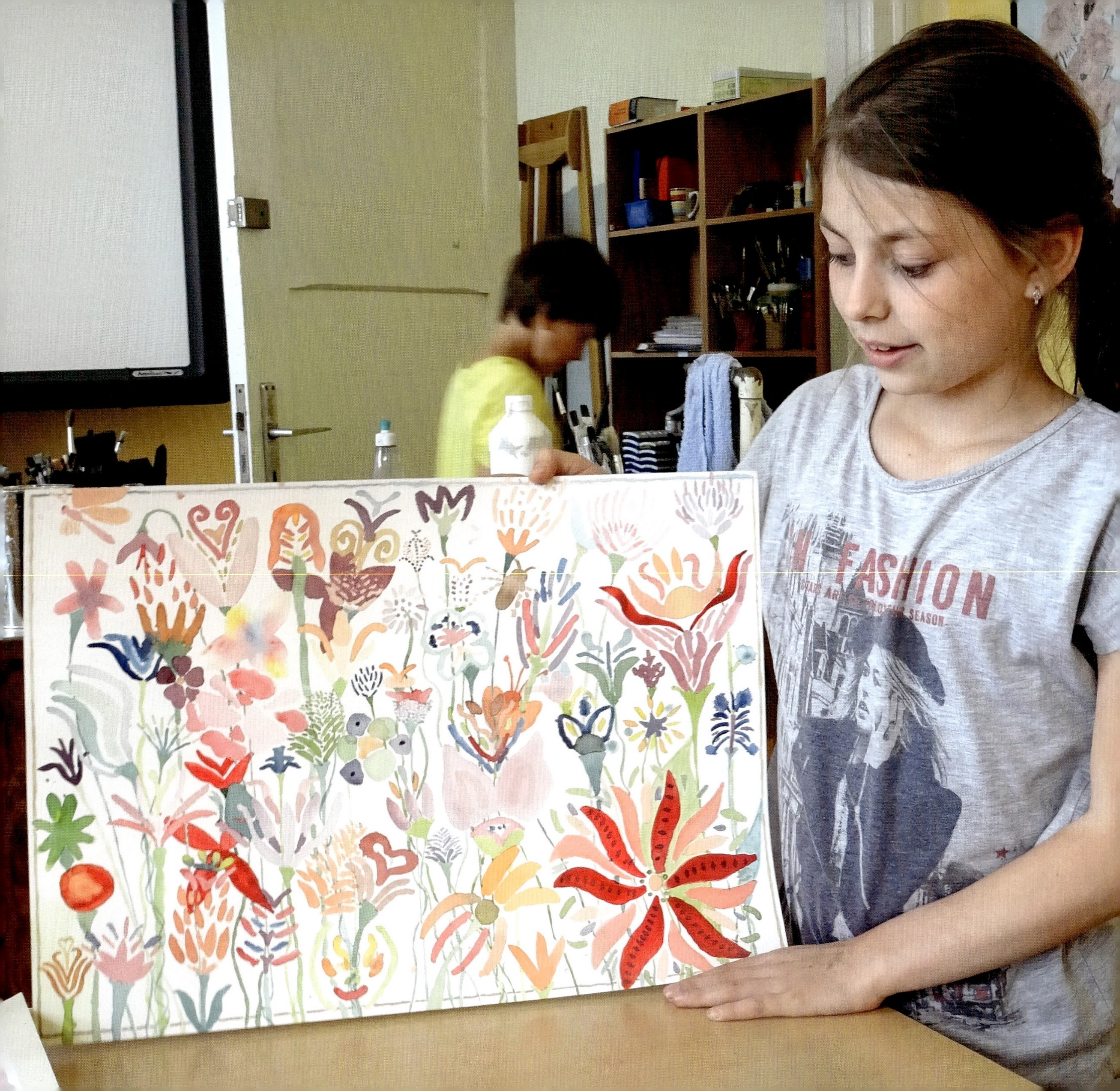
FASHION

LILY UND ARNE

Noch immer betreut Gilbert Waligora in der Ostberliner Justus-von-Liebig-Schule einen Aquarell-Malzirkel. Anfangs überließ ihm die Schulleitung ein Klassenzimmer. Dann wurde es ein Wahlunterrichtsfach für die 5. und 6. Klassen. Nun ist es wieder eine kleine Gruppe einmal pro Woche. Ein letzter Ort, an dem er wirken kann. Bald nach der Wende schwand das Interesse vieler Eltern an Zirkeln und Ferienlagern. Plötzlich kostete alles Geld, verloren Familien ihre Jobs, wurden Pionier- und Kulturhäuser geschlossen, Fördermittel für Projekte schon wieder knapp. Ab 2007 veränderte das Smartphone die Welt. Kinder zogen sich aus der Natur zurück.

Gilbert Waligoras Jugendgruppe für „Grafik, Malerei, Umweltpflege" trotzte der Entwicklung lange. Für die kleine AG an der Schule musste er sich neue Kinder suchen. Eine Handvoll aus der Unterstufe kam.

Wie lässt sich in anderthalb Stunden, ohne draußen zu sein, ein wenig Lust an Farbe, Experimentieren und Natur wecken? Lily und Arne hatten sich von seiner Behutsamkeit anstecken lassen, zeigten uns stolz ihre Bilder von Blüten.

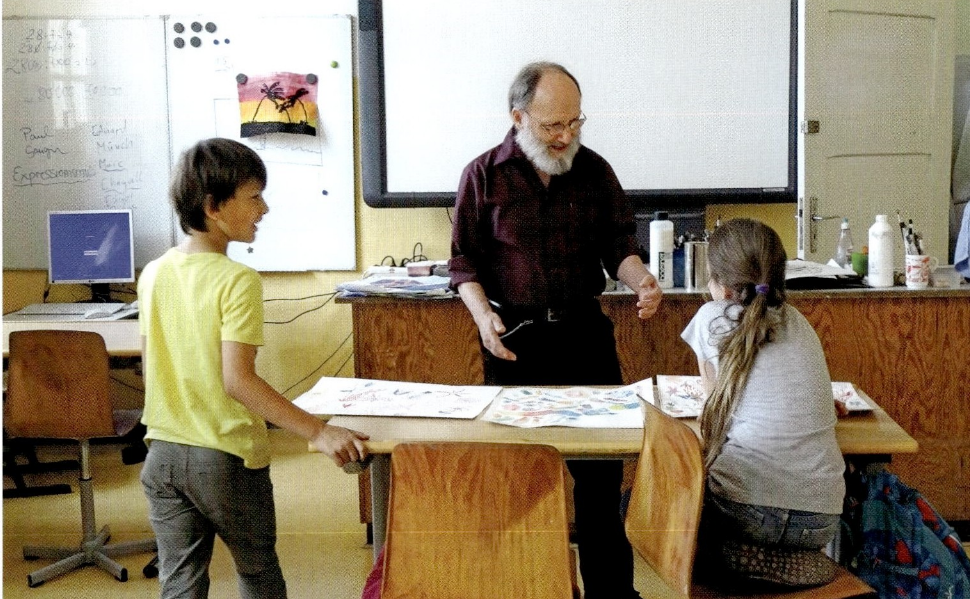

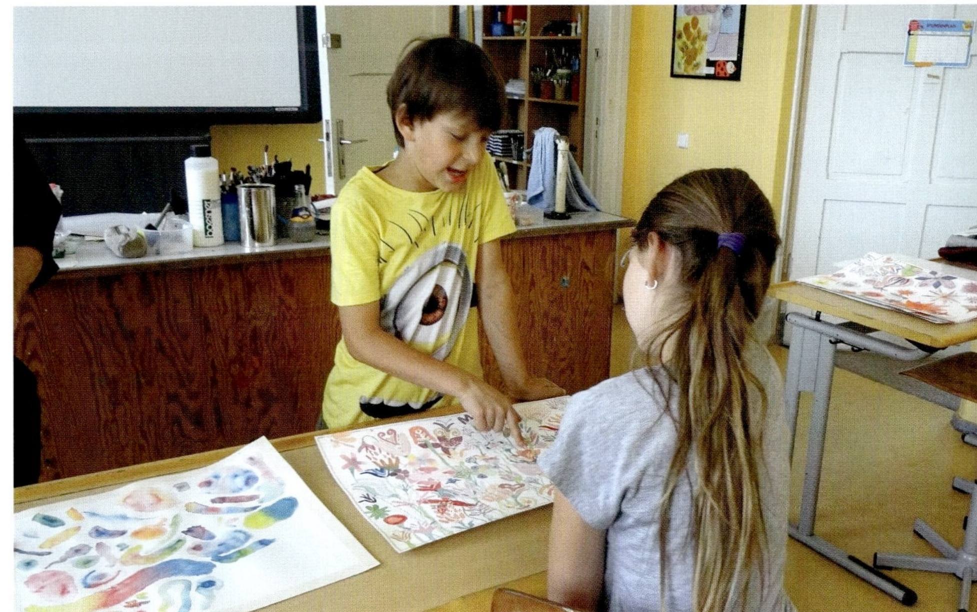

Blüten malen.

Fotos: Hartmut Sommerschuh

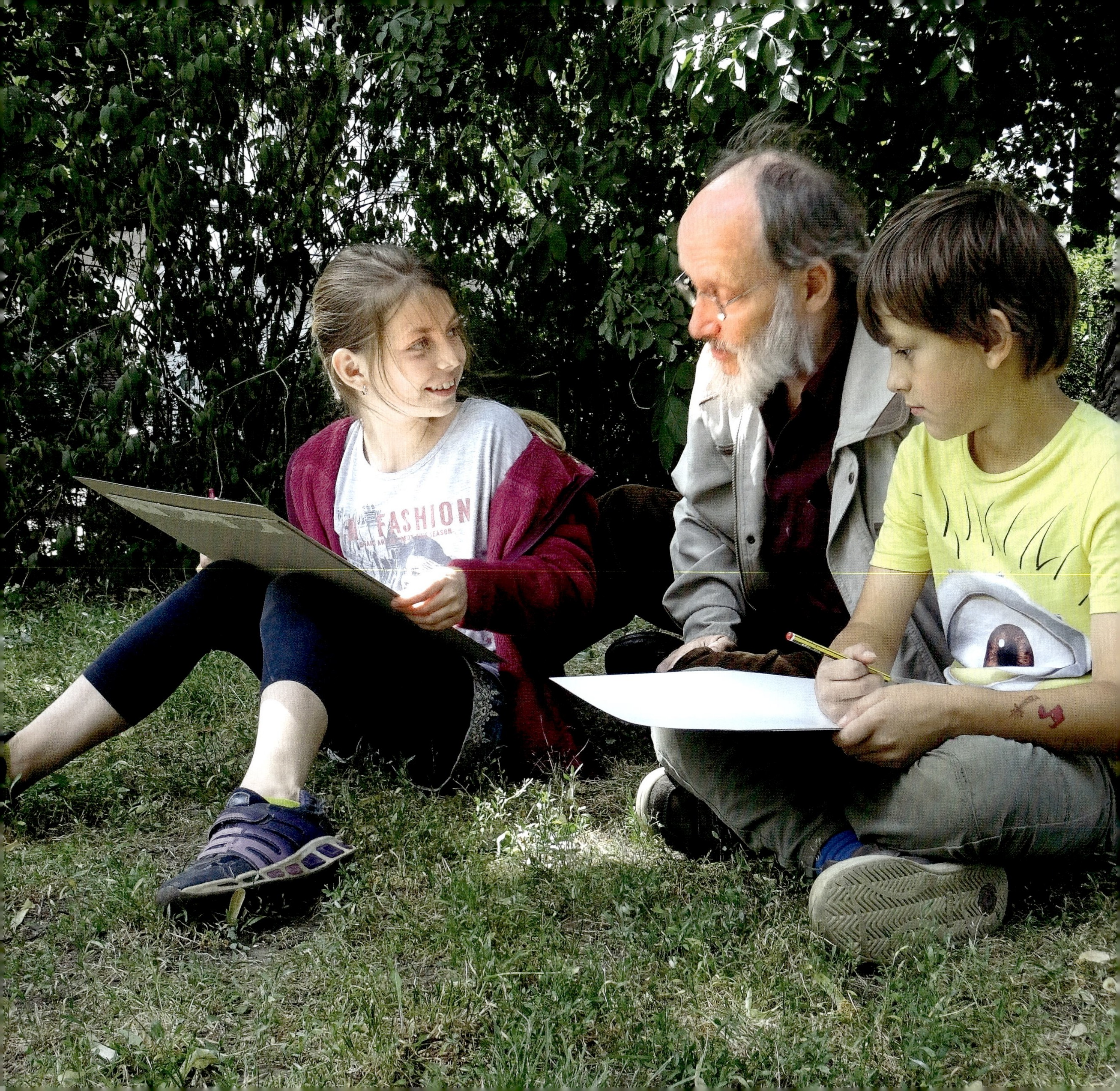
FASHION

Obwohl sonst keine Zeit ist, wie früher im Freien zu malen, kamen sie zum Fotografieren mit in einen Park nebenan.

Es ist ein uralter Trick der Maler aus den Zeiten, als es die *Camera Obscura* und andere technische Hilfsmittel noch nicht gab. Die Höhe eines Baumes oder Kirchturmes lässt sich einfach und gut mit dem Stift „ermessen" und als Verhältnis aufs Papier übertragen. Nur wenige solcher Tipps gibt Gilbert Waligora mit auf den Weg. Vorsichtig lenkt er die Blicke, regt an, genau hin zu schauen, entdecken zu lernen. Den herrlich verschlungenen Baum etwa. Dann zieht er sich oft zurück. Lily und Arne kennen das natürlich schon, lassen sich vom Fotografieren überhaupt nicht ablenken. Wer Gilbert Waligora beobachtet, spürt immer große Behutsamkeit. Vielleicht hat er die aus schweren Kindheitstagen. Da bekam die Mutter Tuberkulose. Er und seine Zwillingsschwester Elke mussten als die jüngsten von 5 Kindern in ein Heim. Gilbert am längsten. Sechs Jahre. Dort hieß es eines Tages, er sei, obwohl erst 14, seinen Altersgenossen weit voraus.

„Ich weiß nicht, wie es kam", erzählt er, *„aber da musste ich schon am Abend immer herumgehen und jedem der Jüngeren, die Bett an Bett zu sechzehn in einem Raum schliefen, gute Nacht sagen. Keine Ahnung, weshalb. Alle wünschten es."*

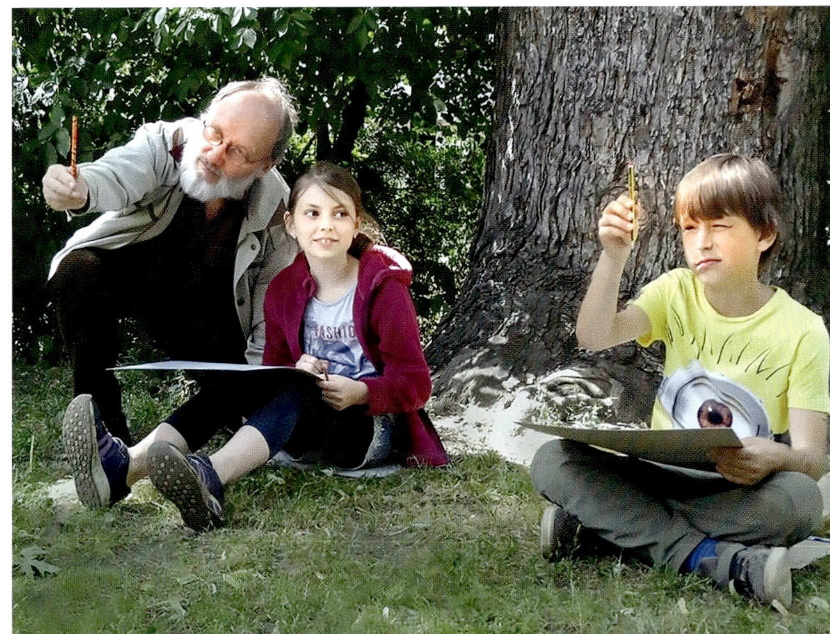

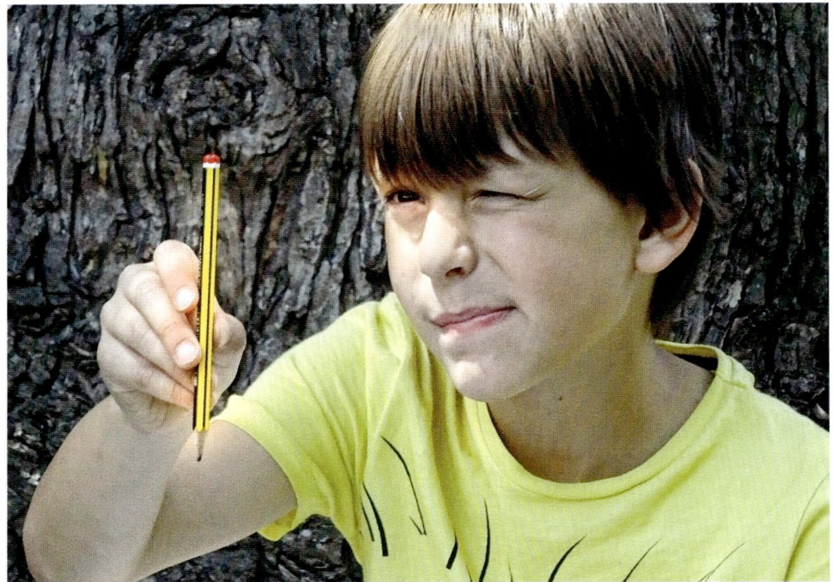

Baumhöhe übertragen.
Fotos: Hartmut Sommerschuh

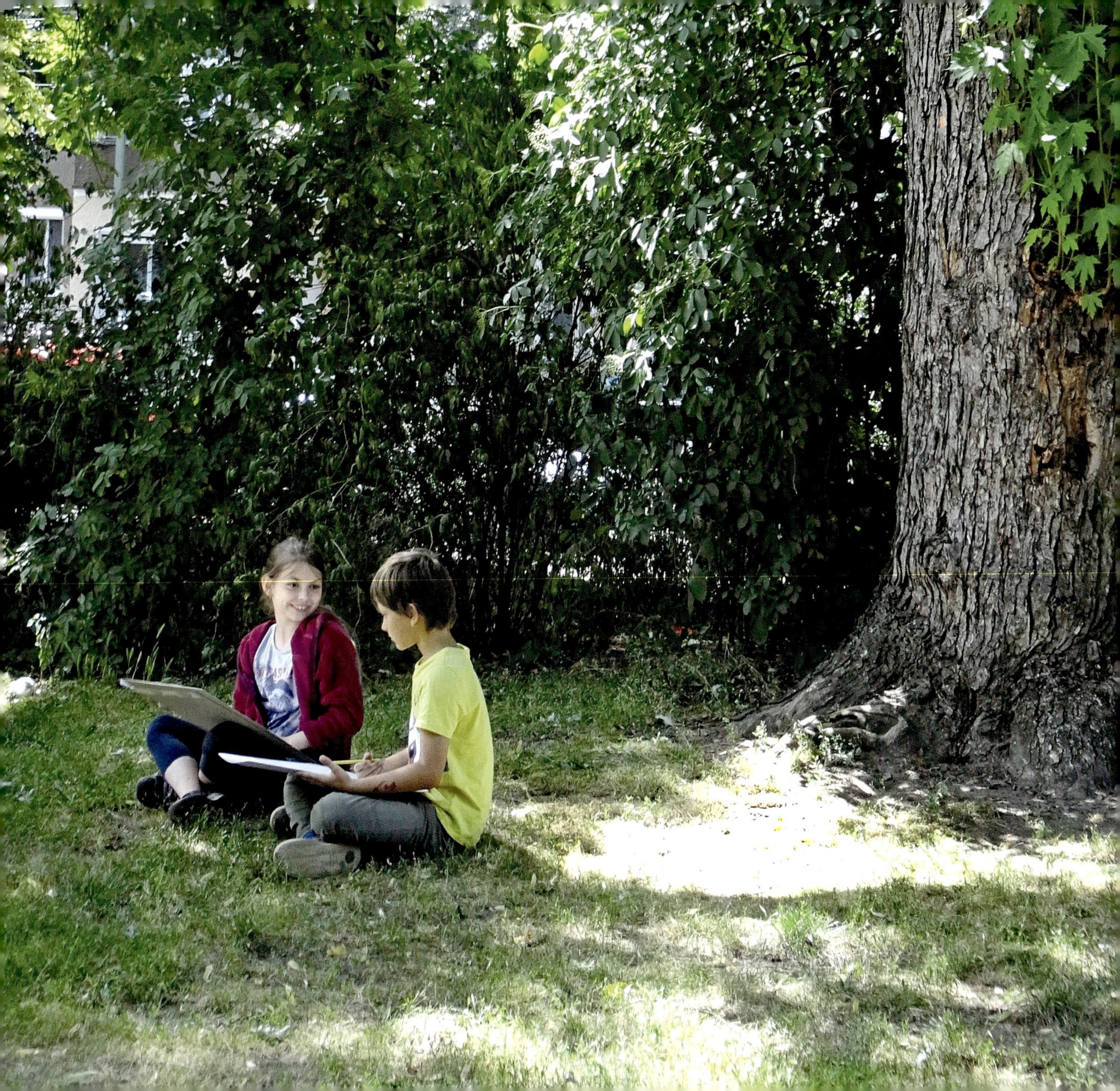

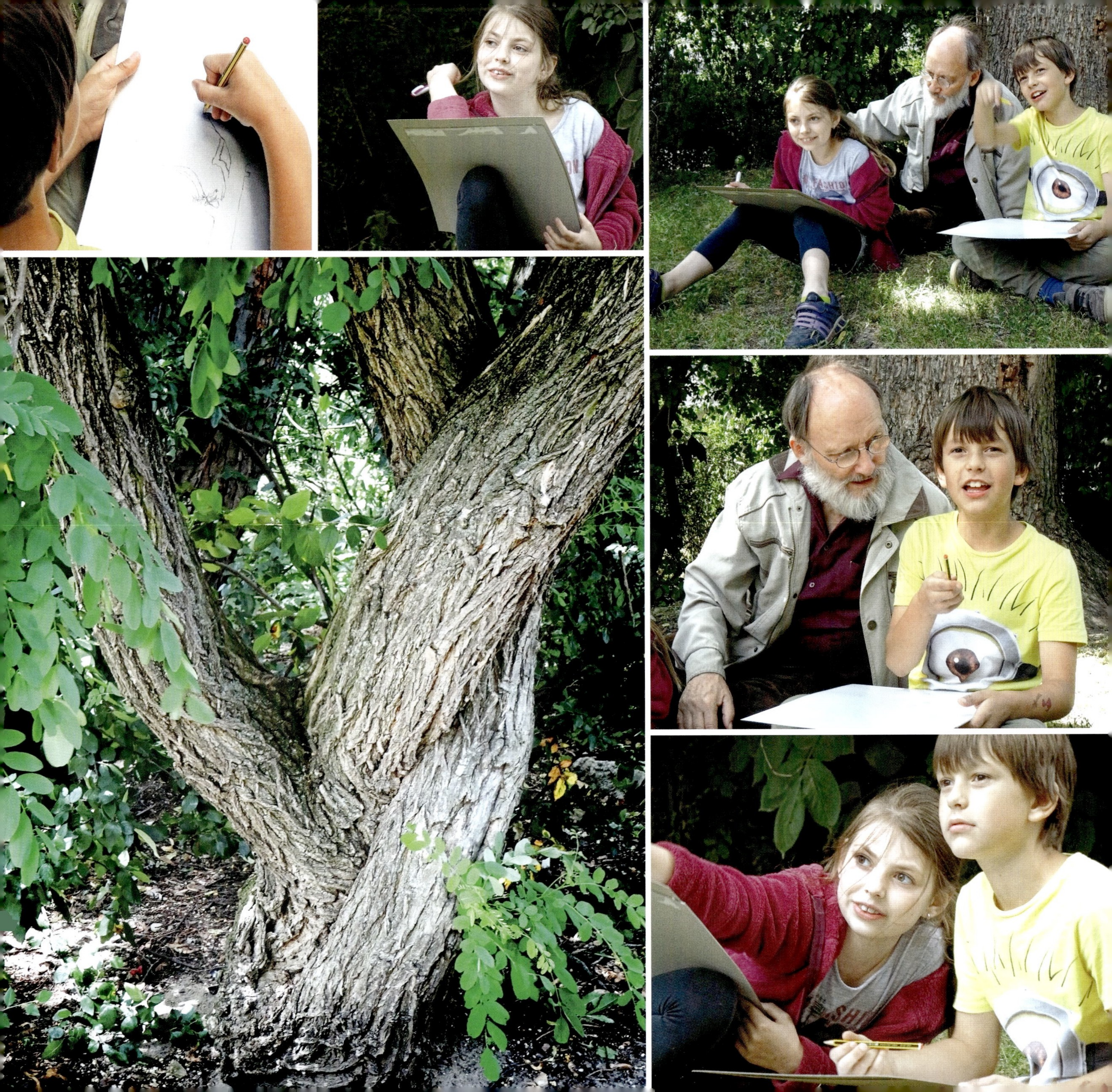

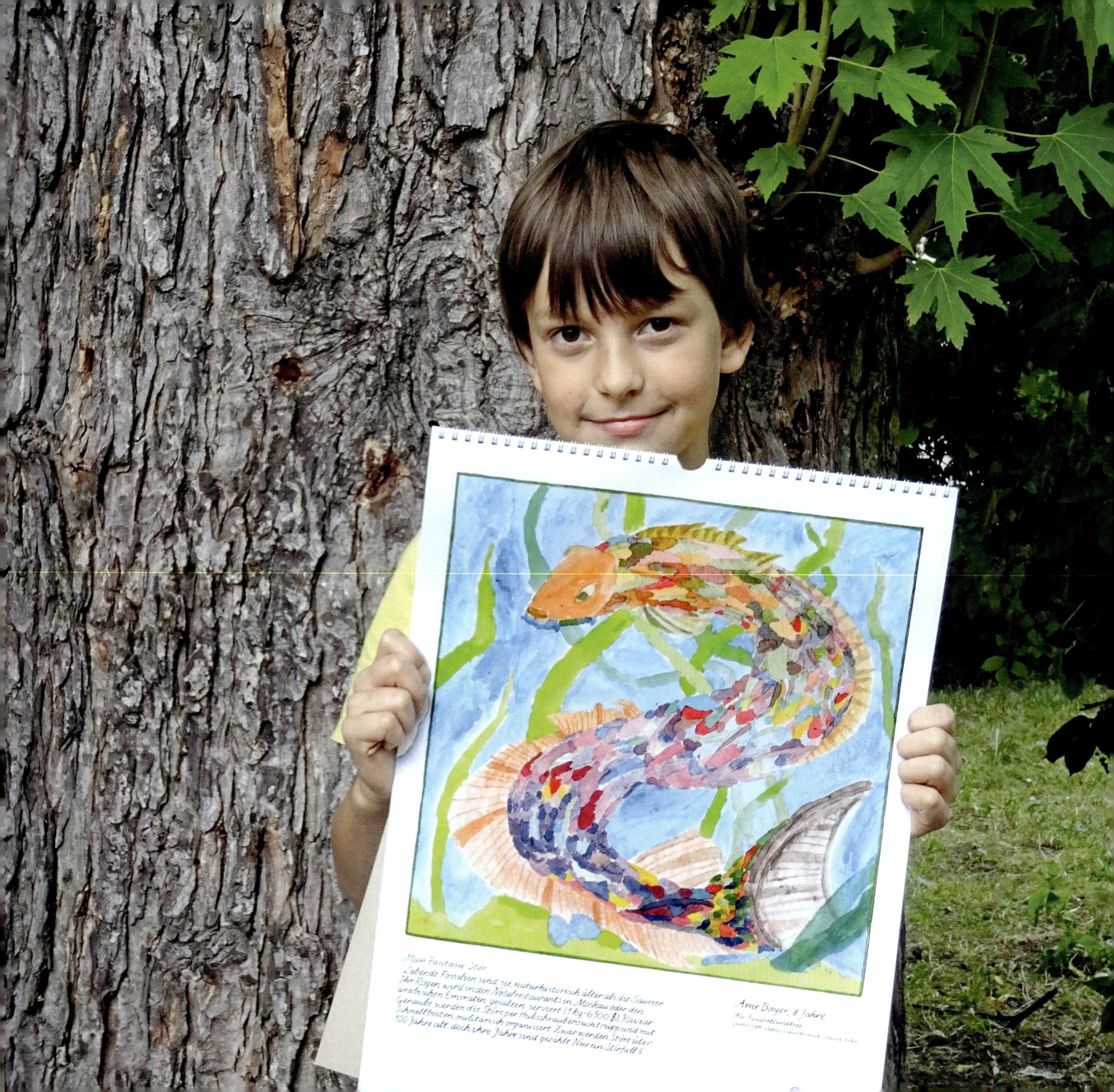
Mein Fantasie Stör
Lebende Fossilien sind sie, naturhistorisch älter als die Saurier
Ihr Rogen wird in den Nobelrestaurants in Moskau oder den
arabischen Emiraten gesalzen serviert (1 kg = 6500 $). Kaviar
Geraubt werden die Störe per Hubschraubersuchtrupp und mit
Schnellbooten, militärisch organisiert. Zwar werden Störe über
100 Jahre alt, doch ihre Jahre sind gezählt. Nur ein Störfall?
Arne Bayer, 8 Jahre

Was Arne stolz zeigt, ist die Februarseite eines Naturschutz-Kalenders, für den Gilbert Waligora seit 1991 jedes Jahr Mitstreiter gewinnen und anfangs auch Fördermittel erkämpfen konnte. Lange Zeit waren auch engagierte Jugendliche aus seiner Gruppe dabei. In den letzten zehn Jahren blieben nur noch erwachsene Freunde der Berliner Künstlergruppe FORMICA. Arne und ein anderer Junge aus der AG Aquarellmalerei durften sich am Kalender für 2017 beteiligen. So gut waren ihre Bilder. Es ging um das Berliner Wuhletal neben der „Internationalen Gartenbauausstellung", um Lebewesen, die wir oft und gern übersehen: Pflanzen am Wegesrand, aber auch um Fischarten, die weltweit gefährdet sind. Arnes schöner bunter Fisch ist ein Stör. Der Text unter seinem Aquarell schildert, wie es eigentlich um den steht: *Lebende Fosilien sind sie, naturhistorisch älter als Saurier. Ihr Rogen wird in den Nobelrestaurants in Moskau oder den arabischen Emiraten gesalzen serviert. Ein Kilo für 6 500 Dollar. Kaviar! Geraubt werden die Störe per Hubschraubersuchtrupp und mit Schnellbooten, militärisch organisiert. Zwar werden Störe 100 Jahre alt, doch ihre Jahre sind gezählt. Nur ein Störfall?*

Arnes Blick verrät, dass er das Schicksal der Störe wirklich selbst mit recherchiert hat.

◁ *Arne Beyer, 8 Jahre. Mein Fantasie-Stör, AG Aquarellmalerei Justus-von-Liebig-Schule, Berlin-Friedrichshain. Foto: Hartmut Sommerschuh*

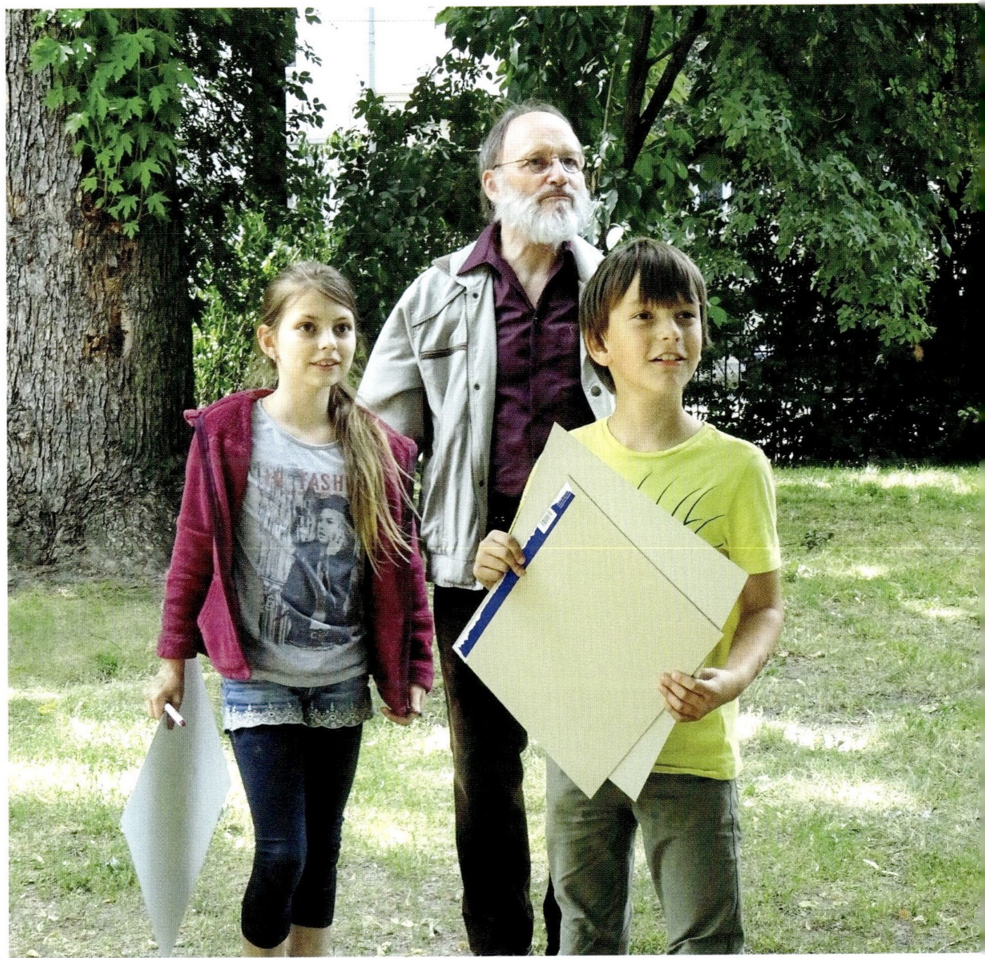

Gilbert Waligora, Arne und Lily. Foto: Hartmut Sommerschuh

Themen möglichst tief verstehen, ihre Geschichte erkunden, alles kritisch betrachten, erst wenn ein Gefühl daraus gewachsen ist, künstlerisch gestalten. Diese Philosophie hat Gilbert Waligora nicht erfunden. Sie ist mit seinem Leben für Kinder gewachsen.

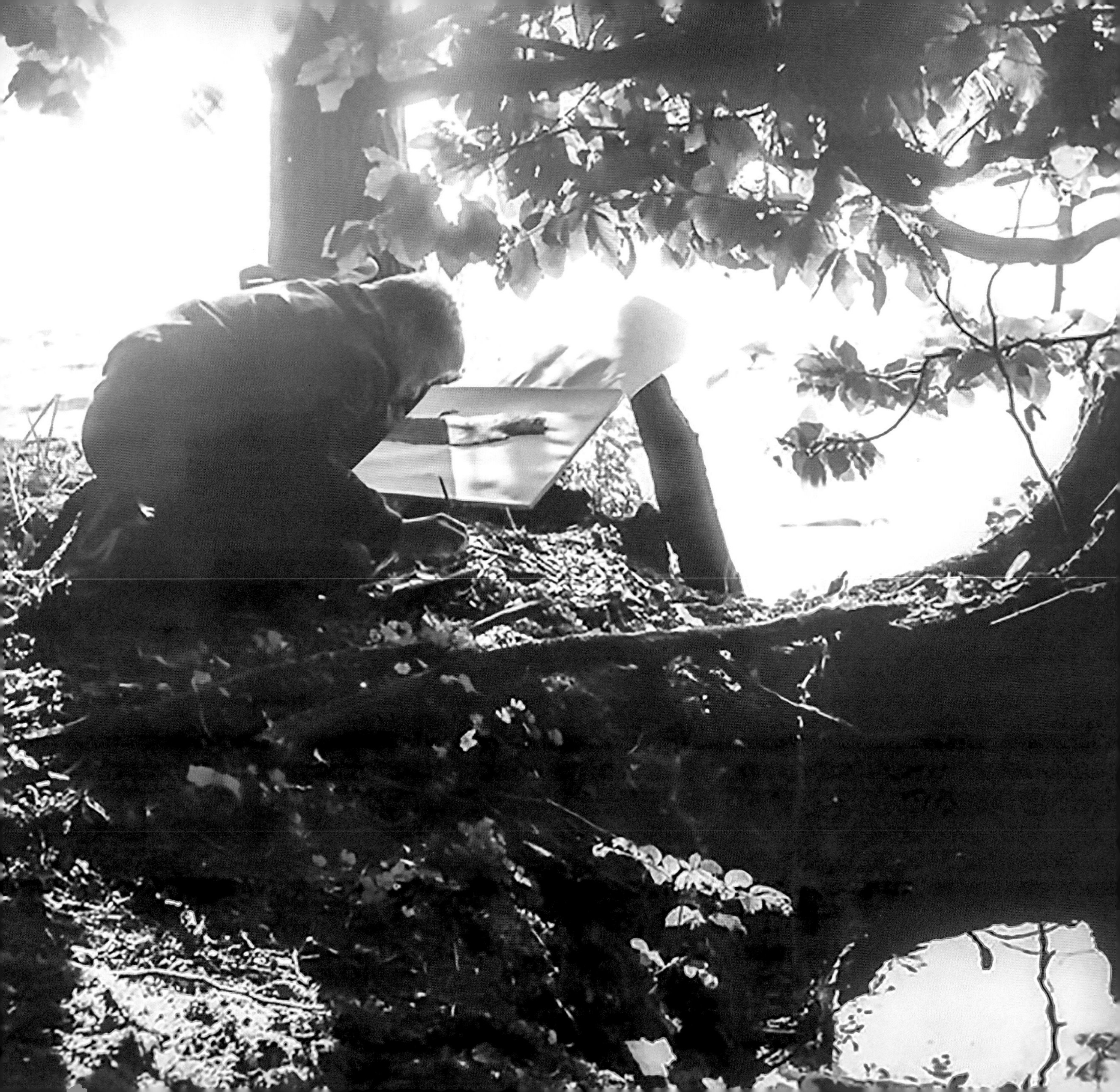

ÜBER MEINE ART

Wenn Ihr dieses Buch schreibt, dann bedenkt, dass man meine Art des Herangehens nicht beschreiben kann. Sie ist offen. Denn ich habe in Wahrheit keine Methode. Weil ich das Malen der Kinder immer nur begleite. Wie ein Bild entsteht, ist an den Menschen gebunden, der es malt. Und da finde ich, dass die manuelle Tätigkeit getragen wird von dem, was nicht vermittelbar ist: Die persönliche Haltung zu dem, was dargestellt wird, die Natur, die Erlebnisse und Empfindungen. Sie sind das Fundament, nicht das Handwerkliche. Da habe ich viele verschiedene Möglichkeiten mit den Jugendlichen erlebt. Was hilft es, wenn ich sage, Max malt mit zwei Pinseln, von denen er stehts einen mit dem Mund hält. Olaf malt gar nicht, sondern telefoniert ständig mit seiner Freundin. Immer wieder hielt ich mich zurück, griff nicht ein, sondern schuf nur die günstigsten Bedingungen. Es ist das Malen eben eine sehr individuelle Art der Mitteilung. Und dafür findet jeder junge Mensch seine eigene Möglichkeit, wenn er Vertrauen spürt. Meine Art der Hilfe beschränkte sich auf Einfühlung, Gespräche über dies und das.

Was soll man da schreiben?

Oft stellte ich mir die Frage. „Wie machst Du es am besten?", wenn es um die schöne friedliche Arbeit mit den Kindern am nächsten Tag ging. Und immer wieder machte ich eben nichts, als staunend dabei zu sein. Und mich zu freuen, dass ich mal kurz zuschauen durfte.

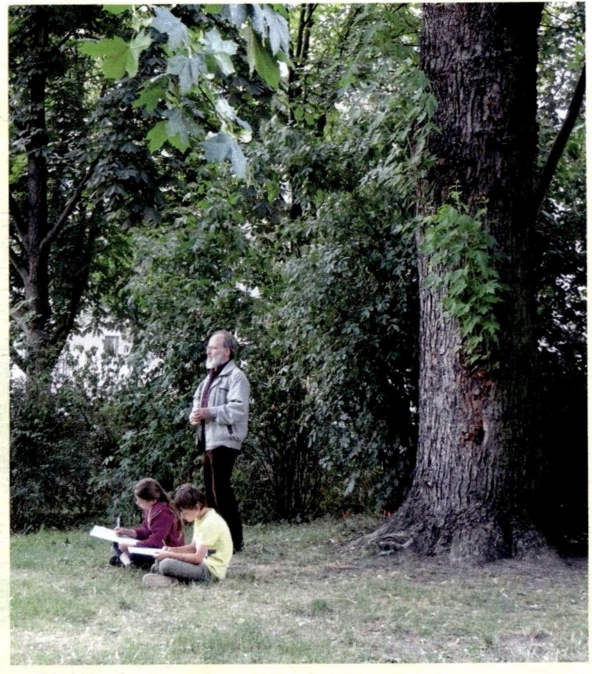

Kinder behutsam begleiten. Foto: Hartmut Sommerschuh

Wer malt, suche die größtmögliche Einsamkeit.

Das waren zuweilen hundert Meter und mehr voneinander. Wir saßen in den Ferienlagern tagelang, jeder suchte Ruhe und Besinnung auf seine Art. Das war für mich das Wichtigste. Wie man ein Aquarell malt, darüber sind schon dicke Bücher geschrieben worden. Wann eine Landschaft schön ist, wie ein Baum wächst, das ist für Kinder schon schwieriger zu empfinden. Das muss erlebt werden.

Aus einem Brief von Gilbert Waligora

◁ *Malen am Werbellinsee, 1986. Foto: David Furmanek*

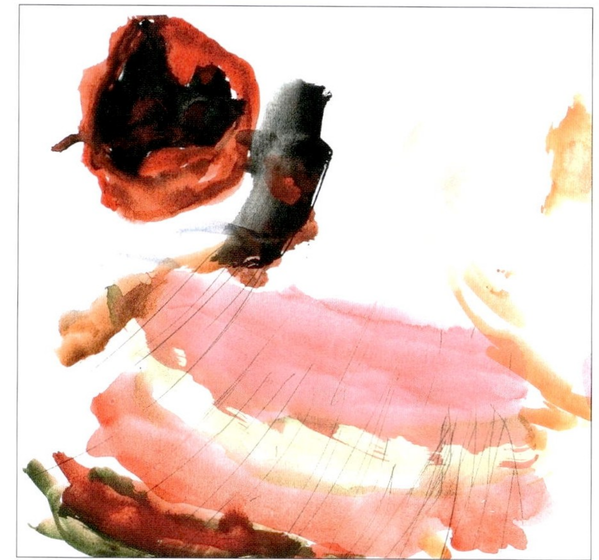

Lena Hoffmann, 5 Jahre. Holz im Wald, Aquarell, 2010

ERSTE BAUMBILDER

Felix zeichnet ein kleines Haus erfindungsreich zwischen die Äste und lehnt eine Leiter an den Baum. Das hat er alles gut beobachtet. Doch was ist das für ein Baum? Ohne eigenes Erleben steht da nur ein Rechteck auf der Wiese, ein Begriff, wie

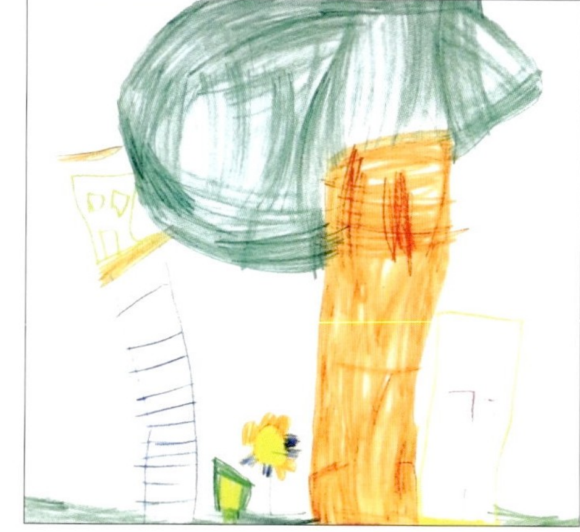

Felix Schumann, 4 Jahre. Baum mit Haus und Baumhaus, Farbstifte, Baumausstellung 2010

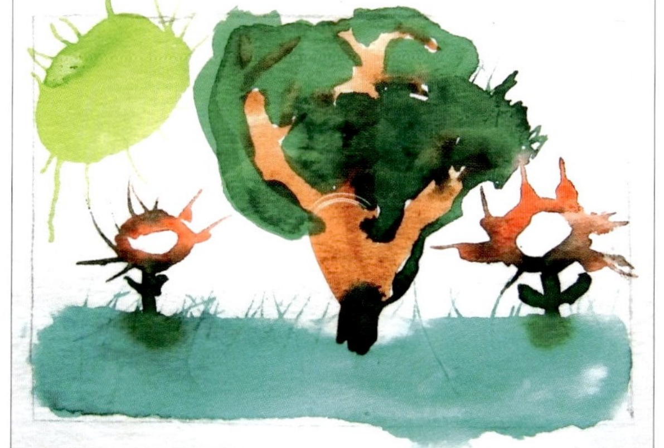

Martin Hoffmann, 5 Jahre, Baumwiese, Aquarell, 2006

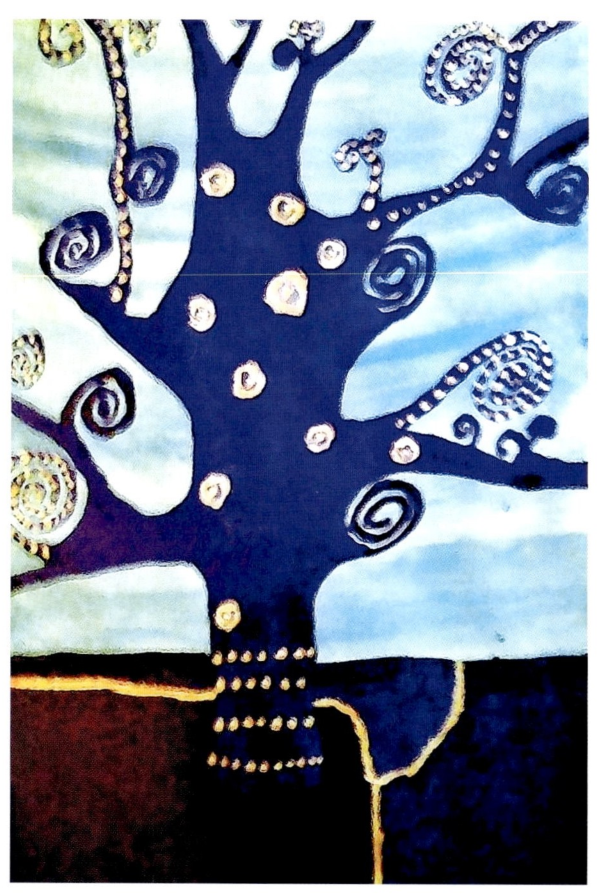

▷ *Baum-Beispiel aus dem Schulunterricht*

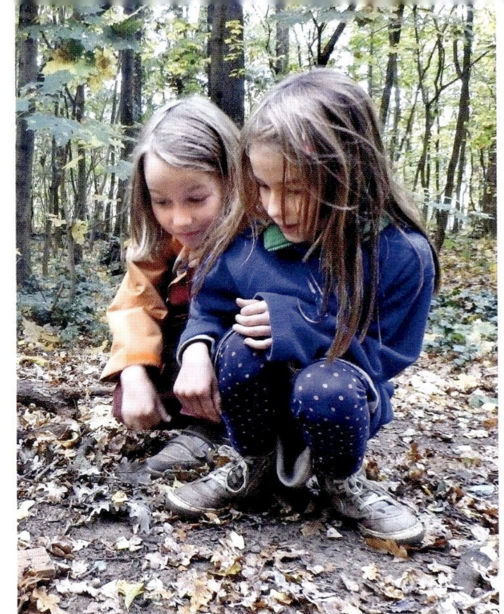

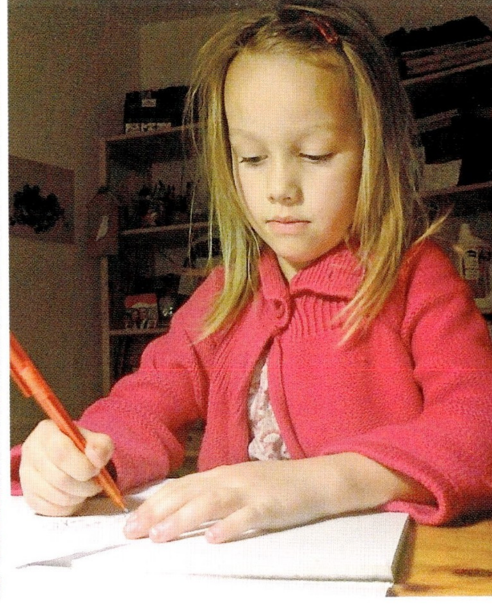

Lena und Freundin Kamilla 2011. Fotos: Hartmut Sommerschuh

ihn Erwachsene oft für Lebewesen vermitteln. Als wären es nur Dinge: Stamm, Äste und Blätter. Hat er keine Wurzeln, die ihn festhalten, wenn er sich zum Licht streckt? So zeichnen viele Vorschulkinder Bäume. Wenn wir unaufmerksam spazieren gehen.

Lena war mit ihren Eltern schon oft im Wald. Auch zum Spielen mit der Freundin. Sie haben aus langen Stangen eine Hütte gebaut, Rinde gesammelt, die Luft eingeatmet, den Specht belauscht, Regentropfen beobachtet, an einem feuchten Herbsttag mit Papa ein kleines Feuer gemacht. Über den Aufbau eines Baumes wurde zwar nicht geredet. Trotzdem ist in dem lockeren Bild danach viel Lebendiges geblieben.

Nicht nur Käfer, auch Bäume und Pflanzen sind Lebewesen. Kinder, die nicht nur vor dem Computer sitzen, mit ihren Eltern noch wandern gehen, können das empfinden, manchmal Tage später auch zeichnen oder malen. Wie unbekümmert sie dies tun, hängt davon ab, ob wir ihnen die Fantasie lassen. Dann entstehen oft kleine Wunder. Doch schon im Kindergarten ist es damit meist vorbei, erlischt der Zauber eigener Bilder.

Ausflüge in die Natur zum Lauschen, stillen Beobachten, Entdecken gehören auch selten zum Programm der Eltern und Lehrer. Die Schulen arbeiten aus Zeitmangel im Fach Kunst häufig mit trockenen Themen. Es wird ausgemalt, ausgeschnitten und montiert. Aus Zeitschriften, nach Vorlagen oder abstrakten Begriffen. Mal geht es um *die* Sonnenblume, *den* Regen, *das* Gesicht. Die kleinen Galerien in den Treppenhäusern spiegeln oft diese Stereotype.

Beobachten, Zeichnen und Malen auf einer Wiese wird kaum probiert. So prägen sich Puzzlesteine für eine gefühlsarme, wenig sinnliche, schon bald vom Internet dominierte Weltanschauung.

Dagegen hat auch Gilbert Waligora kein Rezept. Bis auf das Eine und Ewige: Wer seine Kinder liebt und auf eigene Wege bringen will, muss sich Zeit nehmen und raus in Landschaften gehen. Wer noch nie auf einen Baum kletterte oder still unter ihm saß, gegen den Wind und barfuß durch Regen lief, sollte es nachholen. Kein Kind wird gleich krank davon. Aber es wird danach mit Stift, Pinsel und Farbe vielleicht anders erzählen. Wenn wir dabei nicht stören, nicht korrigieren, nichts vorschreiben, uns nur mit ihm freuen.

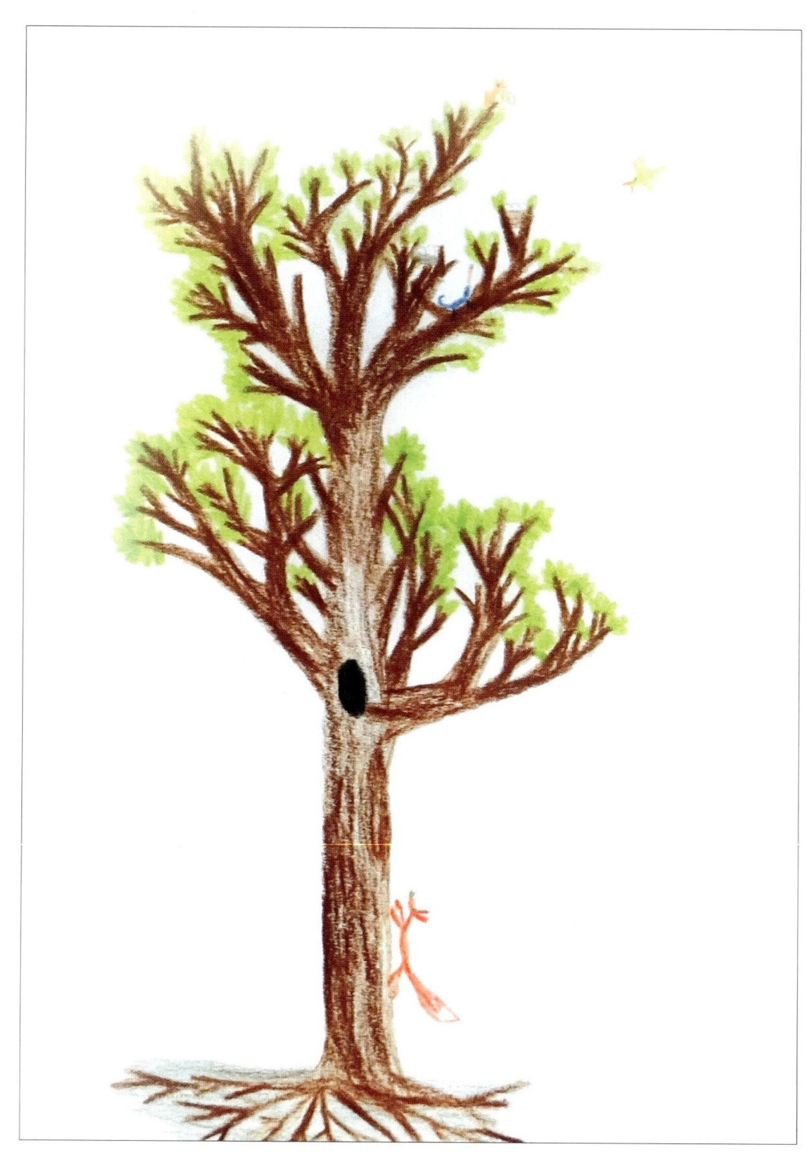

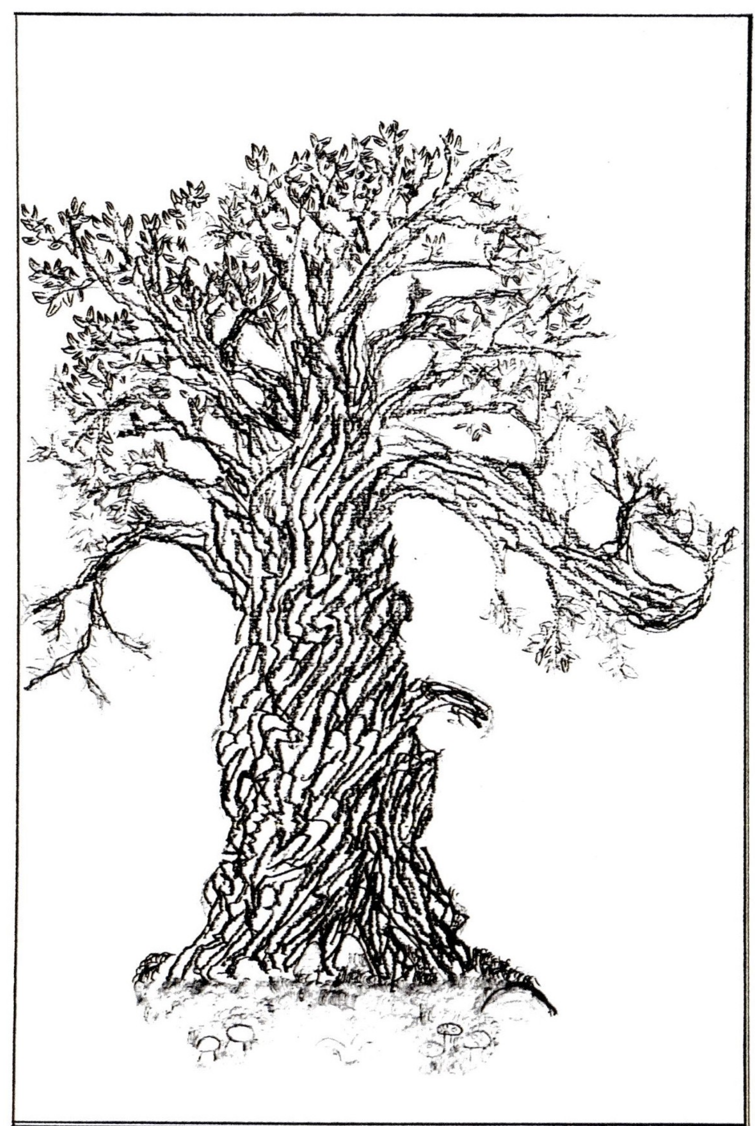

Felix Schumann, 7 Jahre. Mein Baum hat Wurzeln, Buntstift (links)

Fenja Schulz, 10 Jahre. Mein Baum, Bleistift

▷ *Julika Achtzig, 16 Jahre. Neununddreißigste Studie zum Thema Eiche, Aquarell, 1991, privat*

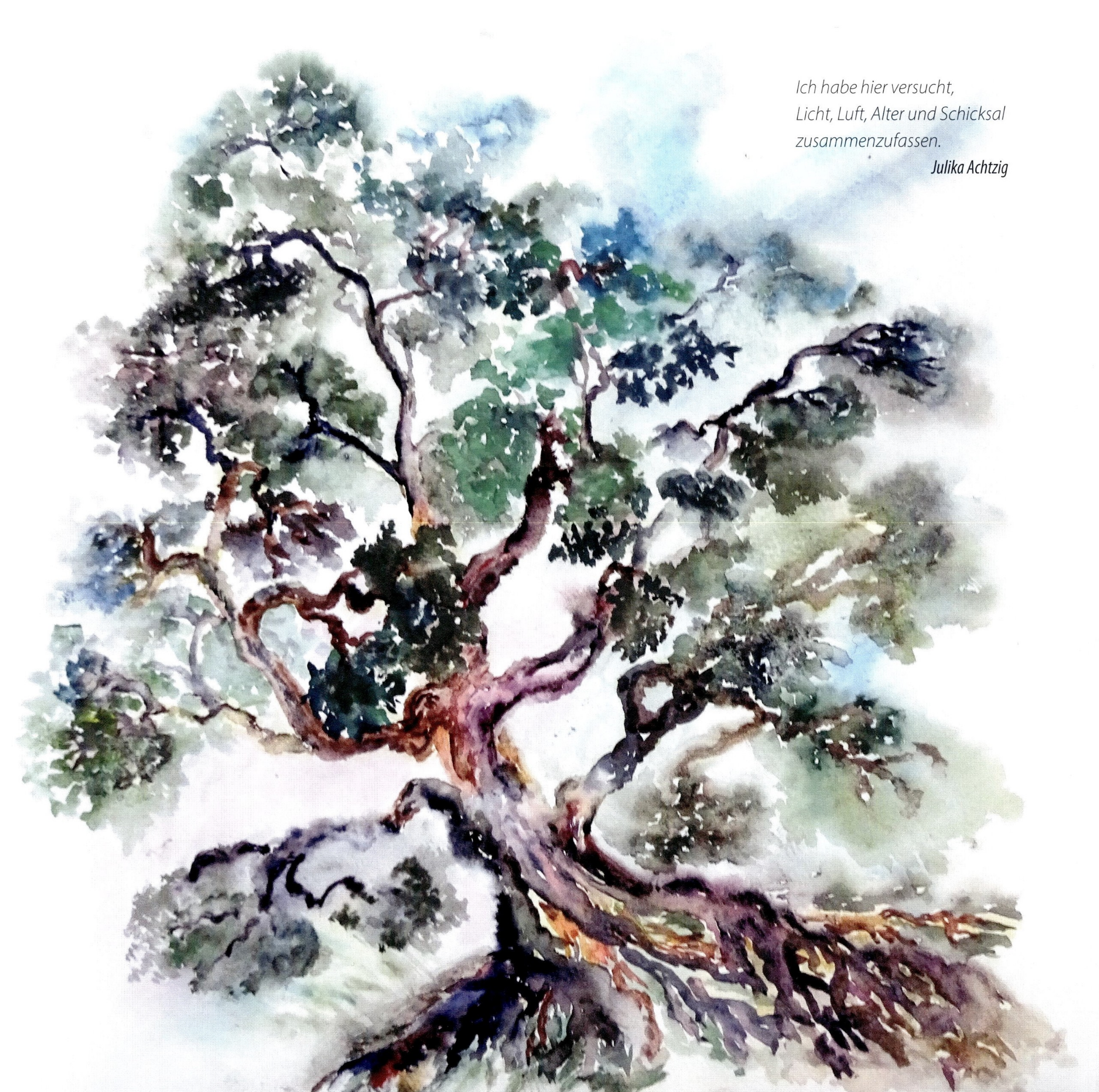

*Ich habe hier versucht,
Licht, Luft, Alter und Schicksal
zusammenzufassen.*

Julika Achtzig

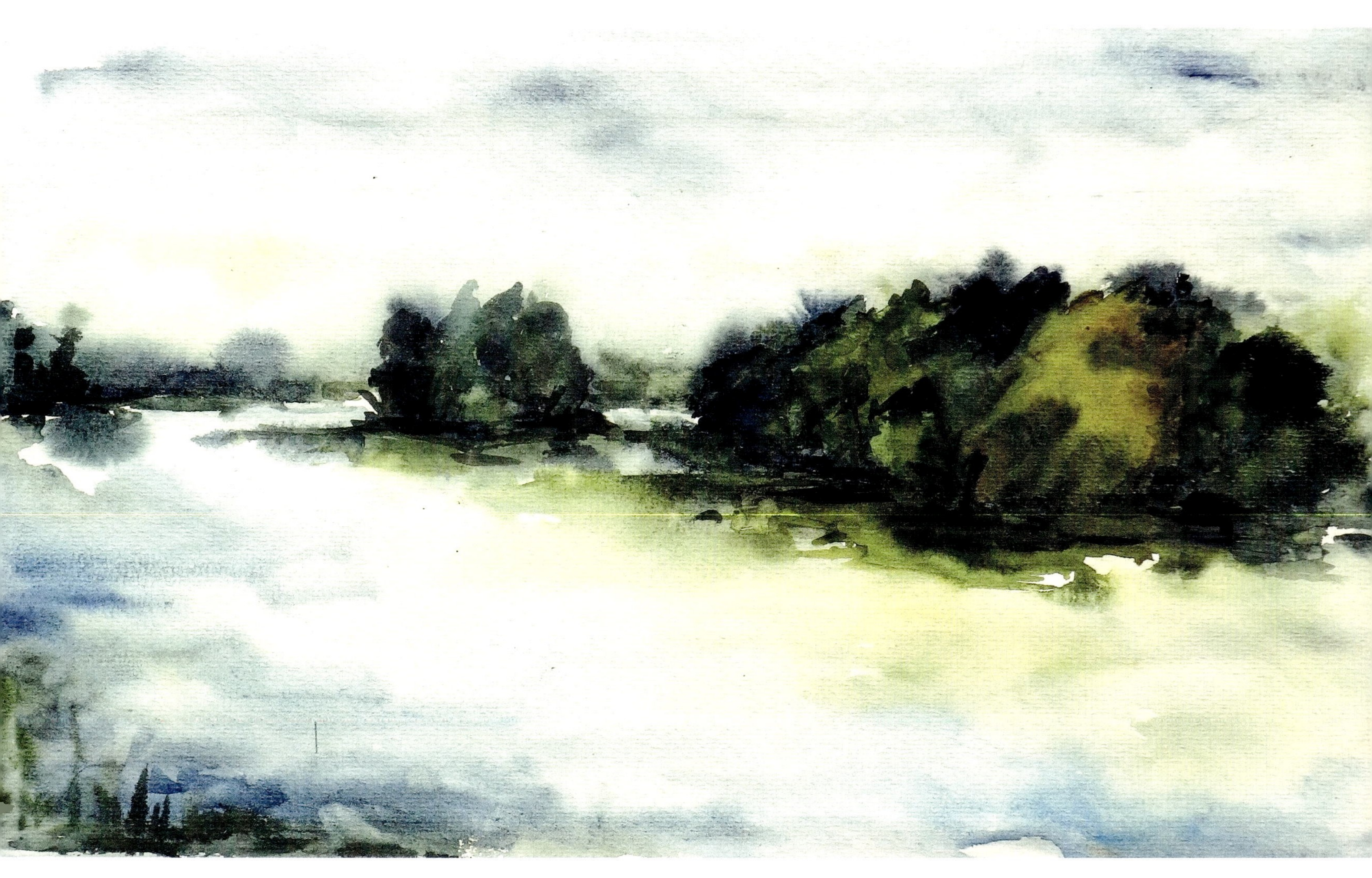

Mareike Schulz, 17 Jahre. Wald am Parsteiner See, Aquarell, 1986

JAHRE IM HEIM

Der Vater war im Krieg. Alles hing an der liebevollen Mutter. Ganz oft schlief sie mit allen fünf Kindern in der kleinen Küche. Die galt als sicherster Raum. Wenn aber die Sirenen laut heulten und über Erfurt Bomber auftauchten, dann stürzten alle in den Keller oder in den Bunker. Wo in engen Gängen viele Menschen voller Angst saßen. Ein Nachbar hörte heimlich den Londoner Rundfunk. Das gab Mutter etwas Hoffnung. Eines Nachts leuchtete am Horizont der Himmel ganz rot. *„Kassel brennt"*, hieß es, *„das ist das Ende"*. Aber auch dann kam der Vater nicht nach Hause. Er lebte, war aber noch lange in Gefangenschaft. Da musste die Mutter plötzlich ins Krankenhaus. Nie wieder durften die Kinder sie berühren. Für Jahre. Tuberkulose hatten damals viele. Das erste Kinderheim lag tief im Wald, aber die Schule am anderen Ende der Stadt. Im Winter gefror der Atem an den Bettdecken zu Eis.

Abends wurde viel gesungen. Da war es am schönsten. Bis heute kennt Gilbert über hundert Volkslieder. Für zwei Jahre durfte er mit seiner Zwillingsschwester Elke noch einmal bei der Mutter wohnen. Mit 14 Jahren wurde er in die erste Erfurter Zehn-Klassen-Schule aufgenommen. Musste aber wieder in ein Heim. Hoch über der Stadt, neben einem Militärgelände. Noch einmal für drei lange Jahre.

„Samstags", erzählt Wali, *„mussten wir immer schon mittags ins Bett. Egal, ob im Sommer oder im Winter. Das war mir ein Gräuel. Deshalb harkte ich lieber die große Sandfläche vor dem Haus. Mit immer neuen, komplizierten Mustern. So übte ich früh unbewusst Beharrlichkeit, vielleicht auch meine Gestaltungslust."*

Im Heim war Gilbert Waligora mit 14 nicht nur der Älteste und abends ein beliebter Geschichtenerzähler. Kein Kind schlief ohne seinen Gute-Nacht-Wunsch.

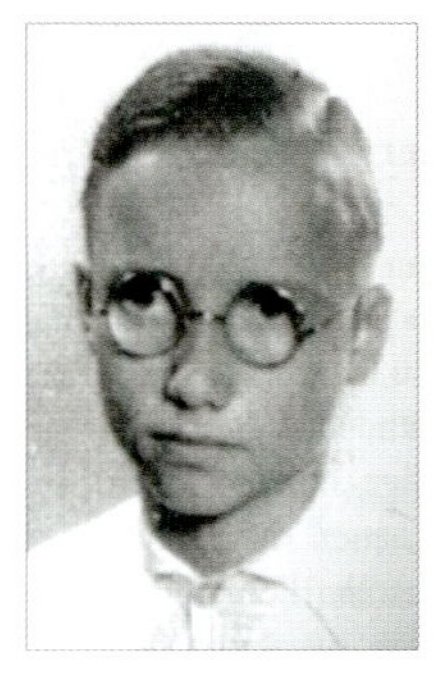

Gilbert Waligora mit 12 Jahren

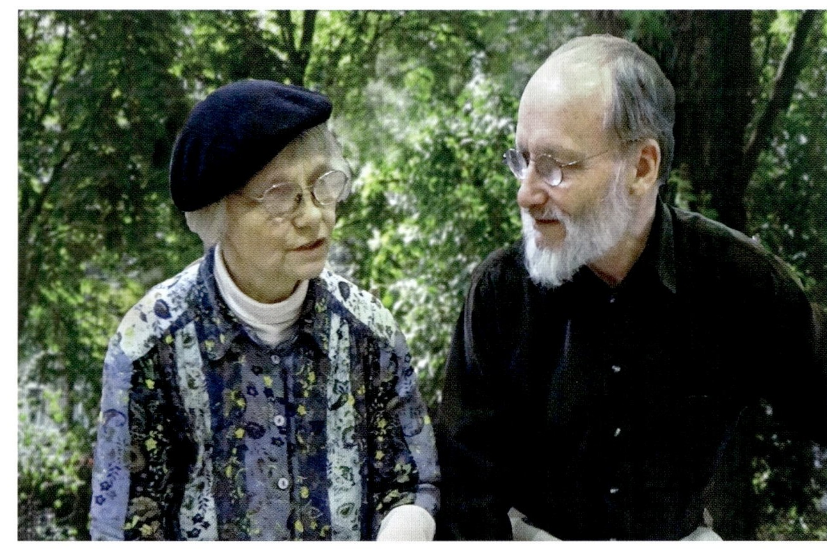

Gilbert Waligora mit seiner Zwillingsschwester Elke. Foto: Hartmut Sommerschuh

Man wählte ihn auch zum Vorsitzenden des „Heimgerichtes". Mit zwei jüngeren „Beisitzern" musste er alle drei Wochen vor den Bewohnern über Strafen für kleine Vergehen und Schlampereien entscheiden. Die Erzieher hatten nur Vetorecht. Viele Kinder kamen aus verwahrlosten, zerrissenen Familien. Das schärfte seinen Blick für ihre Seelen und für Gerechtigkeit. Er las Makarenko, träumte von einer Werkstatt für alle, durfte sich nur selbst keine Streiche mehr erlauben. Dafür aber später ins Bett gehen als die Anderen. Ein Privileg. Wenn alle schliefen, schlich er zu seinem Lieblingsplatz in einem Baum, lauschte den Vögeln und blickte hinunter auf die Lichter von Erfurt.

„Schaurig schön war das und unvergesslich", erzählt Gilbert Waligora. *„Einen Baum haben als stillen Freund!"*

Neben ihm in der Schule saß ein Junge, der ganz geschickt Löwen malte, die fliehende Pferde verfolgten. Damit verdiente er sich bei den Anderen etwas zu essen. Gilbert probierte auch, sogar ein Porträt gelang ihm plötzlich. Das sah eine Bekannte der Mutter und lobte sein Talent. Welch ein Augenblick! Sie war Malerin und lud ihn ein, samstags mit ein paar Kindern bei ihr zu zeichnen. Ohne Unterricht. Ganz im Stillen. Das war eine schöne Ablenkung von den Dauersorgen um die Mutter. Die Frau hieß Elisabeth Zeiss und war eine Enkelin des berühmten Optikers Carl Zeiss aus Jena.

In der Ruhe ihrer Wohnung, ihres Gartens begann Gilbert Waligora die Schönheit kleiner Dinge zu entdecken: Was es heißt, ganz mit sich allein Formen, Farben, das Wesentliche einer Pflanze mit Stift und Pinsel zu erfassen.

Nach dem Abschluss der Zehn-Klassen-Schule wollte er, was sonst, Heimerzieher werden. Doch man suchte dafür nur Abgänger der achten Klasse. Auch sein großer Wunsch, Lehrer für Geschichte, Deutsch und Kunst zu werden, erfüllte sich nicht. Nur Mathe- und Chemiekräfte wurden gerade gebraucht.

Nach einer Lehre als Bau- und Möbeltischler konnte er dann aber in Weimar das Abitur machen. Auch dort war an der Hochschule für Architektur und Bauwesen eine Arbeiter- und Bauernfakultät eingerichtet worden. Endlich sollten alle jungen Menschen die Chance für ein Studium bekommen. Die Hochschule hatte auch ein Kinderferienlager. Gilbert wurde nebenbei stolzer Gruppenleiter.

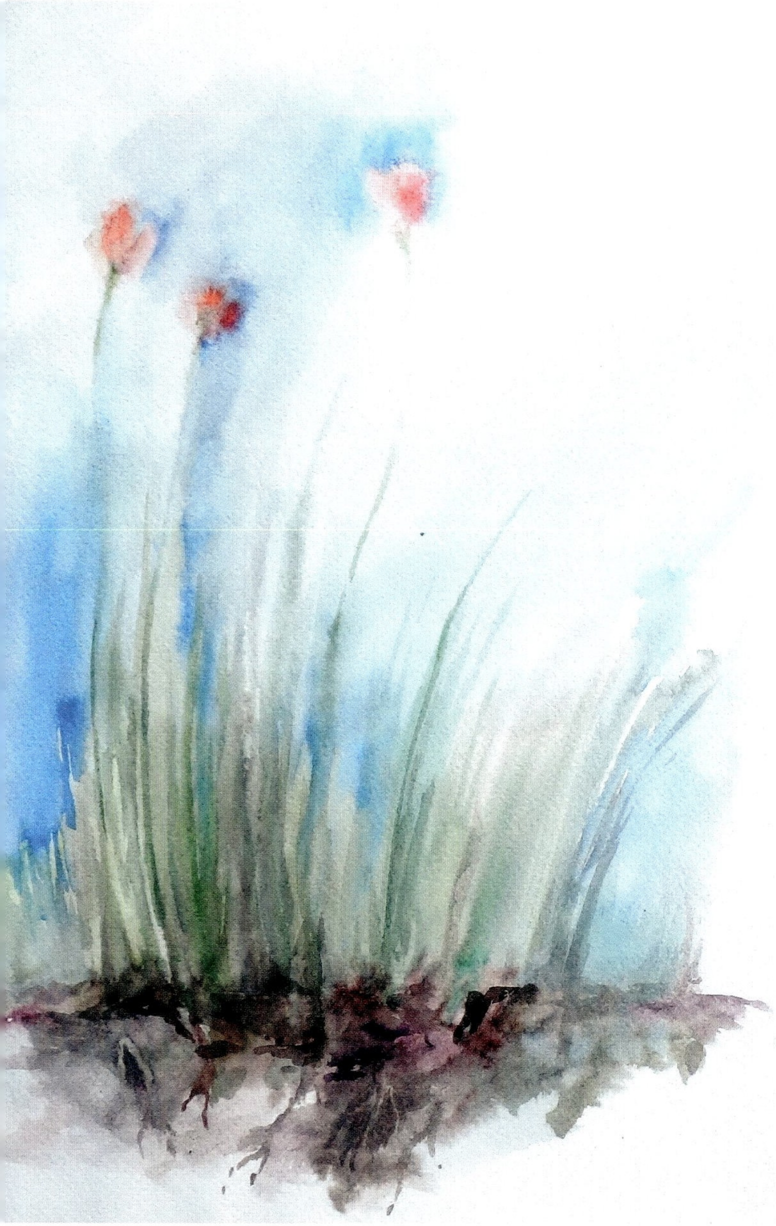

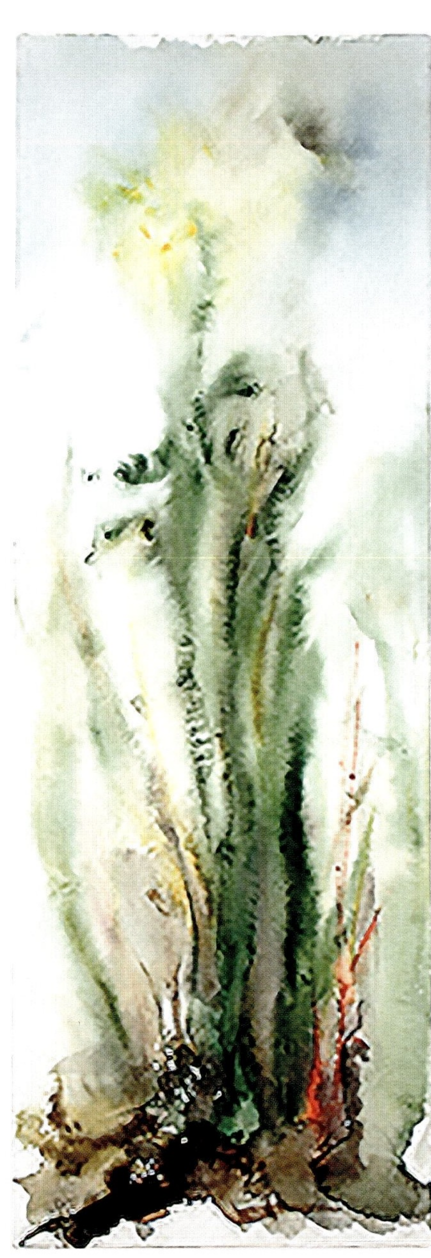

Alexander Martynow, 14 Jahre. Am Ufer ein angenehmer Duft, Aquarell, 1994

Tobias Giese, 15 Jahre. Wachsen, duften, Kräfte ziehen, Aquarell, 1990 (links)

KINDER STATT KARRIERE

Gilbert Waligora, links im Bild, 1957 als Gruppenleiter während der Abiturjahre im Ferienlager der Hochschule Weimar

Zufällig wurde an der Hochschule ein Studienplatz für Architektur frei. Eigentlich der Traumberuf. Doch schöne Häuser waren in den zerstörten Städten nicht gefragt. Viele Menschen mussten untergebracht werden. „Erst jedem eine Wohnung, dann jedem seine Wohnung", hieß es. Für Plattenbauten wurden am Ende nur Ingenieure gesucht. Gilbert Waligora sah keine Chancen, lehnte schweren Herzens ab und entschied sich über Nacht für Malerei. Nach der Natur zeichnen, Gesichter porträtieren, die Perspektive beherrschen, das machte ihm keine Schwierigkeiten. Er bewarb sich an der Kunsthochschule Berlin-Weißensee, wurde zunächst abgelehnt, sollte noch ein Jahr in einem Volkseigenen Betrieb arbeiten. Vortritt hatte, wie so oft, jemand, der drei Jahre bei der Armee gewesen war. Gilbert ging zur Bühnenmalwerkstatt beim Deutschen Fernsehfunk in Berlin-Adlershof. Trotz der praktischen Erfahrungen dort fiel ihm dann der Start in Weißensee schwer. Oft drückte das Gefühl, die anderen Studenten, vor allem die schon drei Jahre Fachschulausbildung hatten, seien ihm haushoch überlegen.

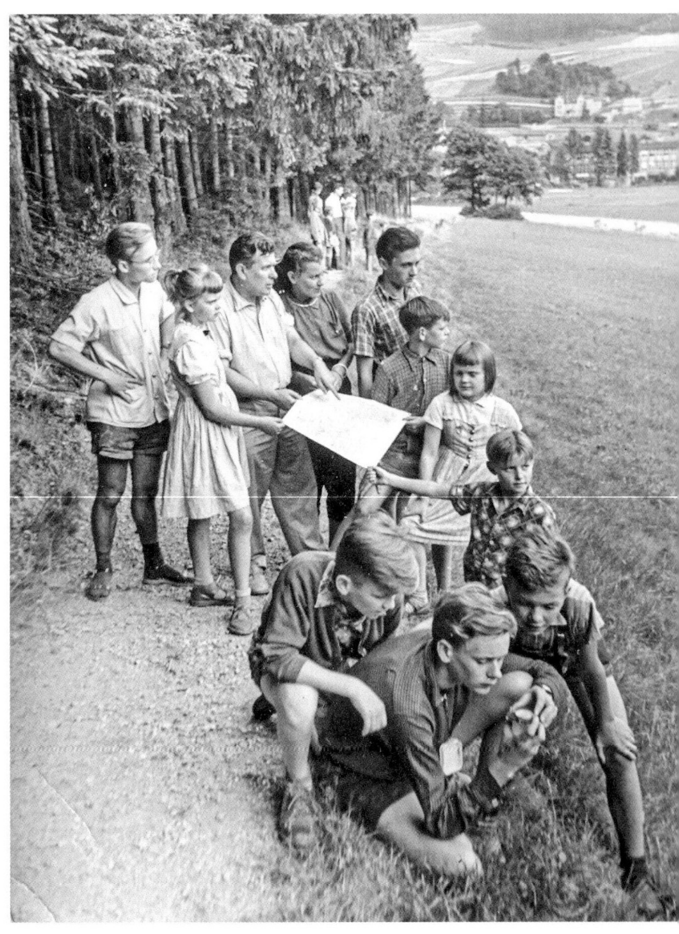

Er studierte von 1959 bis 1964, als Kurt Robbel Dozent für Malerei war. Der liebte die strenge italienische Frührenaissance, ließ kaum andere Meinungen zu, exmatrikulierte gern. Für Gilbert qualvolle Jahre. Ihn interessierten dagegen psychologisch vertiefte Menschendarstellungen. Erlösung kam erst mit Walter Womacka, der 1963 Leiter der Abteilung Malerei wurde und seine Interessen noch ein Jahr unterstützte. Schon vor dem Diplom wusste Gilbert Waligora, dass Brotverdienen mit Malen und eine Karriere als Künstler nicht seine Ziele waren. Er fragte im Kulturministerium nach Arbeitsmöglichkeiten. Die DDR lenkte ihre Hochschulabsolventen. Für das kostenlose Studium sollte jeder eine Zeit lang dahin gehen, wo er gebraucht wurde. Das gefiel nicht jedem, war aber einleuchtend.

Zur Wahl stand Kulturhausleiter oder Betriebskünstler. Das aber hieß „Aktivisten" malen und dicke Grafikmappen über die Betriebsgeschichte anfertigen. Nein danke! Dies wollte er nicht. Angeboten wurde ihm auch, „Künstlerischer Leiter einer Arbeitsgemeinschaft" in einem Volkseigenen Betrieb im Berliner Stadtteil Rummelsburg. Das klang schon interessanter. Er nahm an. Arbeiter waren doch lernbegierig. Aber nach dem vierten Treffen kamen sie nicht mehr. Sie mussten Überstunden machen zur Planerfüllung. Zu Gilbert Waligora sagten man: „Lesen Sie Bücher, wir bezahlen sie!"

Er sah für sich darin keine erstrebenswerte berufliche Zukunft.

Es war die Zeit des „Bitterfelder Weges". Hebung des Volkes durch Bildung und Kunst. Eine gut gemeinte, aber widersprüchliche Idee, die es in den zwanziger Jahren im jungen Rundfunk schon einmal gab.

Für ein paar Honorargroschen fand Gilbert Waligora 1965 Arbeit an der Berliner Ernst-Wildangel-Schule. Wöchentlich vier Stunden Unterricht als Kunstlehrer in einer 6. Klasse. Das war nicht viel, aber ein ehrlicher Anfang.

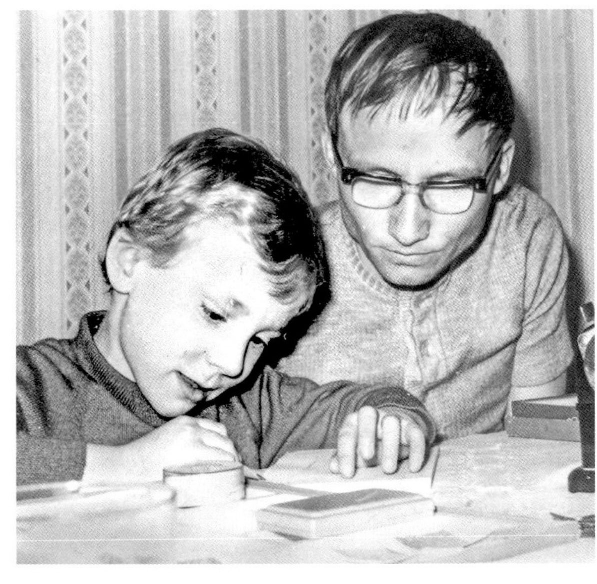

Gilbert Waligora, privat, 1970

Trotz seiner Unerfahrenheit waren die Kinder schnell begeistert. Selten stand er vorn und gab Vorschriften, wie man zeichnet, sondern versuchte Neugier zu wecken. Wie läuft ein alter Mann? Wer klettert auf den Tisch und macht auch mal etwas vor?

Spaß und Interesse wuchsen mit jeder Unterrichtsstunde. Gilbert Waligora fasste Mut, gründete mit den Eifrigsten am Kreispionierhaus „Bruno Kühn" in Berlin-Mitte die erste eigene „Arbeitsgemeinschaft Malen und Zeichnen". So begann seine unorthodoxe Arbeit mit Kindern.

Im Mittelpunkt stand immer, sie möglichst alles selbst entdecken zu lassen. Das ist bis heute so.

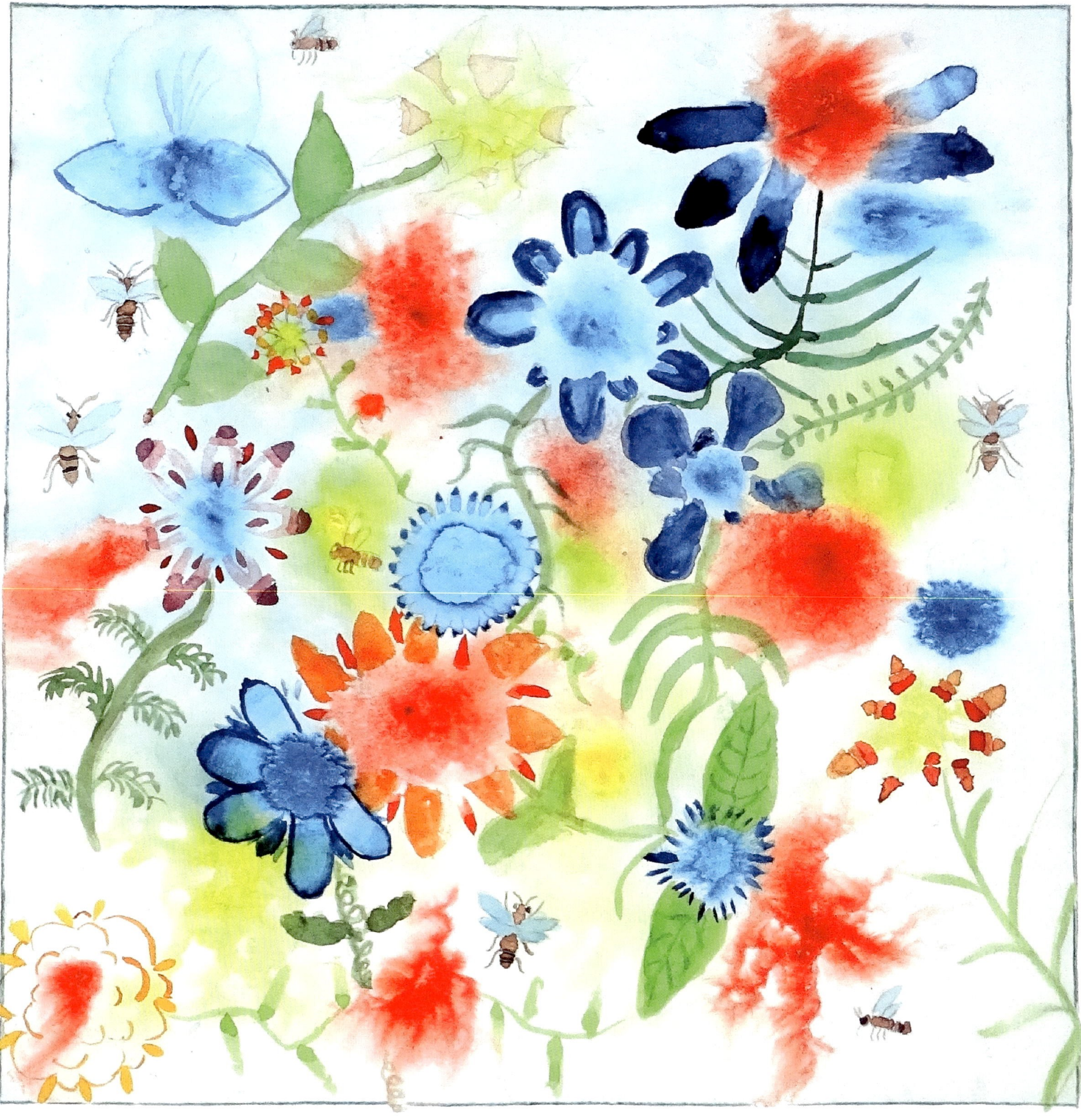

ZAUBER DER AQUARELLFARBEN

Kleine Farbübungen sollen Lust machen, die schönen Zufälle der Aquarellmalerei zu endecken. Gilbert Waligora gibt nur Anregungen. Frage den Pinsel: Was kannst Du? Was kannst Du auf nassem Papier? Und so weiter …

So hatte Zara noch nie gemalt, direkt auf nasses Papier. Wir beobachteten, wie Farben verlaufen, spannende Zufälle entstehen. Konnte man das Malen nennen? Das Ergebnis verblüffte. „Wie machst Du das?", fragten die anderen Schüler.

Zara befeuchtete ein Stück Aquarellpapier mit einem breiten, flachen und weichen Haarpinsel. Das Papier bog sich. Sie machte es auch auf der Rückseite nass und wartete. Der Bogen glättete sich. Nur von den Ecken lief noch Wasser in die Mitte, die Ränder trockneten wieder und dehnten sich nicht mehr mit aus. Zara bestrich das Papier nochmal vorsichtig mit Wasser. Auf den feuchten Bogen ließ sie nun vom Pinsel nacheinander Tropfen mit den drei Grundfarben Gelb, Rot und Blau fallen. Die hatte sie vorher auf einem weißen Porzellanteller aufgelöst. Jetzt konnte sie gut beobachten, wie verschieden die Farben verlaufen. Das Rot am rechten unteren Bildrand floss beinahe weg. So hatte Zara bald ein weißes Blatt mit vielen roten, gelben und blauen Klecksen. Die trockneten. Solche Zufälle können auch schöne Inhalte ergeben. Am Ende wurde daraus durch viele kleine fantasievolle Ergänzungen ein schönes Bild mit 14 Blüten. Denn Zara wollte keine Blüte zweimal malen.

Gilbert Waligora

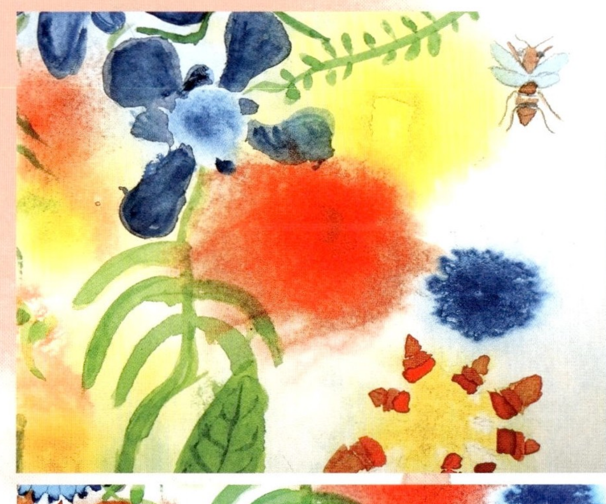

Drei Kleckse aus Rot, Grün und Blau

Verlaufener Farbklecks bis zum unten Rand

◁ *Zara Traore, 10 Jahre. Keine Blüte gibt es zweimal, Kurs für Aquarellmalerei an der Justus von Liebig Grundschule Berlin, 2018*

Pinsel befragen „Was kannst du?“

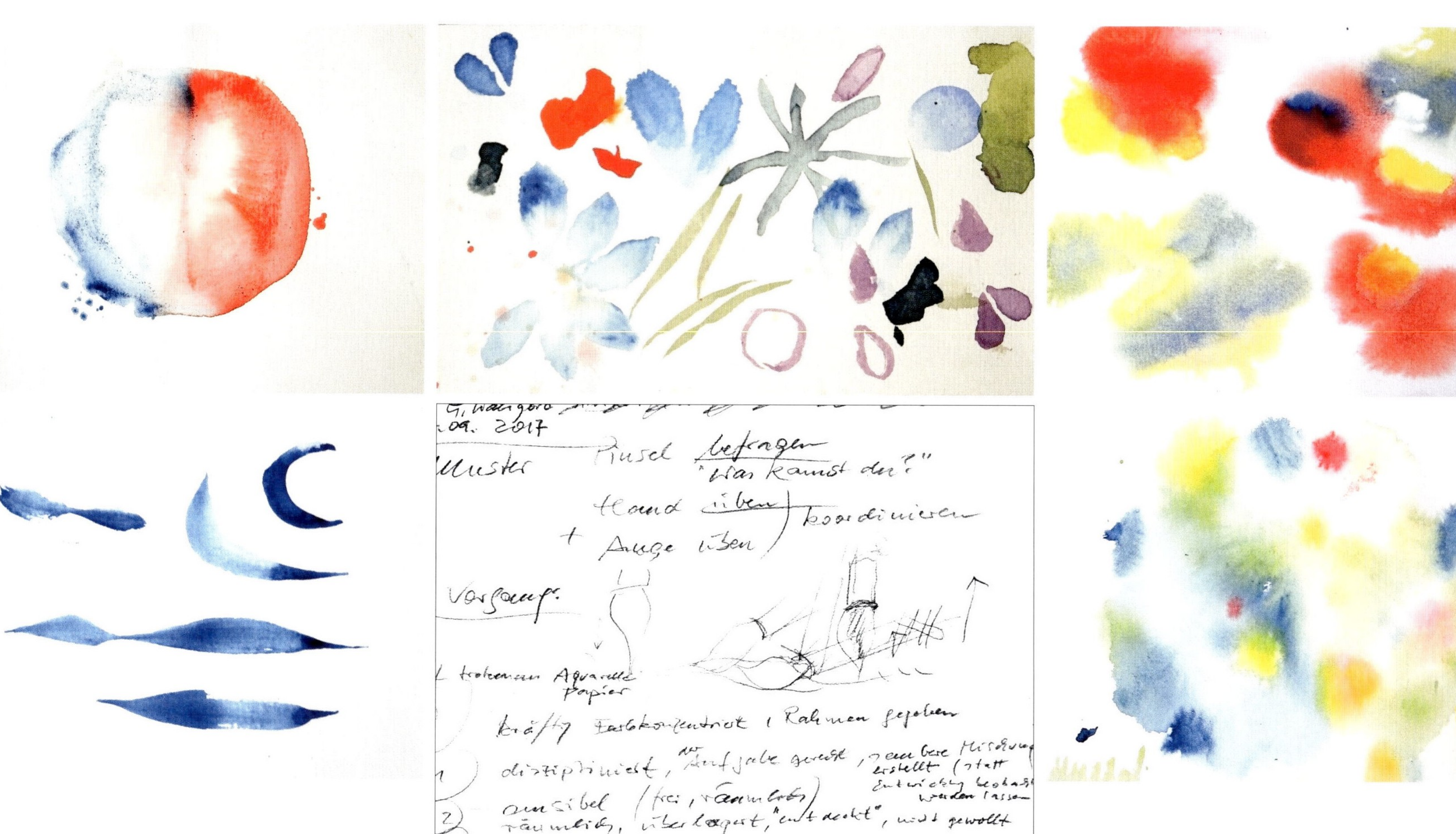

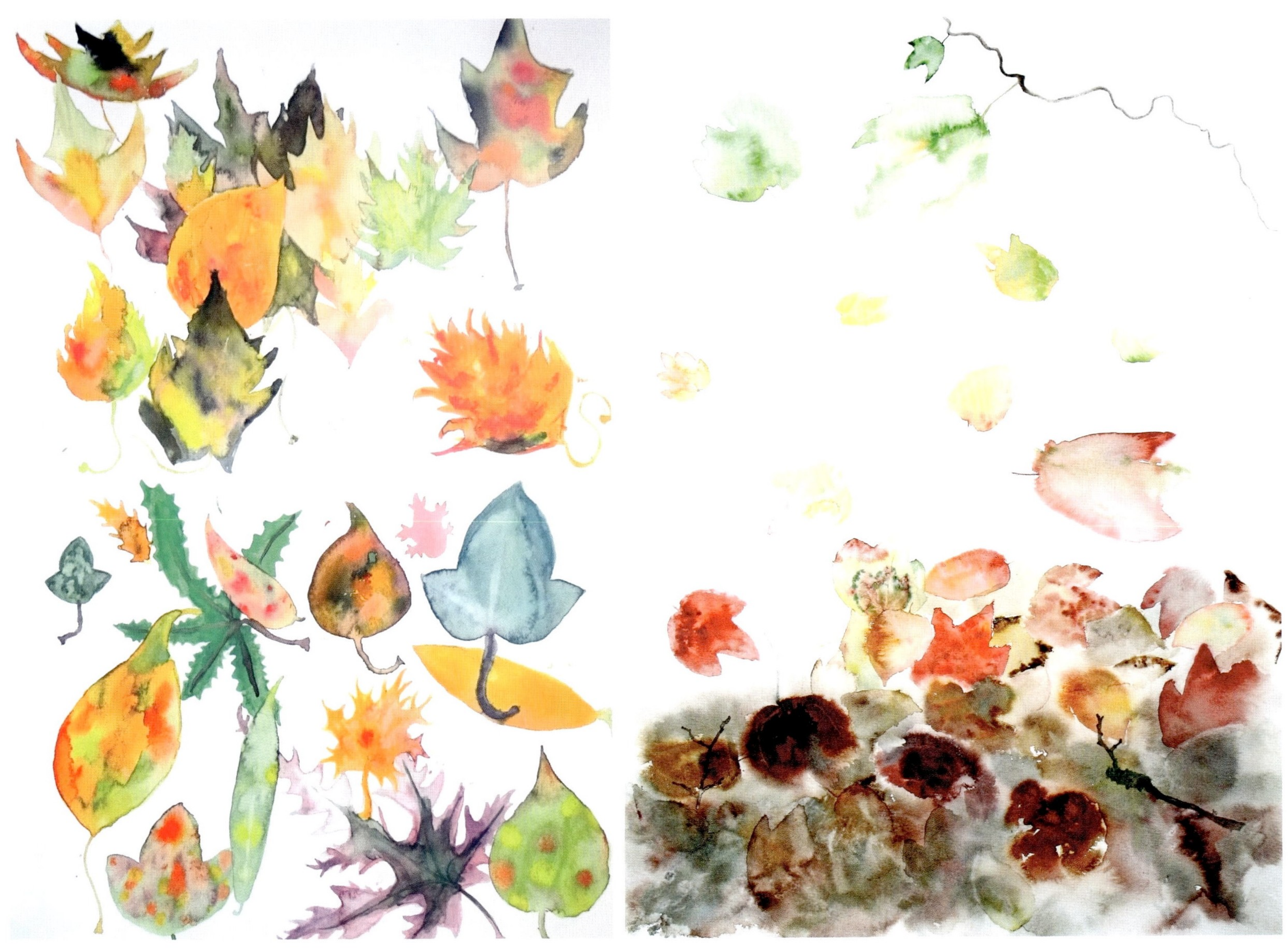

Maria Bressel, 13 Jahre und Anna Bressel, 11 Jahre.
Herbstlaub, Aquarell, Baumausstellung 2010, (links)

Herbstlaub, Gemeinschaftsarbeit, Aquarell, 1990

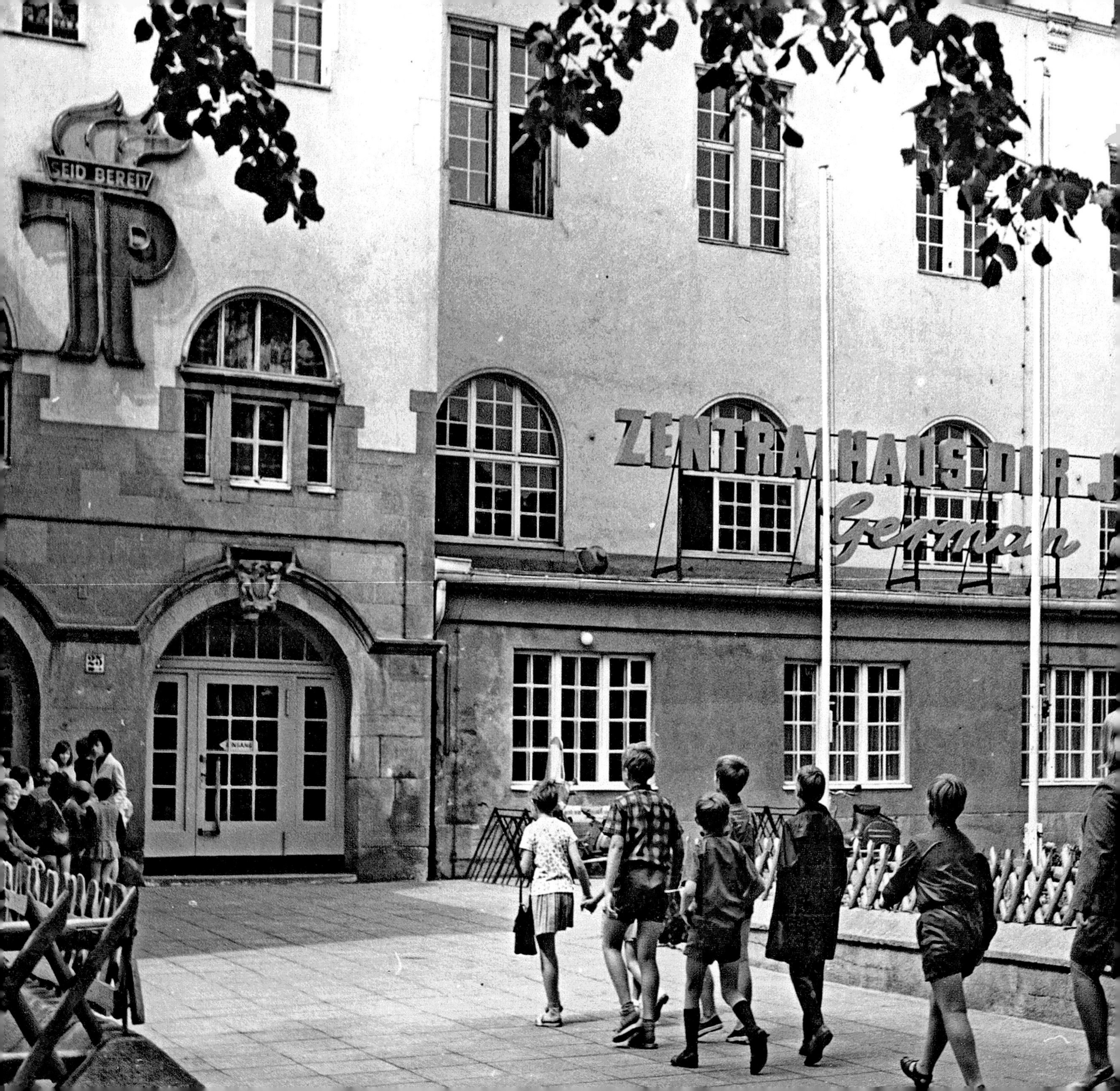
SEID BEREIT
German

EIN HAUS DER KINDER

Es war die Idee der Sowjetischen Militäradministration in Deutschland (SMAD). Nach Faschismus und Krieg sollten den oft elternlosen Kindern neue Kulturinhalte und Freizeitmöglichkeiten geboten werden. Vorbild dafür waren die Pionierhäuser, die es schon seit den 30er Jahren in der Sowjetunion gab. Häufig wurden sie nur „Haus des Kindes" genannt. Man gründete viele auch in der DDR.

Am 30. Juni 1948 erließ die SMAD ihren Befehl Nr. 65 zur Umwidmung eines unzerstörten Gymnasiumgebäudes in der Berliner Parkaue. Der von den Nazis verfolgte Bauhausschüler Waldemar Alder und sein Partner Waldemar Heinrichs entwarfen Räume für Instrumentalunterricht, Chorgesang, Volkstanz, Ballett, Schauspiel, Sprachen, Geschichte, Naturkunde, Fotografie und Kunstgewerbe. Auch Werkstätten für Holz, Metall und Elektrotechnik, Ateliers für Malerei, Bildhauerei. Dazu kamen ein Kino und das Theater der Freundschaft nebenan. Im Mai 1950 wurde es eröffnet, 2000 abgewickelt. Bis zu 140 Arbeitsgemeinschaften für über 2 700 Kinder gab es vor der Wende, dazu in jedem Sommer 40 Spezialisten-Ferienlager. Ab 1963 hieß es nach dem sowjetischen Kosmonauten „Zentralhaus der Jungen Pioniere German Titow".

Noch 1964 bat Rolf Bräuer, Abteilungsleiter für bildende Kunst, Gilbert Waligora, bei ihm gegen Honorar als Zirkelleiter für einen „Spitzen-Malzirkel" anzufangen. Er wusste von Waligoras Diplomarbeit über Tafel- und Wandmalerei, in der es auch um Arbeit mit Kindern ging. Gilbert sagte zu und blieb bis zu seinem Rauswurf 1987 23 Jahre.

In der DDR gab es für gehaltvolle Freizeitgestaltung 141 Pionierhäuser und Pionierparks, 195 Stationen „Junger Naturforscher und Techniker", 47 Touristenstationen und 16 Pioniereisenbahnen.

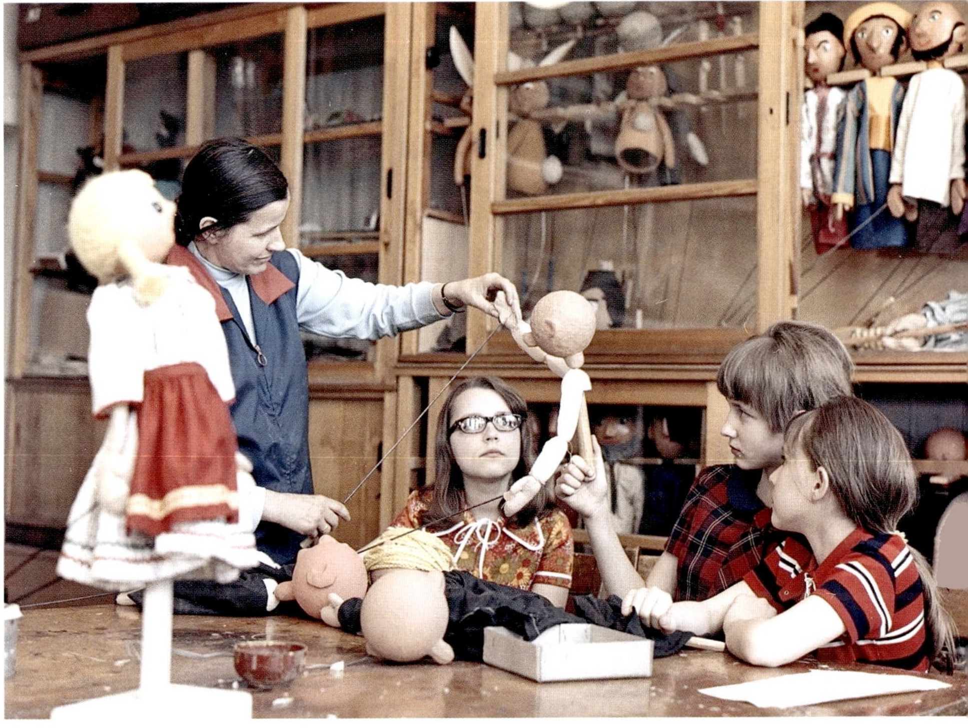

Puppentheater im Zentralhaus der Jungen Pioniere, 1971. Foto: Rainer Mittelstädt, Bundesarchiv

◁ Zentralhaus der Jungen Pioniere, Berlin 1970. Foto: Rainer Mittelstädt, Bundesarchiv

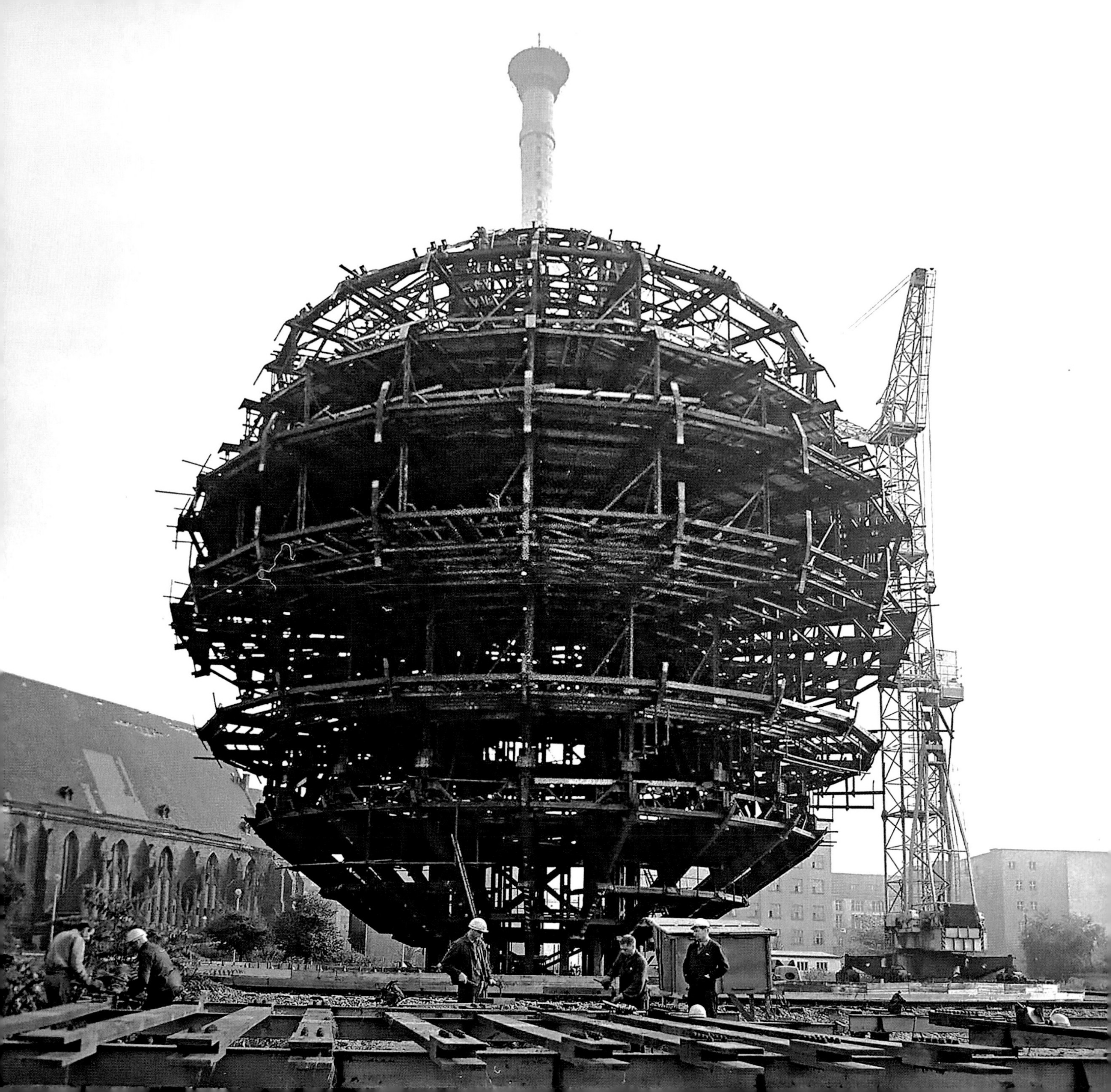

Alle waren dem Ministerium für Volksbildung und der FDJ unterstellt. Obwohl Gilbert in keiner politischen Organisation war, stand Bräuer zu seiner Einladung.

Gilbert Waligora reizte vor allem die Frage, ob Malen und Zeichnen überhaupt lehrbar und erlernbar sind. Die Malzirkel galten als unpolitisch und die Bedingungen erwiesen sich als ideal.

Alles war für die Kinder kostenlos. Teures Papier, die Farben, die Materialien für aufwendige grafische Techniken in der Druckwerkstatt. Weil das ebenso beliebte Berliner „Haus der jungen Talente" auch immer voll war, setzte Gilbert Waligora durch, dass die Kinder im Pionierhaus nicht nur bis zum 14. sondern bis zum 16. und später sogar bis zum 18. Lebensjahr bleiben durften.

Das brachte gute Chancen für nachhaltiges Arbeiten. Besonders verlockend erschienen ihm die vielen jährlichen Spezialistenlager. Für Biologen, das Orchester, auch für die „Jungen Zeichner und Maler". Teilnehmen kostete nur etwas Taschengeld und war auch für ärmere Familien möglich.

Mit dem soliden Wissen seines Studiums an der Berliner Kunsthochschule holte sich Gilbert rasch Anerkennung. Schon bald ging er mit den Kindern hinaus ins Berliner Stadtzentrum. Selbst an Sonntagen. Da zeichneten die 13- bis 16-Jährigen, oft jeder für sich, was gerade neu gebaut wurde. Den Fernsehturm in seinen Bauphasen bis zur Einweihung 1969. Zusammen mit der restaurierten Marienkirche. Vor langweilige Wohnblöcke in der Straße der Befreiung malten sie bewusst auch die historischen Häuser.

Vieles wurde als Radierung oder Farblinolschnitt festgehalten. Im Winter entstanden Buchillustrationen wie zu Gorkis „Die Mutter". Als 1968 die Zeitschrift „Kunsterziehung" eine DDR-weite Debatte begann über die Förderung begabter Kinder an den Schulen, wurde dazu Abteilungsleiter Rolf Bräuer vom Zentralen Pionierhaus interviewt.

Er berichtete stolz von der „Musterarbeitsgemeinschaft" des Fachkollegen Gilbert Waligora.

Die in der DDR verbreitete Idee, überall Wettbewerbe auszurufen, erfasste auch den Malzirkel.

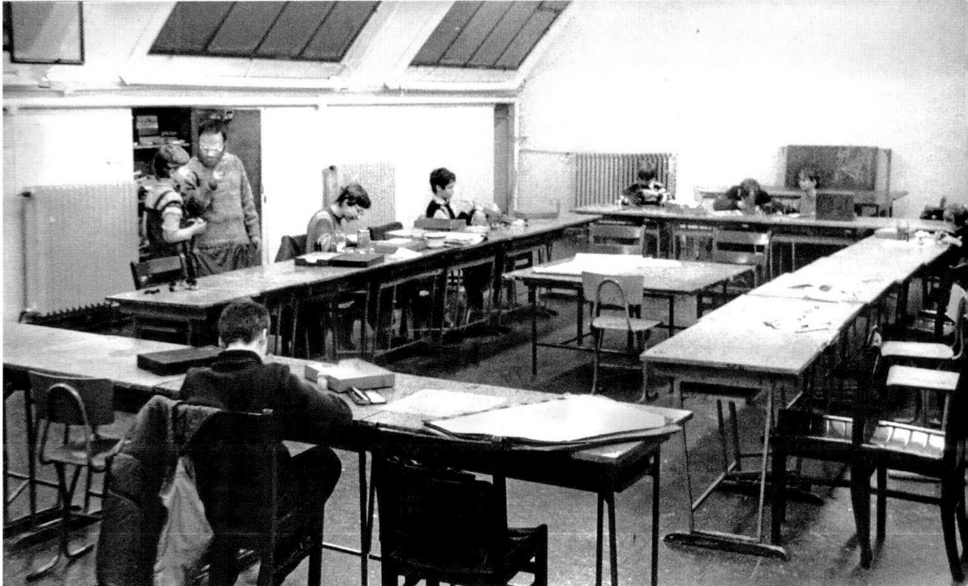

Im großen Atelier des Pionierhauses, 1987. Foto: David Furmanek

◁ *Vormontage der Fernsehturmkugel, 1968. Foto: Karl Heinz Kraemer*

*Peter Haase,
Bauplatz Berlin, 1967.
Heft Kunsterziehung
7 und 8, 1968 (2) (links)*

*Beate Domansky,
13 Jahre.
Der Märchenbrunnen,
Radierung*

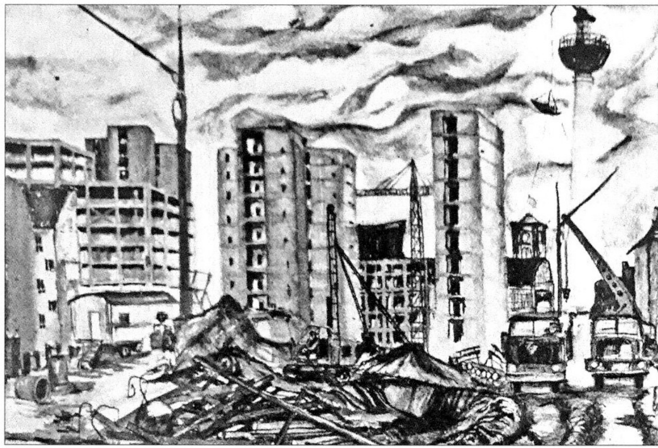

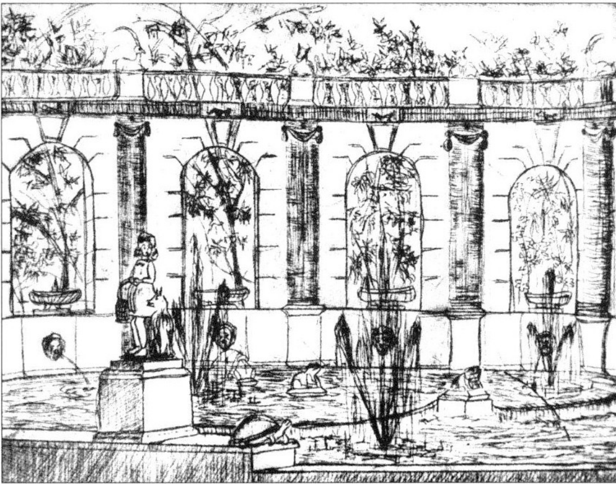

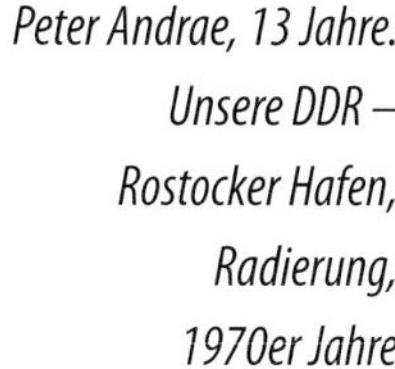

*Peter Andrae, 13 Jahre.
Unsere DDR –
Rostocker Hafen,
Radierung,
1970er Jahre*

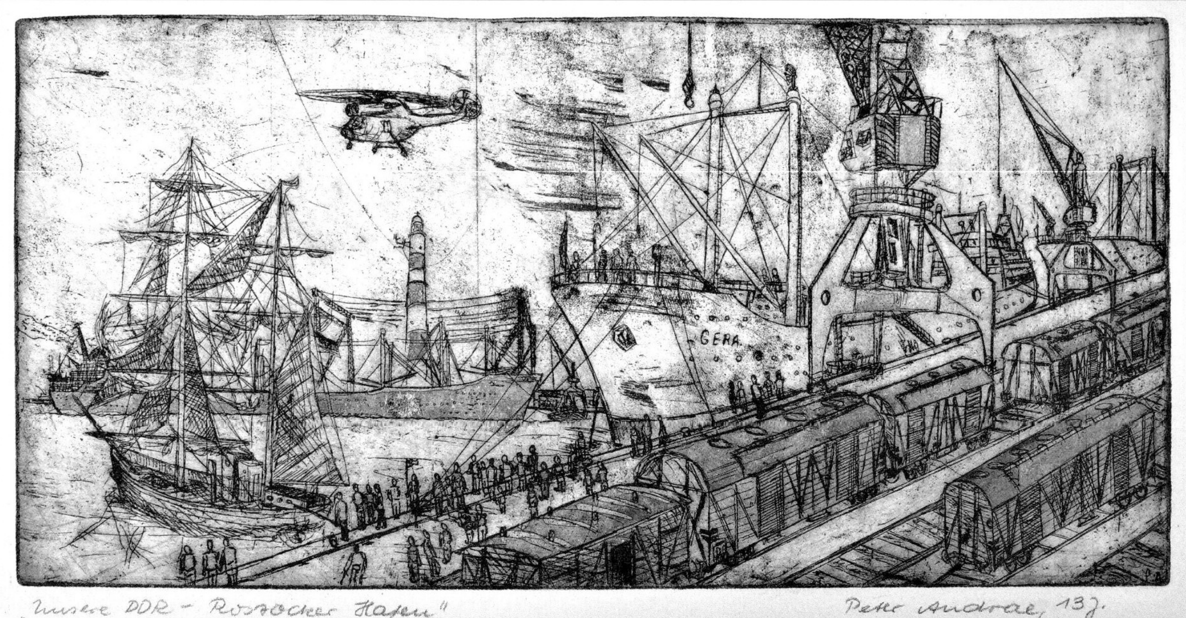

Schon die erste Generation der „Walikinder" gewann Preis um Preis bei Wettbewerben der Berliner Zeitung, der „Galerie der Freundschaft" oder „Entlang der Erdölleitung Freundschaft". Ganz ähnliche Bilder entstanden auch in den 1980er Jahren. Oft im Winter. Neben Malen mit Farben waren anspruchsvolle grafische Arbeiten zu Orten, Gebäuden und Menschen immer Inhalt der Zirkelarbeit. Deshalb hatten Waligoraschüler stets auch gute Chancen an den Kunsthochschulen.

David Furmanek's Bild über die Cityparty in einer „Biosphäre" wie auch Sebastian Bürkners Radierung kritisierten die schlechte Luft in den Städten. Im Spätherbst 1989 waren die lange verschwiegenen Umweltdaten endlich frei. Schon in den 70er Jahren hatte Gilbert Waligora beobachtet, dass bei reiner Atelierarbeit keine Anschauung von der Welt entsteht, kein kritischer Sinn für das Leben, vor allem nicht für die Natur. Obwohl in der DDR „Weltanschauung" ständig erwartet wurde.

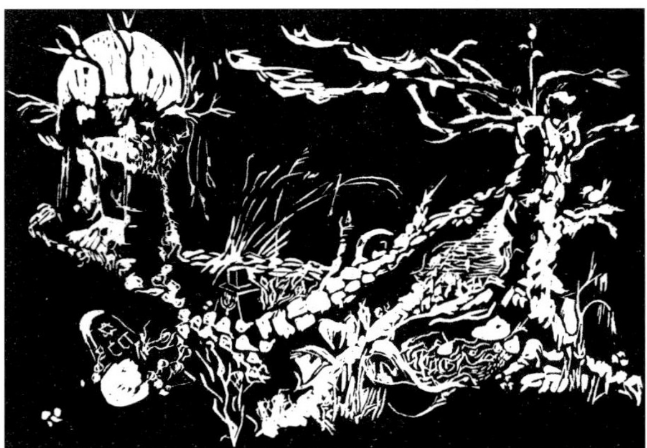

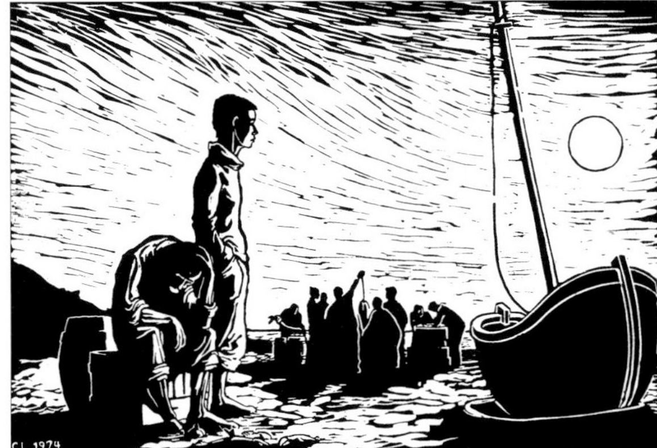

Claus Lindner, 15 Jahre. Der alte Mann und das Meer, Linolschnitt, 1974

A. Büchner. Jüdischer Friedhof, Linolschnitt, 1988

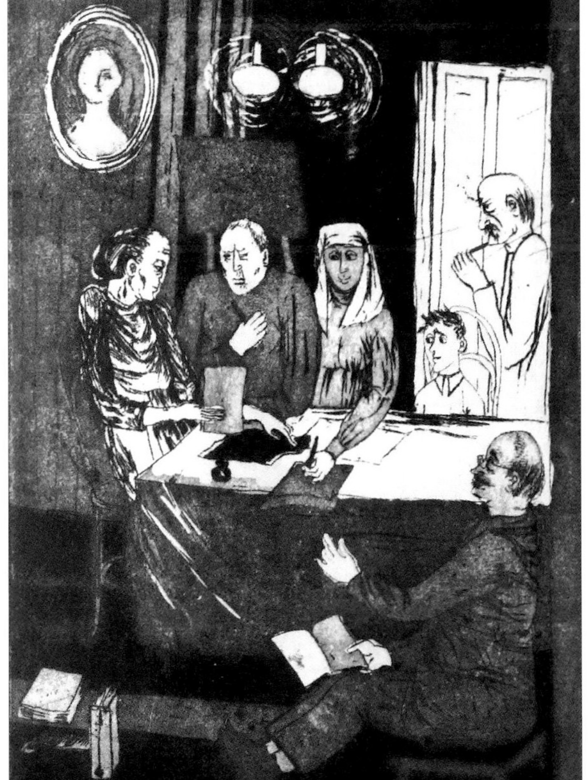

Klaus Noack, 15 Jahre. „Die Mutter" von Maxim Gorki, Aquatinta, 1968 (rechts)

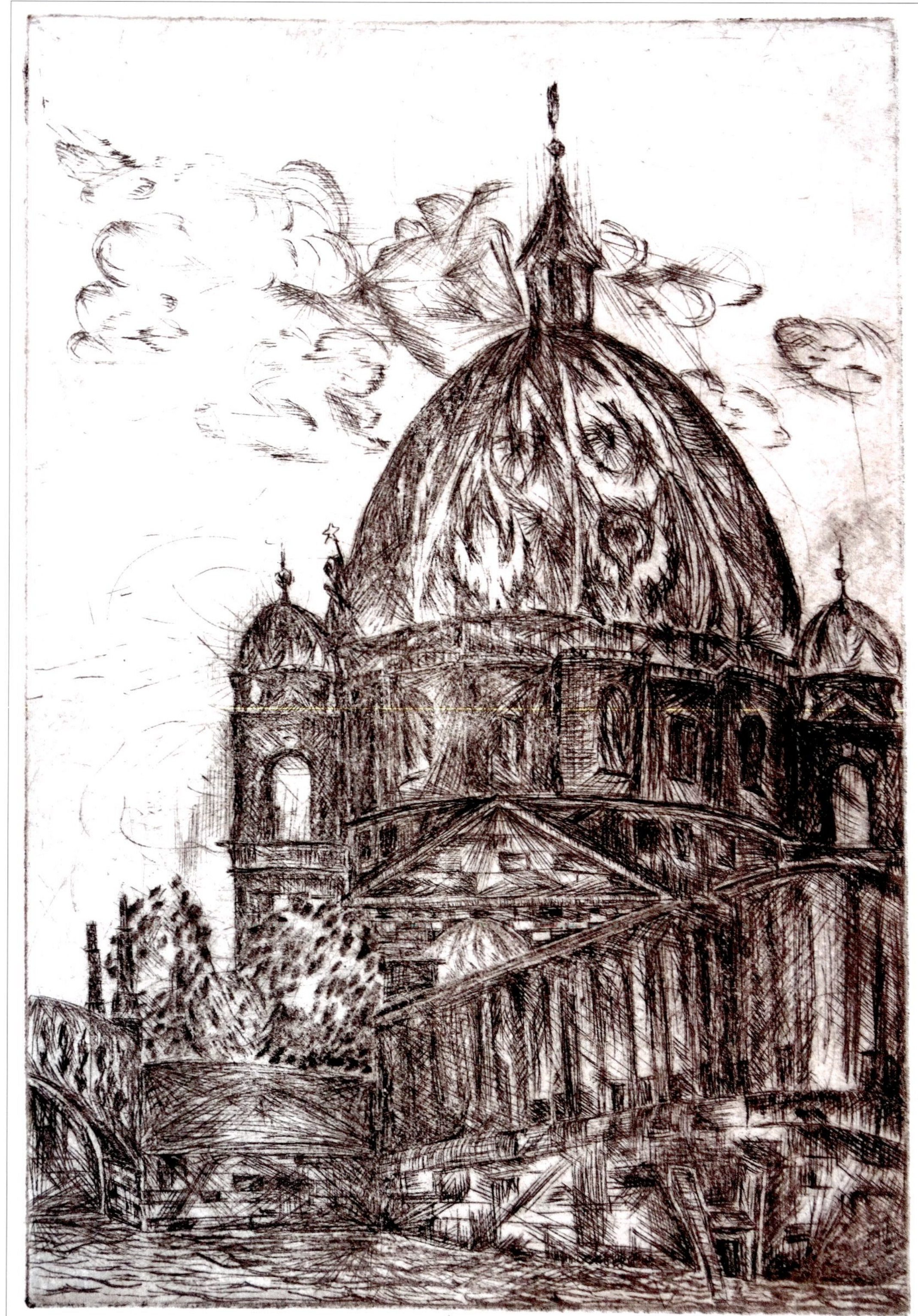

Iris Berndt, 15 Jahre.
Berliner Dom,
Radierung, 1984

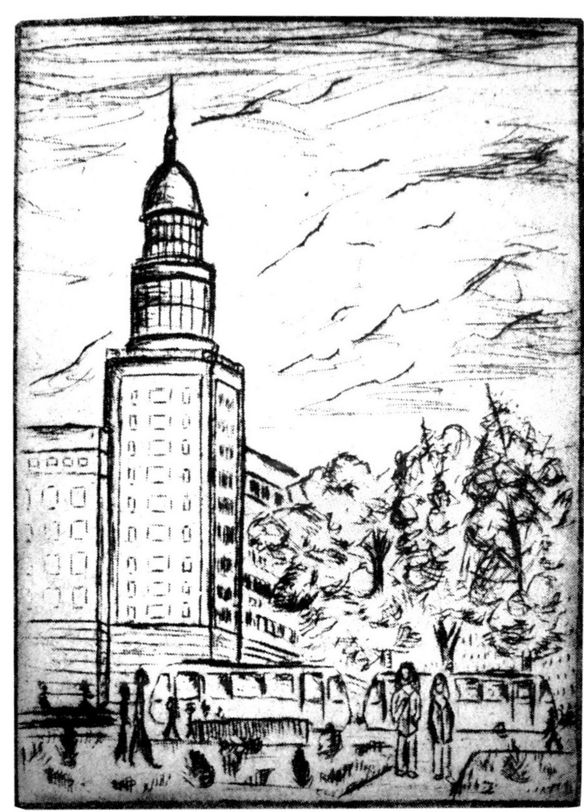

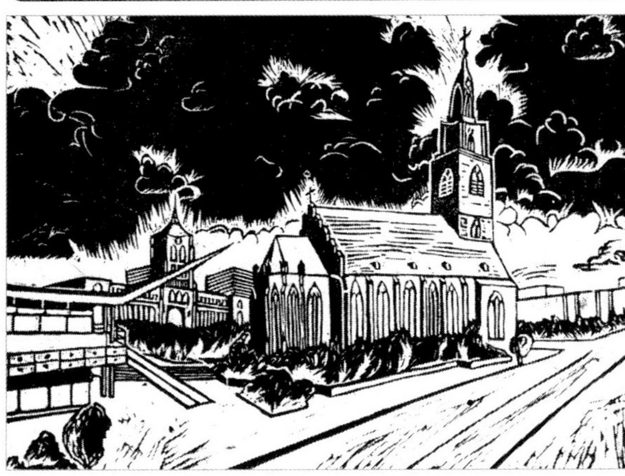

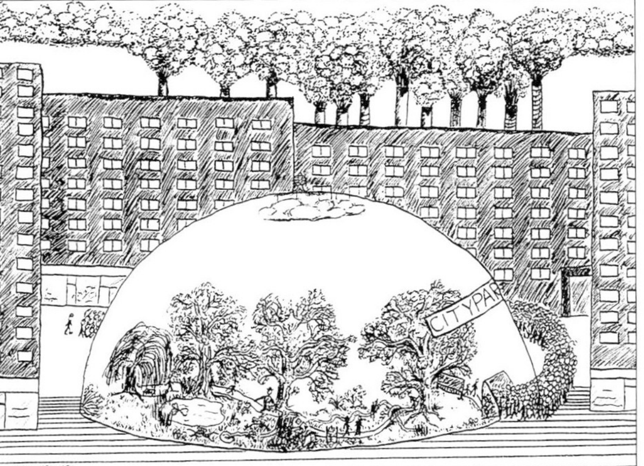

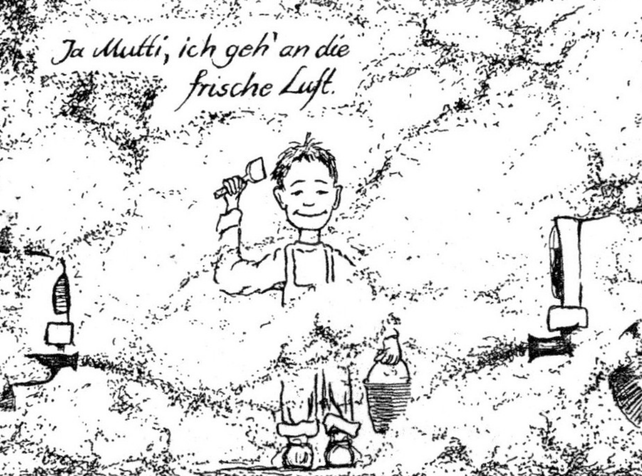

Gunnar Riesbeck,
13 Jahre,
Berlin, Frankfurter Tor,
Radierung
(links oben)

Rainer Schwarz,
14 Jahre,
Berliner Marienkirche,
Linolschnitt, 1984
(links unten)

David Furmanek,
15 Jahre. Cityparty,
Radierung, 1989
(rechts oben)

Sebastian Bürkner,
15 Jahre. Postkarte
zum UNO-Jahr
der Alphabetisierung,
Radierung, 1990
(rechts unten)

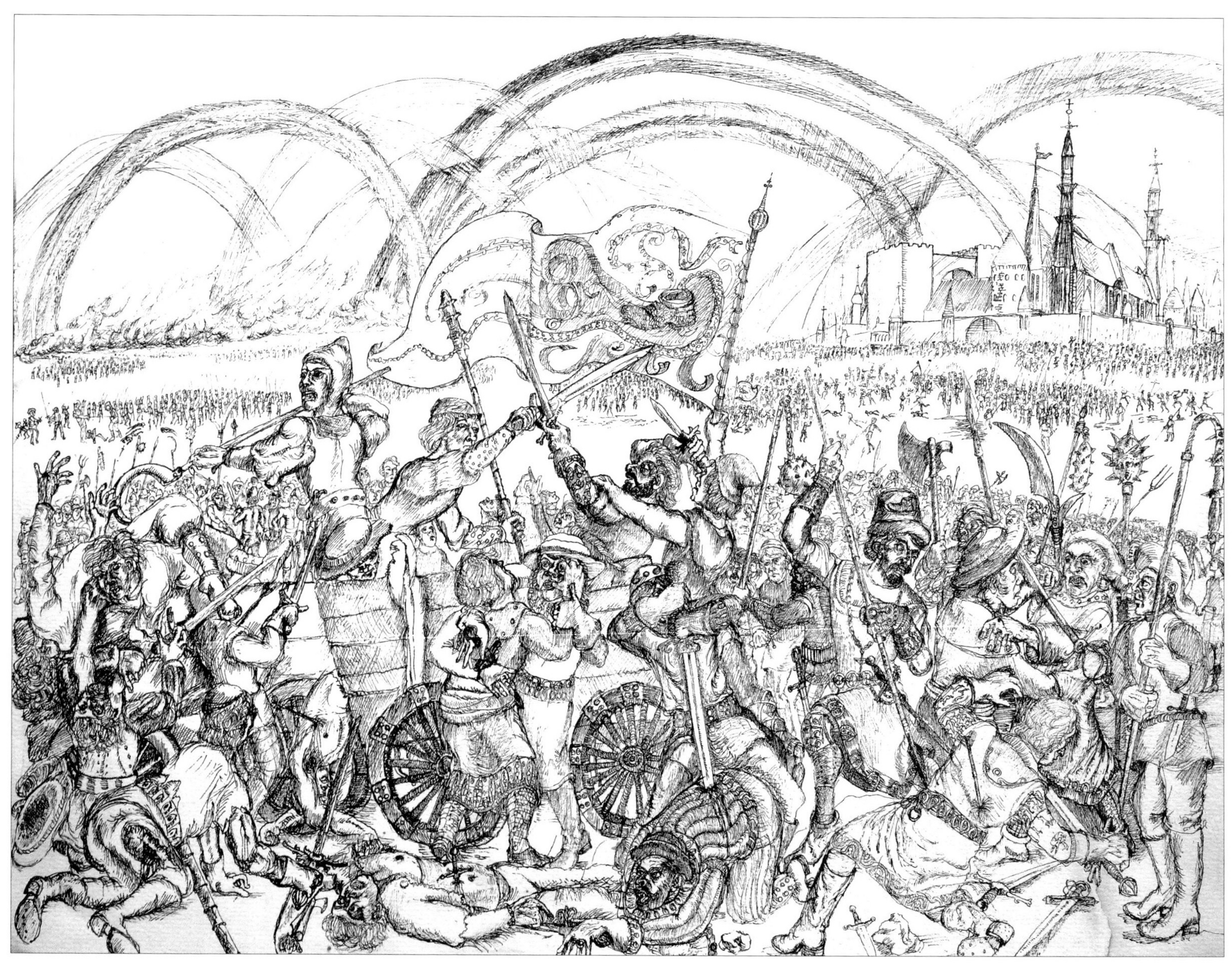

Bauernkrieg 1525,
Tusche und Feder, 1975

VERLETZTE KINDERSEELEN

Ich wurde auch aufmerksam auf Kinder und Jugendliche, die sich schon vernachlässigt fühlten oder die häufig zu Unrecht als weniger begabt galten, nur weil sie vorgegebenen Erwartungen nicht entsprachen. Ein Junge beteuerte: „Ich kann keine Menschen zeichnen." Ich entgegnete: „Aber eine Indianerschlacht?" Da vergaß er, was er nicht zu können glaubte.

Die Kinder kamen oft aus schwierigen Verhältnissen. Ein Mädchen malte geschickt. Doch nahm es rote Farbe, dann verschmierte es damit oft das ganze Blatt. Erinnerung an Feuer, an Blut? Was bewegte die kleine Seele?

Ein bildschöner Junge, der sehr stotterte, wollte in die Gruppe aufgenommen werden, aber um keinen Preis malen. „Du kannst fotografieren", schlug ich vor. Er tat es und lernte sogar, die Fotos zu entwickeln. Die anderen Kinder waren begeistert und riefen: „Das hast Du gut gemacht!" Darüber erschrak er furchtbar. Plötzlich wurde er anerkannt. Schon nach kurzer Zeit hörte das Stottern auf, wurden seine Leistungen in der Schule besser. Die Lehrer wunderten sich. Seine Mutter hatte immer beteuert, sie müsse halbtags arbeiten, damit er in eine Sprachheilschule gehen kann. Später fand er seinen Traumberuf: Lokomotivführer. Das alles erschütterte mich. Diese kleinen Menschen hatten also schon so früh seelische Schwierigkeiten und waren damit allein. Konnte ich daran noch etwas ändern? Mit künstlerischer Arbeit?

Ich erinnere mich an einen schmächtigen Jungen. Er wuchs zu Hause ohne Liebe auf. Die Mutter ließ an ihm ständig ihre Wut aus, die sie gegen ihren Mann hatte. Er wurde oft geschlagen, riss aus zur Großmutter, die mir davon erzählte, oder trieb sich auf der Straße herum. Jedenfalls hatte das, was er zeichnete, immer mit Gewalt zu tun. Ich dachte, er könnte sich etwas davon befreien, wenn ich ihm ein passendes Thema gebe. Als sie zufällig in der Schule den Bauernkrieg behandelten, fragte ich, ob er dazu etwas zeichnen möchte. Über viele Wochen saß er still, nahm das Blatt auch immer mit. Es wurde ein erschütterndes Bild. Er nannte es manchmal auch „Hundert Arten des Todes". Ich hatte nie daran gedacht, ihm Mord und Totschlag als Auftrag zu geben. Malen und Zeichnen kann ja durchaus therapeutisch sein. Ihm konnte ich nicht wirklich helfen. Sein umtriebiges Leben änderte sich damals nicht. Frühe Verletzungen in der Kindheit bleiben tief drin. Aber sie können etwas gemildert werden.

Gilbert Waligora

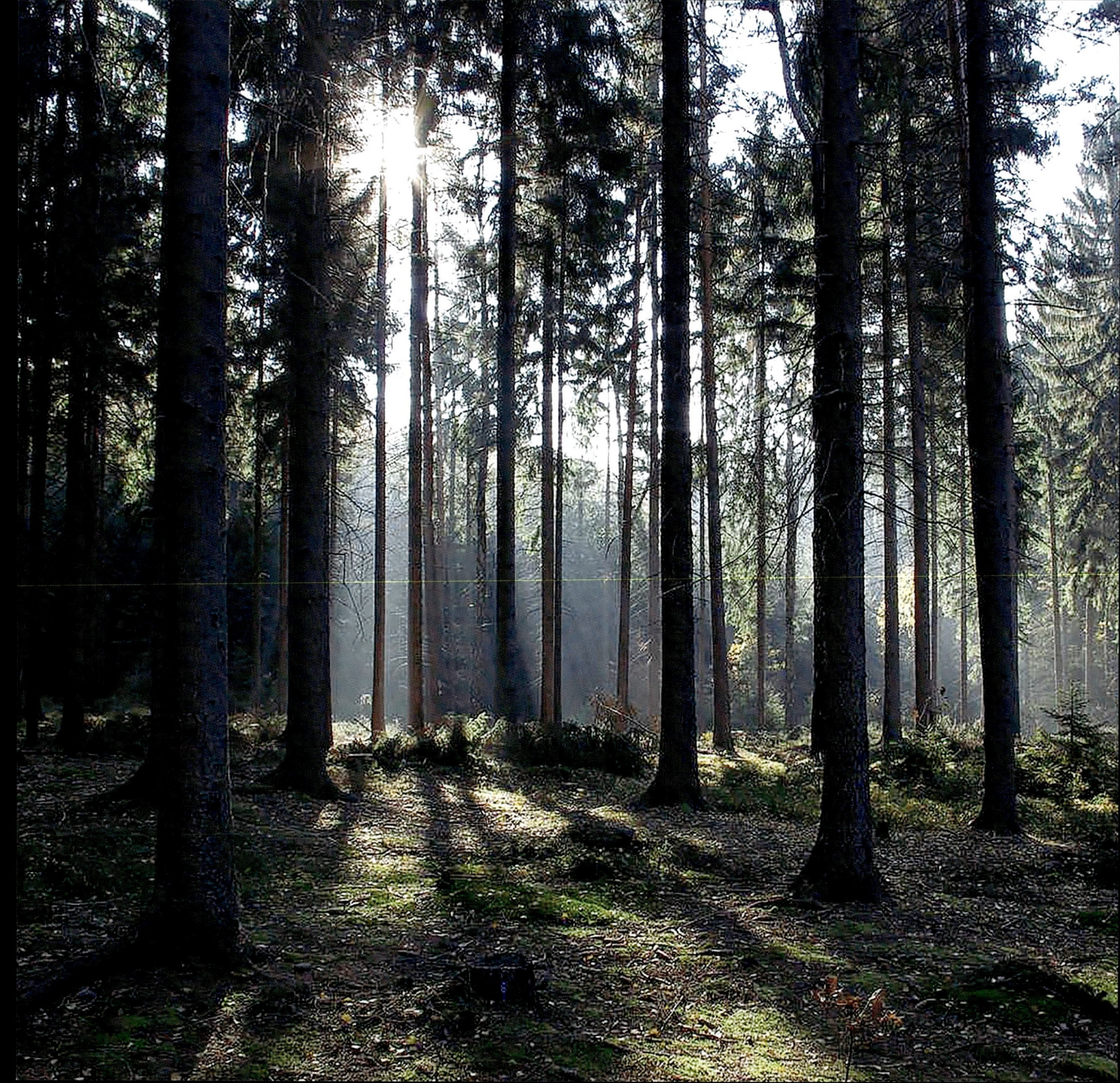

NATUR STATT KLASSENRAUM

Eine in der Schule gelernte, abrufbare Weltanschauung bringt noch keine eigene Erfahrung. In meinem Leben gab es etwas, das sich in geschlossenen Räumen nie entfalten konnte: Wacher Sinn für Natur und Menschen.

Was meinte Goethe, als er sagte, wir wären eine Nation von Genies, wenn aus den Kindern würde, was ihre Anlagen versprechen? Half mir seine pädagogische Provinz weiter, die er in „Wilhelm Meister" beschrieb? Ich sah die Klüfte zwischen Bildung und Erziehung, Theorie und Praxis. Ich sah auf die Kinder. Wo gab es Antworten?

Ich fand sie nicht nur bei Makarenko, sondern auch bei dem bedeuteten sowjetischen Pädagogen Prof. Wassili Suchomlinski. Unter seinen über 30 Büchern gefiel mir „Mein Herz gehört den Kindern". Ihnen in einer „Schule der Freude" das Lernen über Staunen zu erschließen, statt abrufbares Wissen zu pauken und sie mit schlechten Zensuren zu bestrafen, das überzeugte mich.

Ich begann mit den Kindern Tages-Ausflüge zu machen. Mit der Heidekrautbahn fuhren wir schon in die Schorfheide nördlich von Berlin, unser späteres „Forschungsgebiet". Begonnen hat aber alles in kostenlosen Kinderferienlagern des Pionierhauses, die ich mit meiner Gruppe ab 1969 durchführen konnte. Da hatten wir viel Freiheit. Drei Jahre hintereinander wohnten wir in Raschau im Erzgebirge in einer alten Schule. Im Sommer wie im Winter. Keiner aus dem Berliner Pionierhaus kontrollierte. Meine Schwester Elke sorgte für gutes Essen. Bei einem Organisten in der Kirche, beim Holzgestalter Hans Brockhage und bei einer Weberin erlebten wir die schöne Einheit von Kunst und Handwerk. Wir zogen los, wohin wir wollten. Mit 9- bis 12-jährigen Großstadtkindern in den Wald, das war spannend.

Alles wurde untersucht und gesammelt. Im ersten Jahr zeichneten wir Stück für Stück diese „Eroberungen" mit Feder, Tusche. Pinsel, Wasser. Ein Geologe erklärte den Kindern liebevoll die gefundenen Quarze. Jedes Kind hatte „etwas Besonderes" gefunden. Im zweiten Jahr studierten wir das Miteinander von Felsen und Bäumen, im dritten die Geschichte der Landschaft.

Später waren wir auch in Thüringen und bei Ückermünde am Stettiner Haff. Dieses Erleben, Entdecken und Begreifen mit den Kindern in freier Natur über mehrere Wochen ließ uns seitdem nie wieder los.

Gilbert Waligora

◁ *Fichtenwald, Foto: Thomas Treml, 2011*

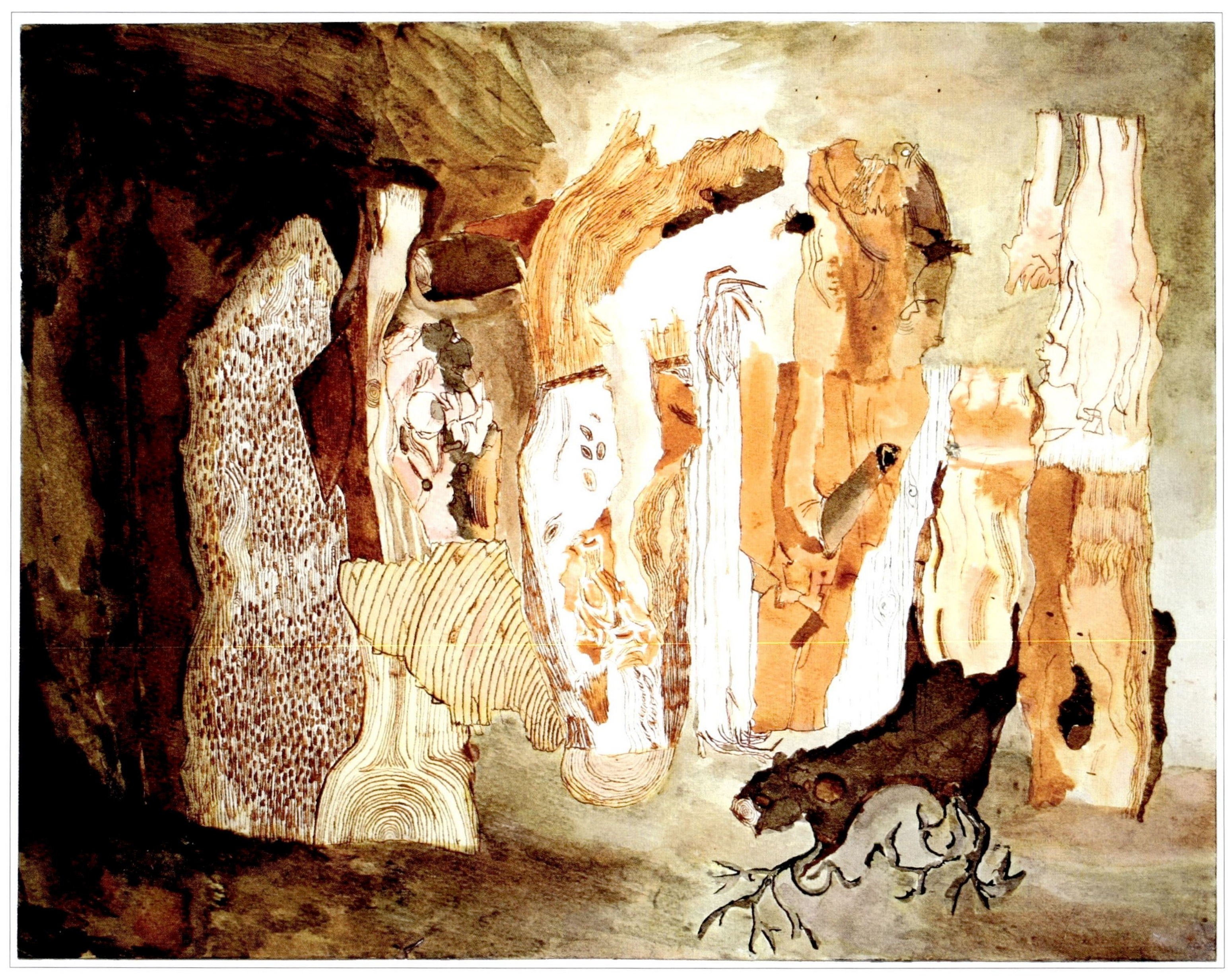

Arvid Reiche, 10 Jahre, Meine Schätze aus dem Wald, Tusche, Pinsel, Feder, 1983

WAS ICH IM WALD ERKANNTE

Staunend griffen die Kinder nach dem Unbekannten: Zapfen, Wurzeln, Bruchholz und Glitzersteine. Jedes Stück war eine Entdeckung mit kleinen Wundern.

Was Arvid im Wald fand, fügte er über viele Tage kunstvoll zusammen. Fund für Fund und Struktur für Struktur genau abwägend zu einer geschlossenen, möglichst interessanten Zeichnung. Zum Schluss malte er den „Hintergrund": Dunkles neben Helles und umgekehrt. Eine ungewöhnlich schöpferische Arbeit.

Manchmal skizzierten wir auch schon direkt im Wald, etwa die vielen gebrochenen Bäume. Totholz ist wertvoll, erfuhren wir. Wer lebt darin? Sind die Tiere nur am Tag dort oder auch nachts?

Wir forschten in Büchern nach. Es sollte keine Wiederholung geben. Wir malten nur mit Rot, Gelb und Blau und mischten daraus alle anderen Farben. Es war interessant zu sehen, wie sie wirkten. Dieses so genaue Hinsehen öffnete und schärfte die Sinne und ließ auch die jüngeren Kinder immer wieder staunen über das, was es alles gab in dieser lebendigen, vielgestaltigen Welt.

Gilbert Waligora

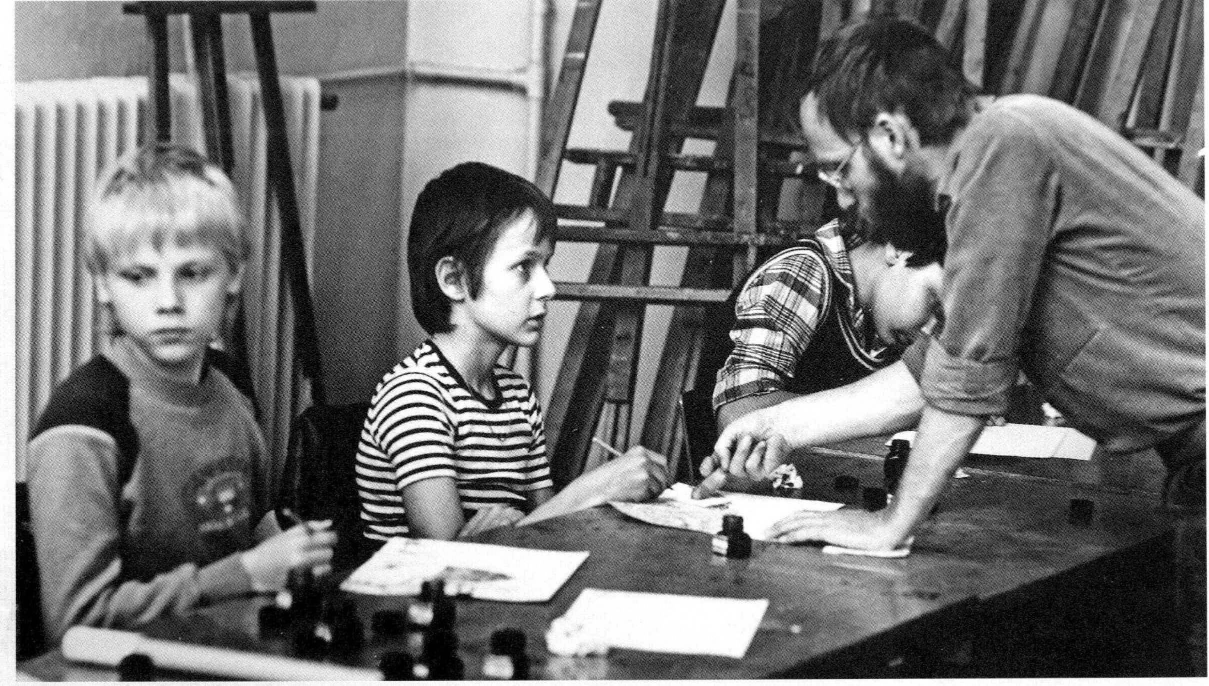

Arvid Reiche, 10 Jahre, und Andreas Braun, 13 Jahre, im Pionierhaus Berlin, 1983. Foto: Manfred Uhlenhut

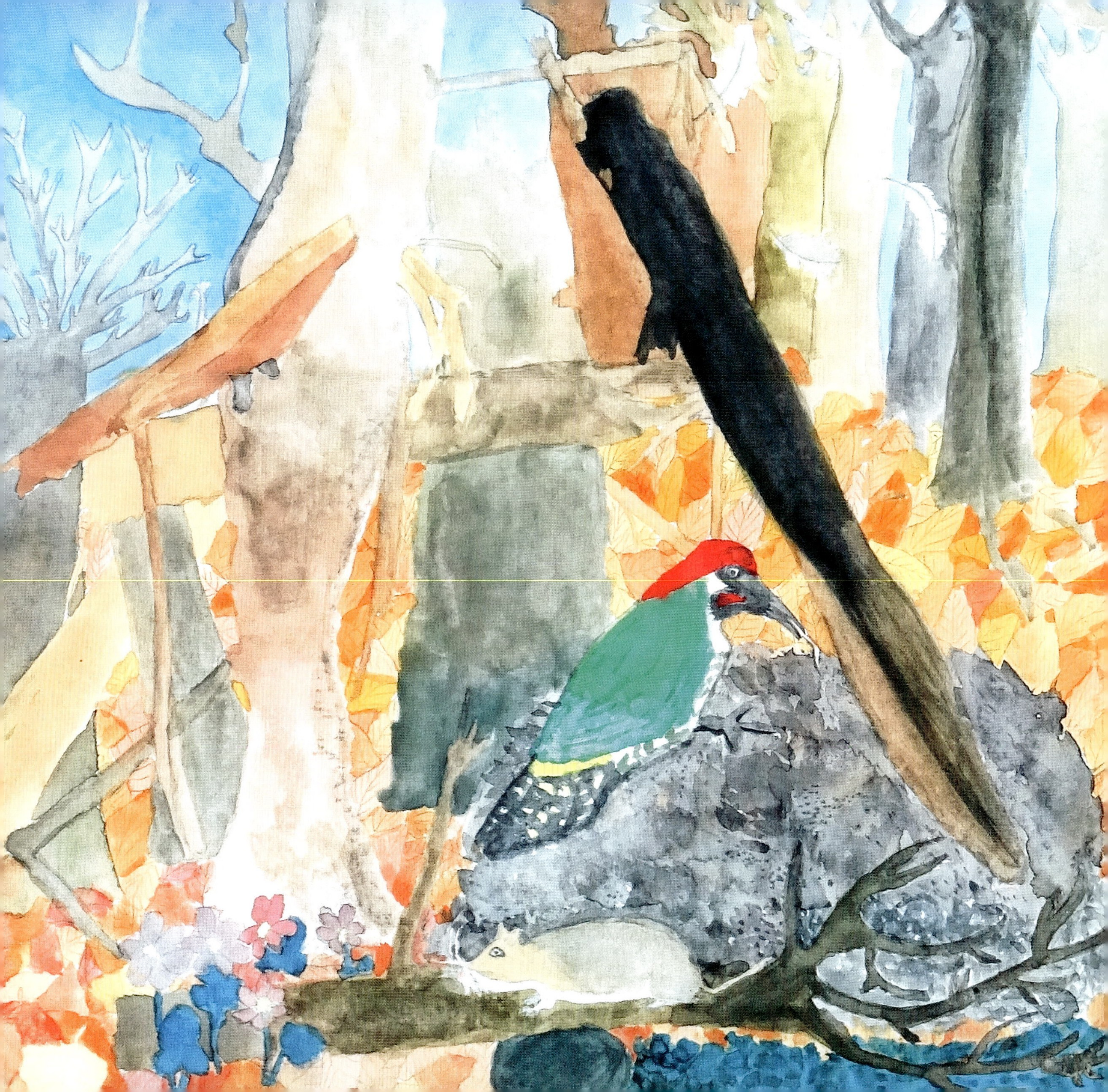

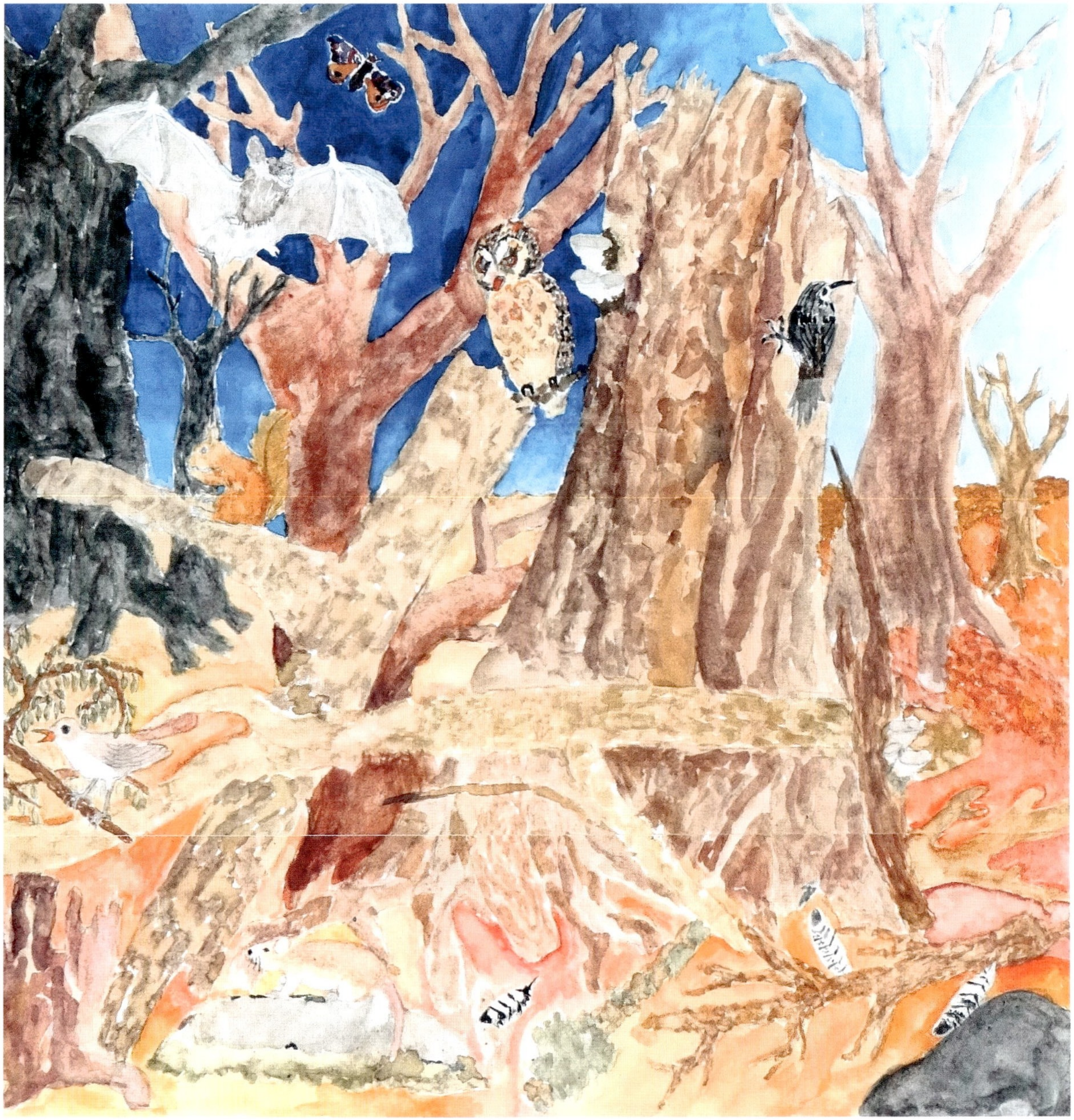

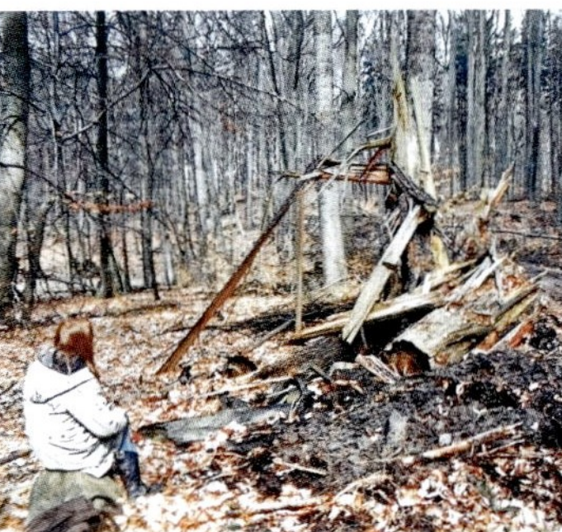

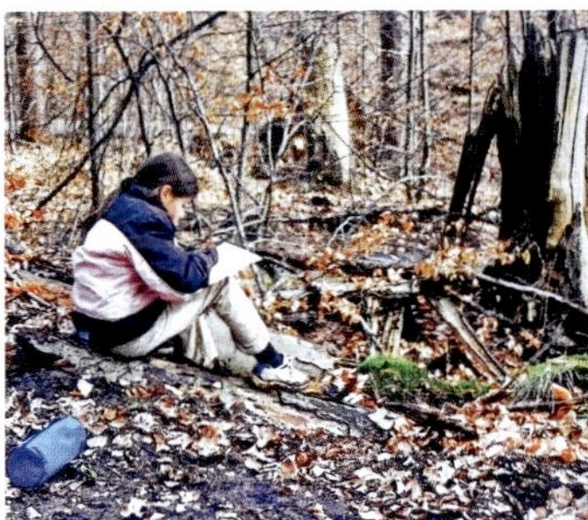

1990er Jahre

Nora Valentine Bauer,
12 Jahre.
Totholz im Wald mit
großem Abendsegler,
Aquarell

◁ *Luisa John,*
11 Jahre.
Altes Holz mit
Ameisenhaufen und
Grünspecht,
Aquarell

Matthias Schilling,
30 Jahre, ehemaliges
Zirkelmitglied.
Sieben-Brüder-Eiche
bei Friesack,
Kaltnadelradierung,
1990

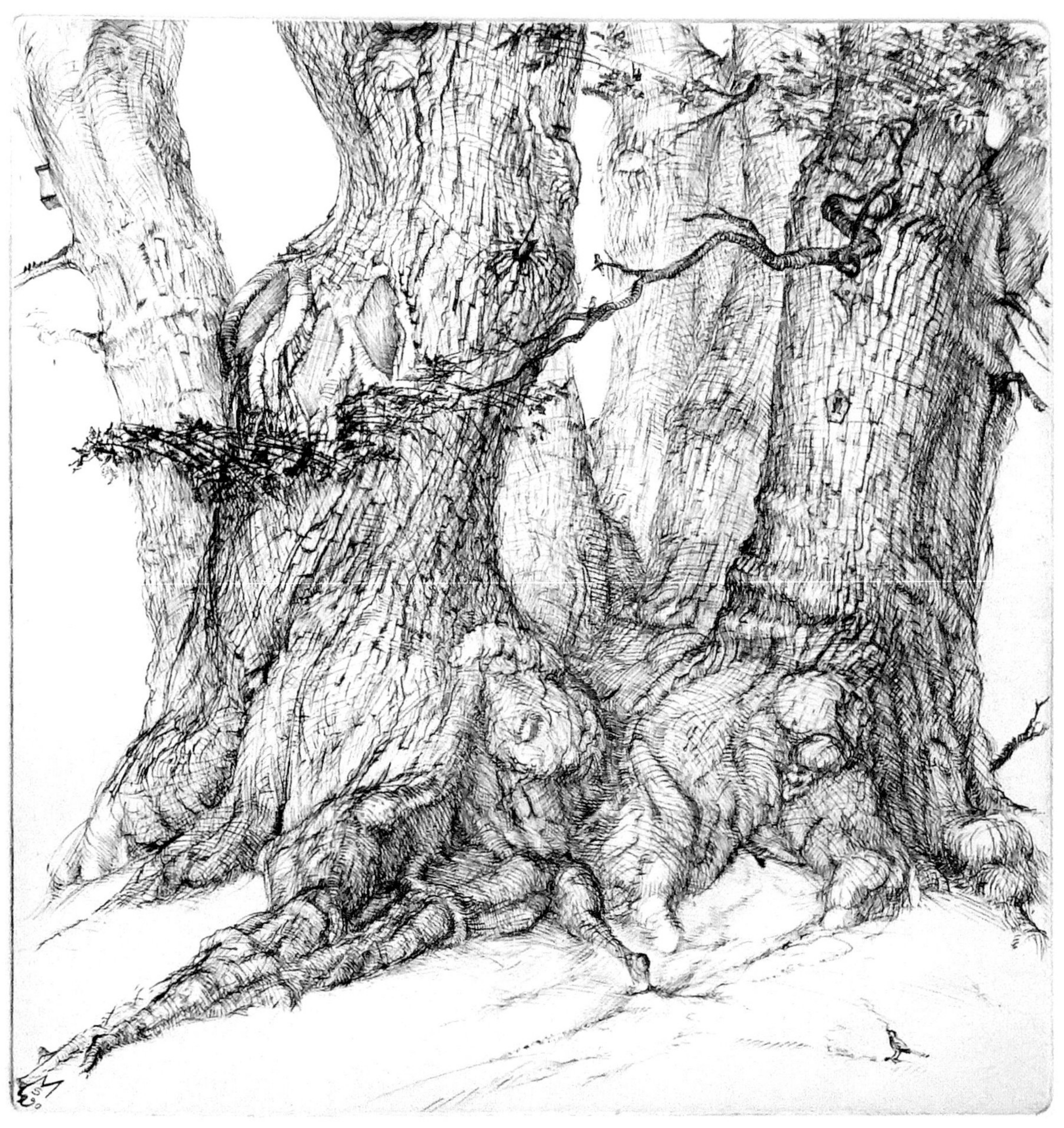

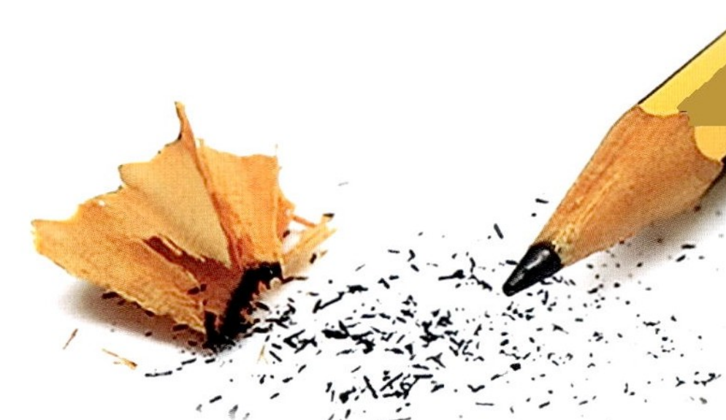

SCHÜLER ERINNERN SICH

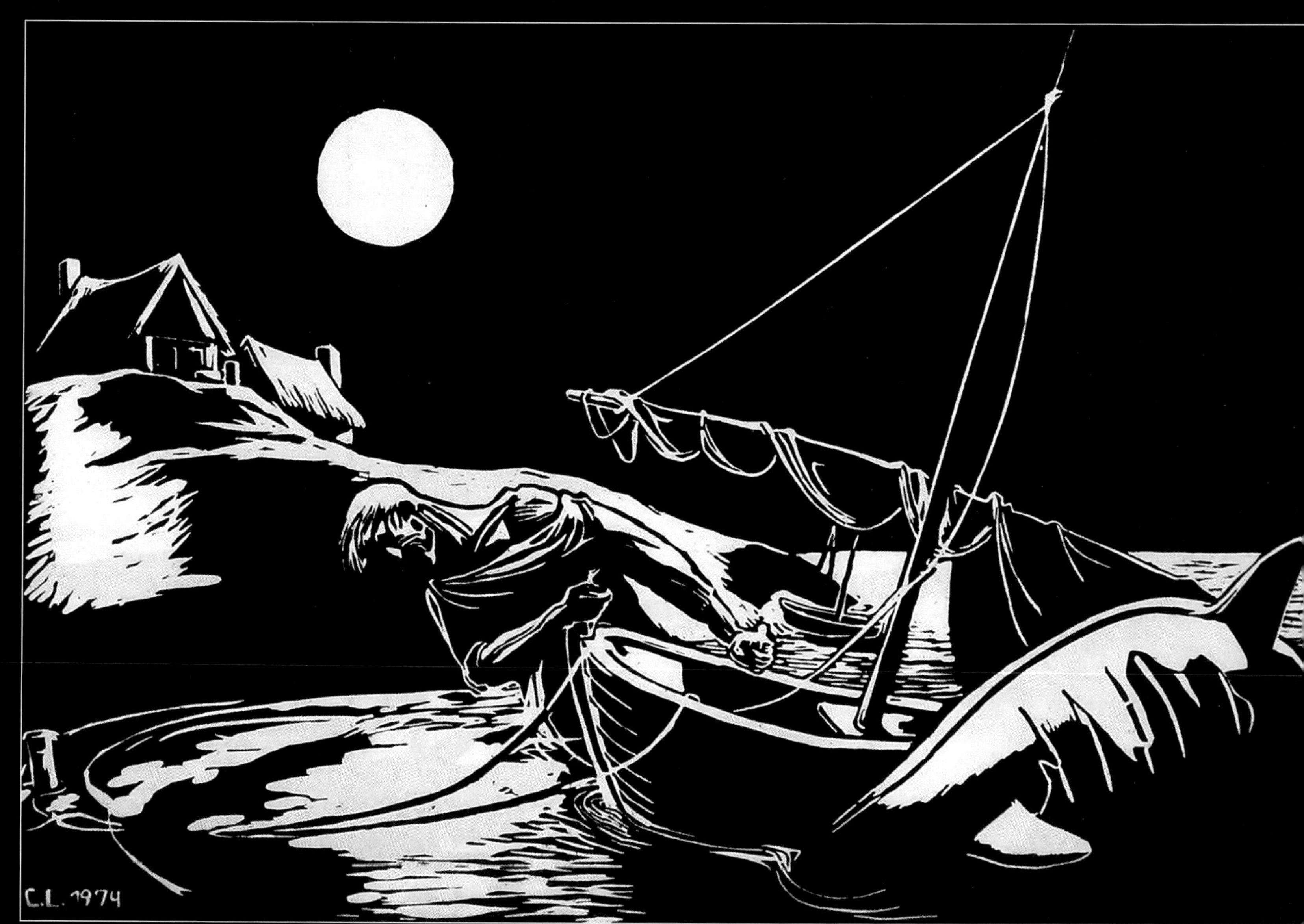

Claus Lindner, 15 Jahre. Der alte Mann und das Meer, Linolschnitt, 1974

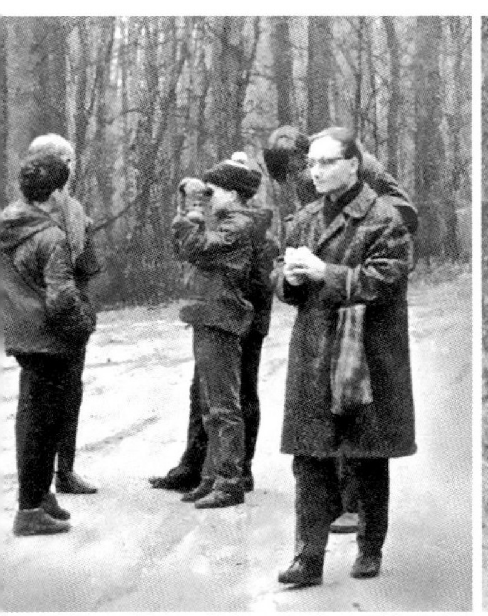

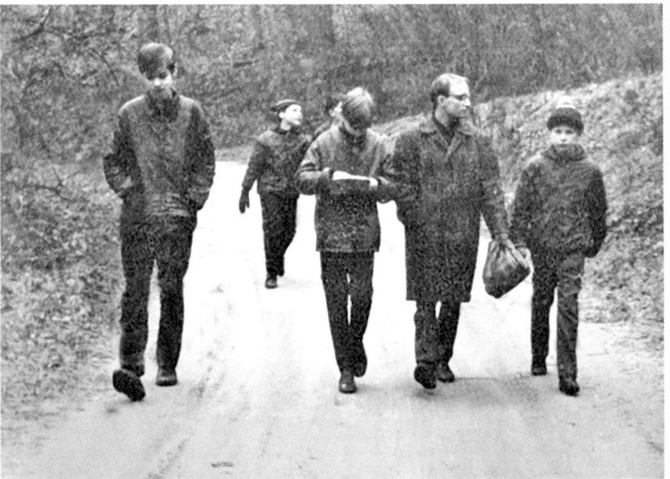

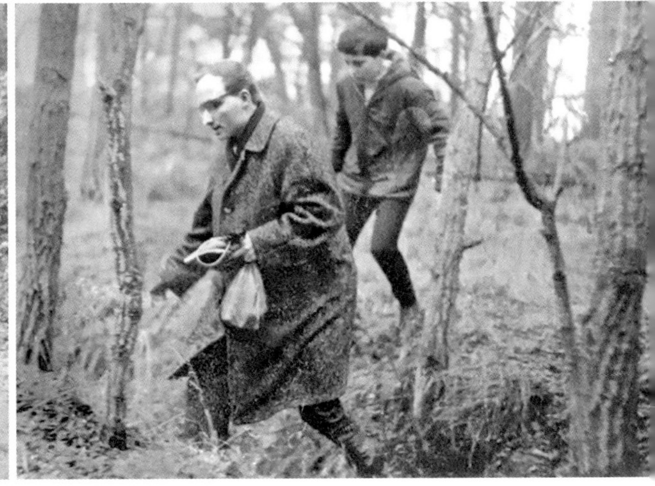

In der Schorfheide bei Berlin, 1971. Fotos: Claus Lindner

CLAUS LINDNER, BILDHAUER, PRENZLAU

Diese ersten Naturspaziergänge Anfang der 1970er Jahre waren Tagesausflüge, ohne dass gezeichnet wurde. Morgens mit der S-Bahn raus, wohin genau kann ich nicht mehr sagen. Als Verpflegung hatten wir Brot und harte Wurst vom Stück. Walis Schwester Elke war oft mit dabei. In einem späteren Zeichenlager, ich glaube in Vogelsang bei Ückermünde, durfte ich mal eine Pflanze zeichnen, und Wali hat das Sequenz für Sequenz mit seiner Filmkamera aufgenommen, so dass man nachher die Entstehung der Zeichnung in ca. 10 Sekunden verfolgen konnte.

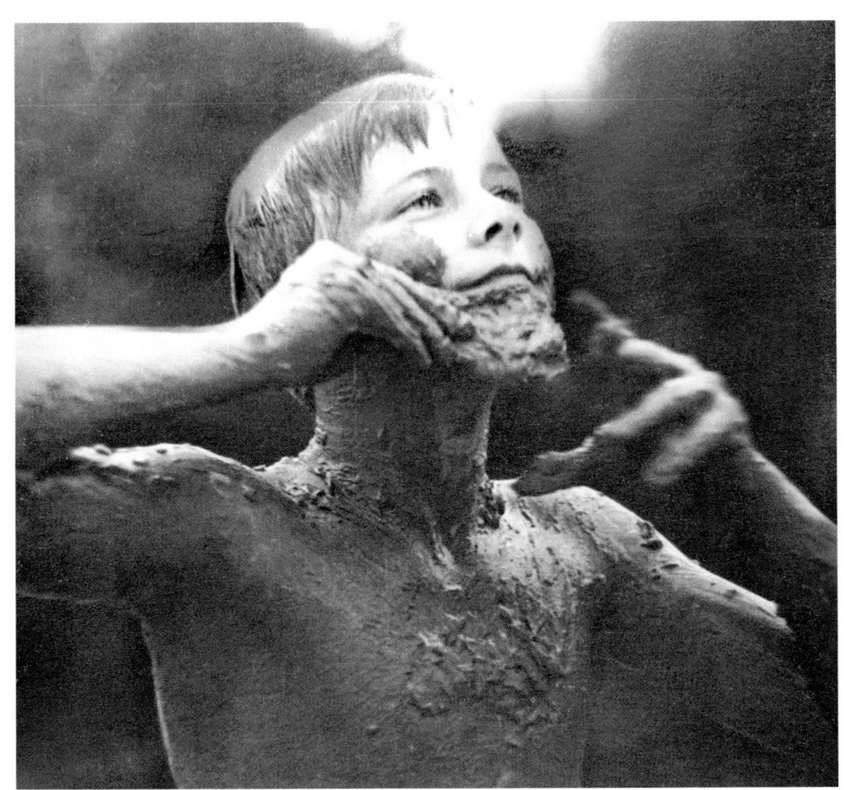

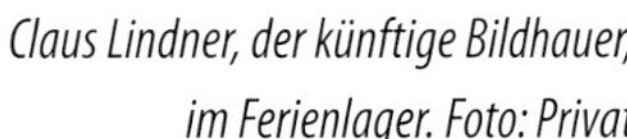

Claus Lindner, der künftige Bildhauer, im Ferienlager. Foto: Privat

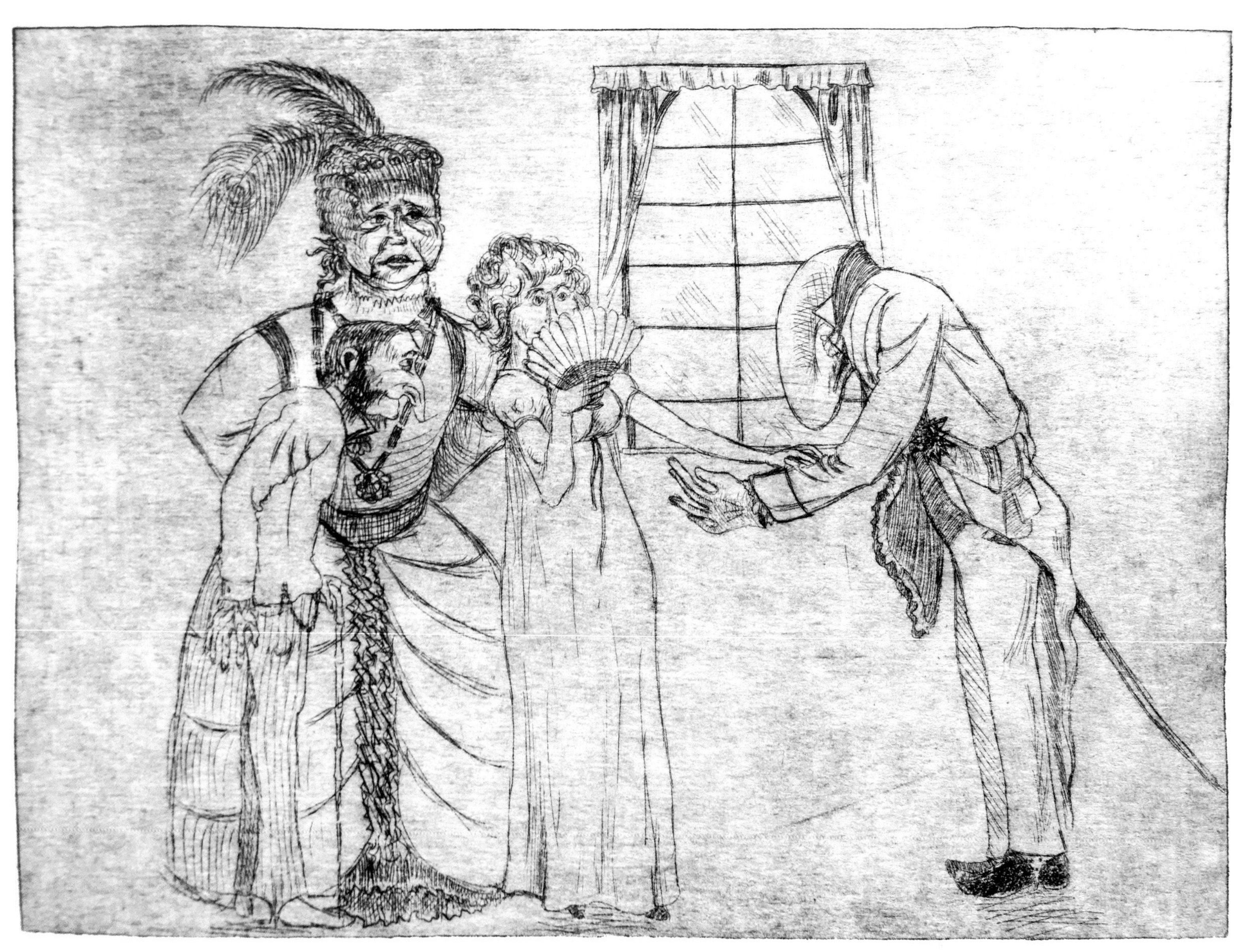

*Hans Serner, 17 Jahre.
Aus dem Zyklus
„Die Nase“ nach
Nikolai Gogol,
Radierung, um 1973*

HANS SERNER, PUPPENSPIELER, LINDENBERG

Zu Wali bin ich in der 5. Klasse ins „Bruno Kühn" gekommen mit meinen besten Zeichnungen.

Er fragte mich, wer meine Vorbilder seien, ich sagte Rembrandt und Repin. Und er: „Na, wenn wir ehrlich sind, ist dann alles, was Du bisher gemacht hast, nur Krikelei." Ich stimmte zu, denn ich wollte es ja erst lernen. Und war froh darüber, endlich jemanden getroffen zu haben, der mir Malen und Zeichnen beibringen wollte. Wali sagte, er würde meine Wünsche berücksichtigen. Mit der Bildung durch ihn gab's im linientreuen Elternhaus Probleme. Als ich in der Schule nachließ, durfte ich ein halbes Jahr nicht hin. Natürlich wurde die Arbeitsgemeinschaft mir wichtiger als meine Eltern zu Hause.

Mit Wali sind wir in klassische Konzerte und haben, als er uns darauf hinwies, dass sich der Gesichtsausdruck eines Menschen beim Hören dieser Musik verändert wie nie sonst, dabei die Leute gezeichnet. Wali hat uns handwerklich eine solide Ausbildung gegeben, die später in der Fachschule nie erreicht oder bestenfalls nur ergänzt werden konnte, und die für mich Maßstab geblieben ist. Wir sollten nur zeichnen, was wir auch verstehen.

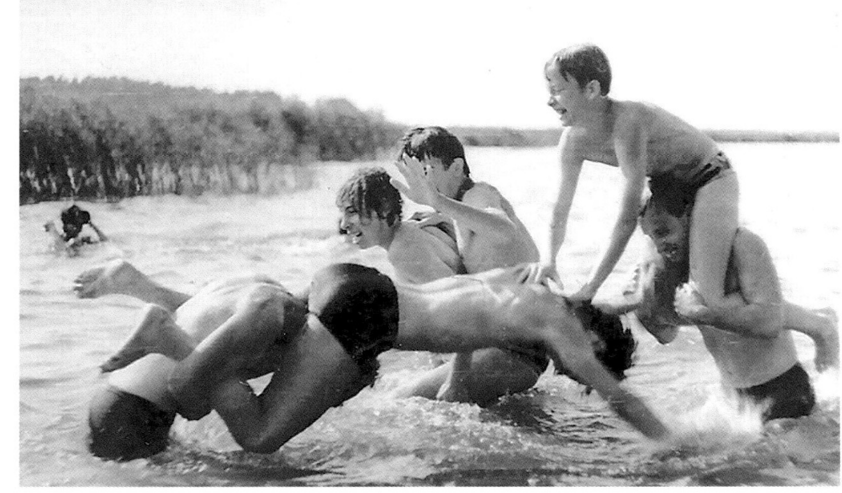

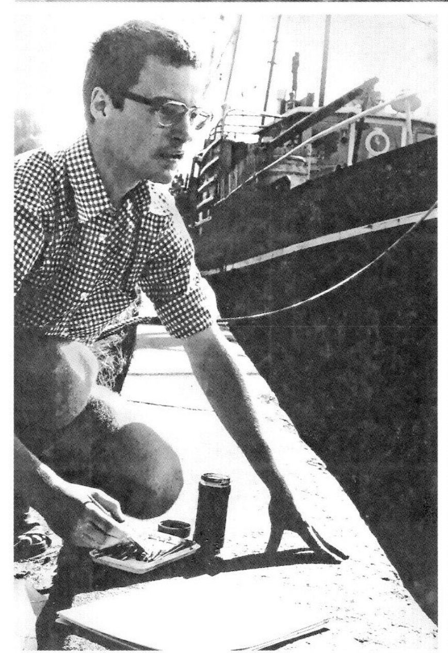

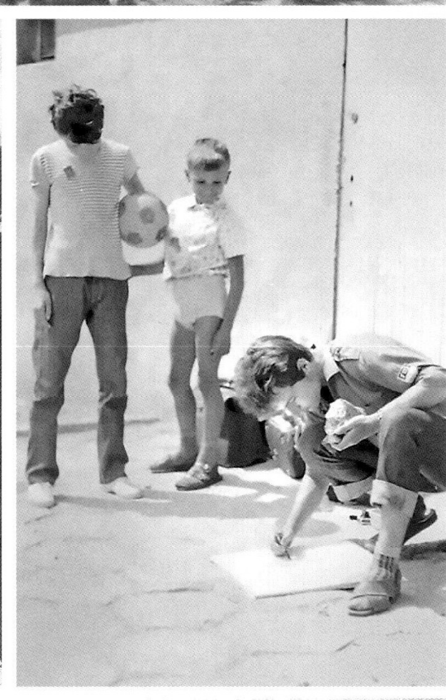

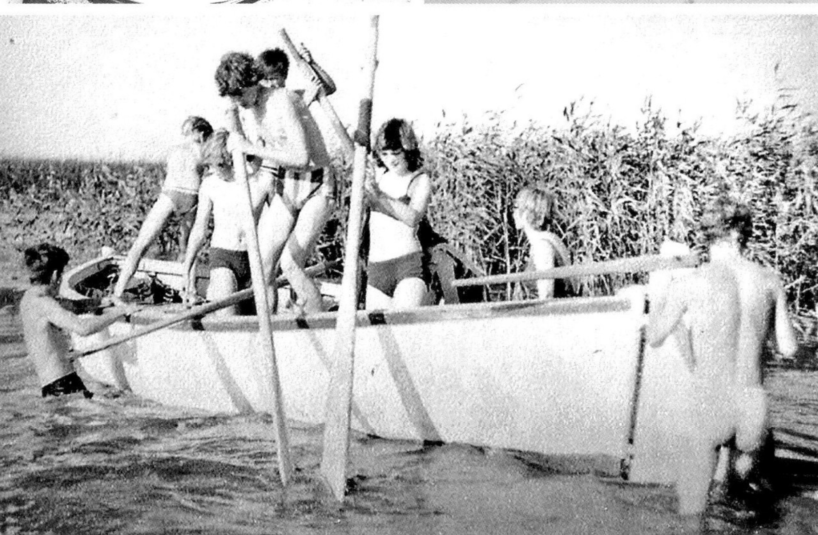

Ferienlager Vogelsang / Ückermünde 1973.
Fotos: Hans Serner

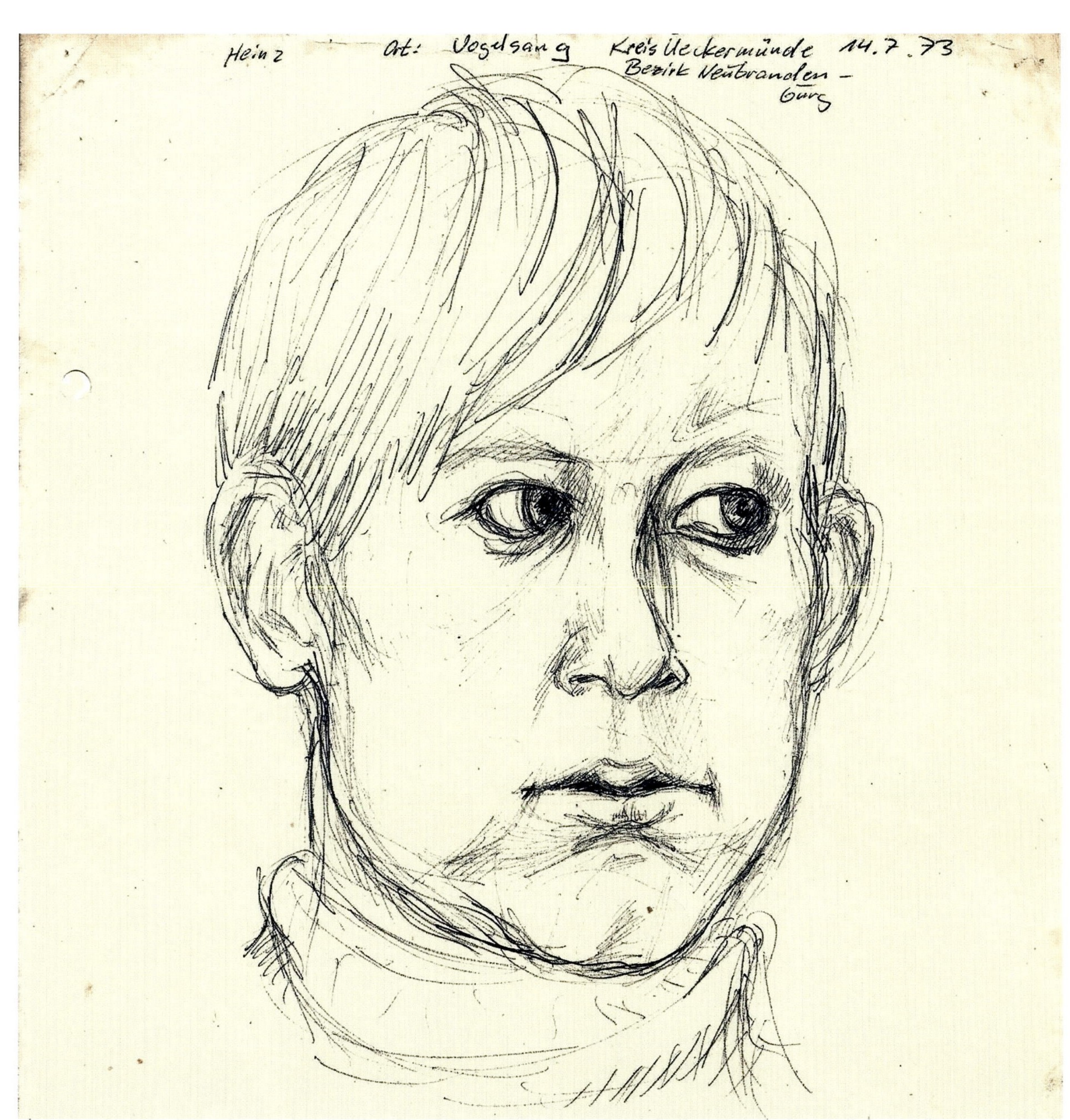

*Hans Serner, 18 Jahre.
Ferienlager Vogelsang,
Kugelschreiber, 1973*

HEIKE MATTHÉES, GRAFIKERIN, BERLIN

Gilbert Waligora habe ich in den siebziger Jahren kennengelernt. Er leitete unsere AG-Zeichnen und Malen mit Hingabe und großem Engagement.

Allerdings fiel es mir oft schwer, seine indoktrinierende Art und Weise begreifen zu können. Gebote statt Verbote, schmerzliche Wahrheit statt leichter Lüge, Friede statt Zwist. Augen auf statt Auge und Herz zu. Geholfen haben mir dabei zu jener Zeit all die Geschichten vom Affen, Konfuzius: Gespräche, das Tao te King und auch die unvergesslichen Besuche in vielen Ausstellungen und in der Natur wie Chorin, Eberswalde und im Park des Griesinger-Krankenhauses. Unbedingt zu nennen die Ferienlager im irrsinnigen Ambiente von Zschorna mit Fahnenappell und unseren wunderbaren Abendbrotpicknicks im Wald an den Geschützkraterlöchern, die mit Betrachtungen des Sternenhimmels endeten.

Durch Gilbert Waligora habe ich eine völlig andere Welt entdeckt, die neben dem üblichen Alltag parallel lief. Eine Welt in der ich mich verlieren und finden konnte, eine Welt die mir Ursprünglichkeit und Vielfalt aufzeigte, ohne die ich, wie ich finde, als Blinde mein heutiges Dasein fristen würde.

Jedenfalls bin ich rückblickend mehr als dankbar, dass ein Mensch wie Gilbert Waligora meinen Lebensweg kreuzte und mich wachrüttelte, mich sehen und hören lehrte, ja auch zeichnen, denn immer noch bin ich ganz Auge, Ohr, Nase, Mund und Hirn. Ich liebe die Menschen, die Natur, die Musik, das Leben und seine Schrullen, die Literatur … das in Summe ist meine Quelle für mein täglich Brot als freiberufliche Grafikerin und Pädagogin.

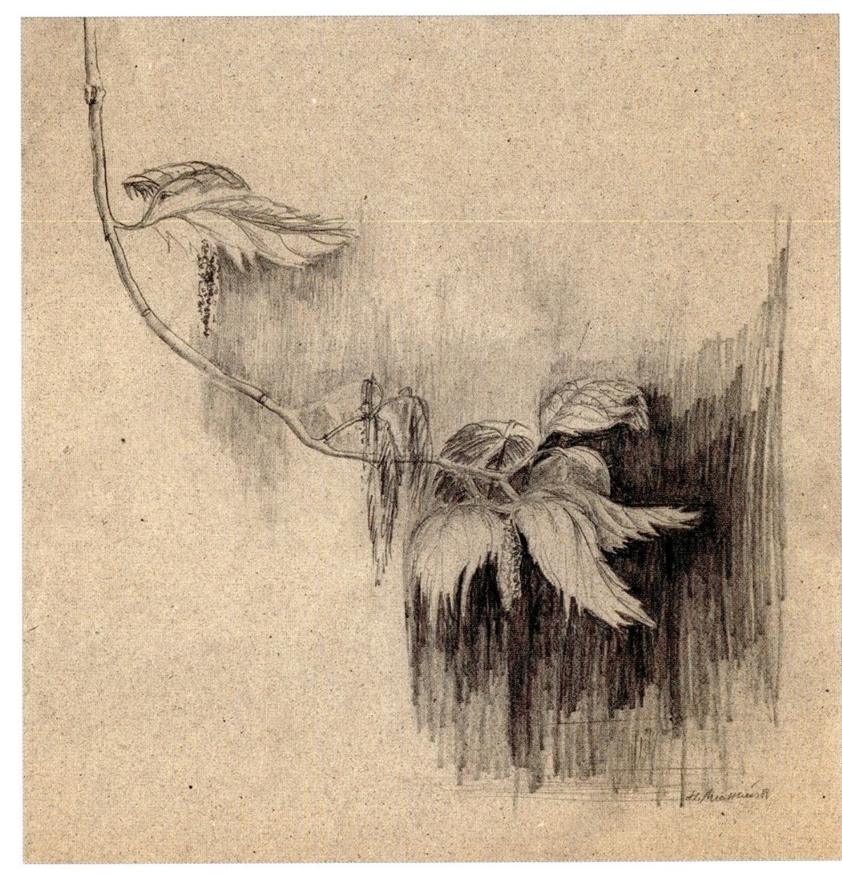

Heike Matthées, 16 Jahre. Baumstudie, Bleistift, 1979, privat

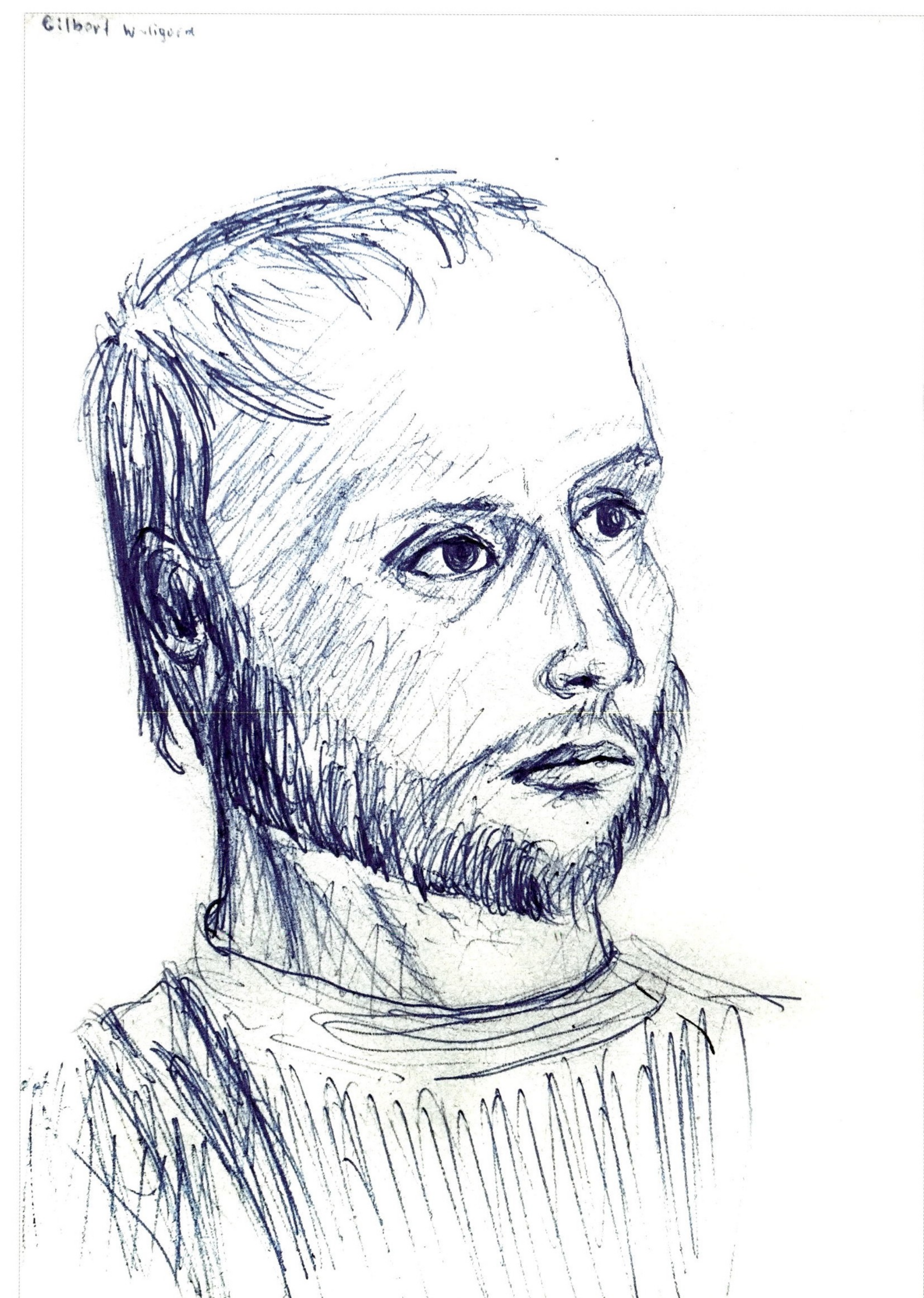

Björn Wilda.
Porträt
Gilbert Waligora,
Kugelschreiber, 1972

BJÖRN WILDA, JOURNALIST, LEIPZIG

Zur Tradition in den Spezialistenlagern bei Ückermünde gehörten Nachtgeländespiele. Ein besonderes System im Juli 1974 nannten wir „Poldi". Zettel mit Aufgaben waren in unterschiedlichen Abständen im Gelände versteckt. In vier Nächten machten sich jeweils 2 bis 3 Leute auf den Weg. Um 21 Uhr ging's los. Quer durch Wald, Wiesen, Felder. So lernten wir spielerisch Umgang mit Kompass, Marschrichtungszahl. Die Natur war unser Klassenraum.

In der Schule Vogelsang, unserem Haffquartier der ersten Jahre, gab es auch manchen Arbeitseinsatz. Dazu gehörte, einem Schuppen auf dem Schulhof einen neuen Anstrich zu verpassen, während oben auf dem Dach Michael Dressel hockte und an einem Drehbuch für einen Dokumentarfilm über unsere „gesellschaftliche Aktivität" schrieb. Wali hatte immer was zu korrigieren. Der Film sollte später im Berliner Pionierhaus gezeigt werden.

Ich denke, dass Gilbert Waligora in all den Jahren immer wieder einen Spagat hinbekommen hat. Zwischen den „gesellschaftlichen Aufträgen" und den Freiräumen für uns. In einem Schreiben des Pionierhauses von 1975 hieß es zum Beispiel: „Die Arbeitsgemeinschaft Malen und Zeichnen unseres Hauses trägt den Titel Hervorragendes Volkskunstkollektiv. Wir messen dieser Arbeit hohe kulturpolitische Bedeutung bei".

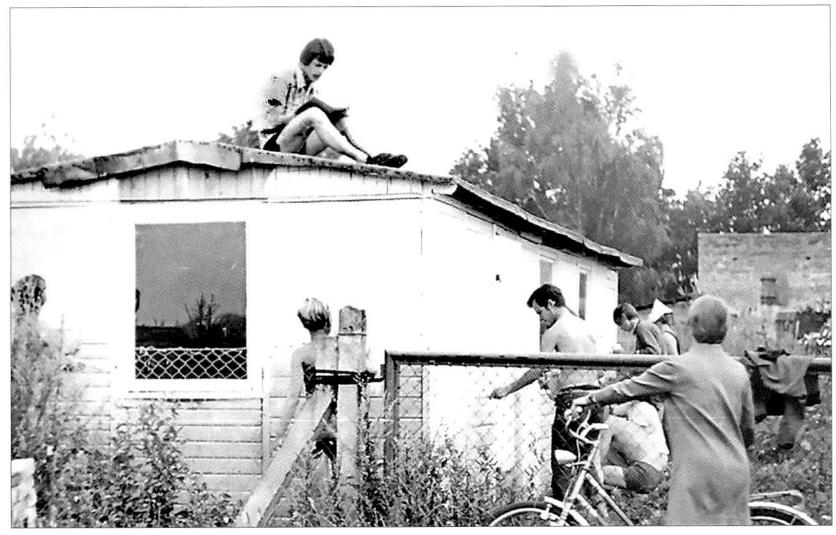

Drehbuch schreiben und Schuppen renovieren. Foto: Hans Serner

Es war ein großes Verdienst von Gilbert Waligora, dass er uns in den Jahren, die ich mit ihm erleben durfte, trotzdem gewähren ließ und den Rücken freihielt. Einer Gruppe Halbwüchsiger mit allen denkbaren Eigenheiten, Macken, Neigungen, Temperamenten, Hoffnungen und Zweifeln war die Arbeitsgemeinschaft wie ein geschützter Raum. Noch heute bin ich dankbar für grundlegende Kenntnisse zur Natur und bildenden Kunst.

Den meisten war es ein Sprungbrett, um später einen künstlerischen Beruf zu ergreifen. Claus Lindner wurde Bildhauer, Marina Goldberg Malerin, Hans Serner Puppenspieler.

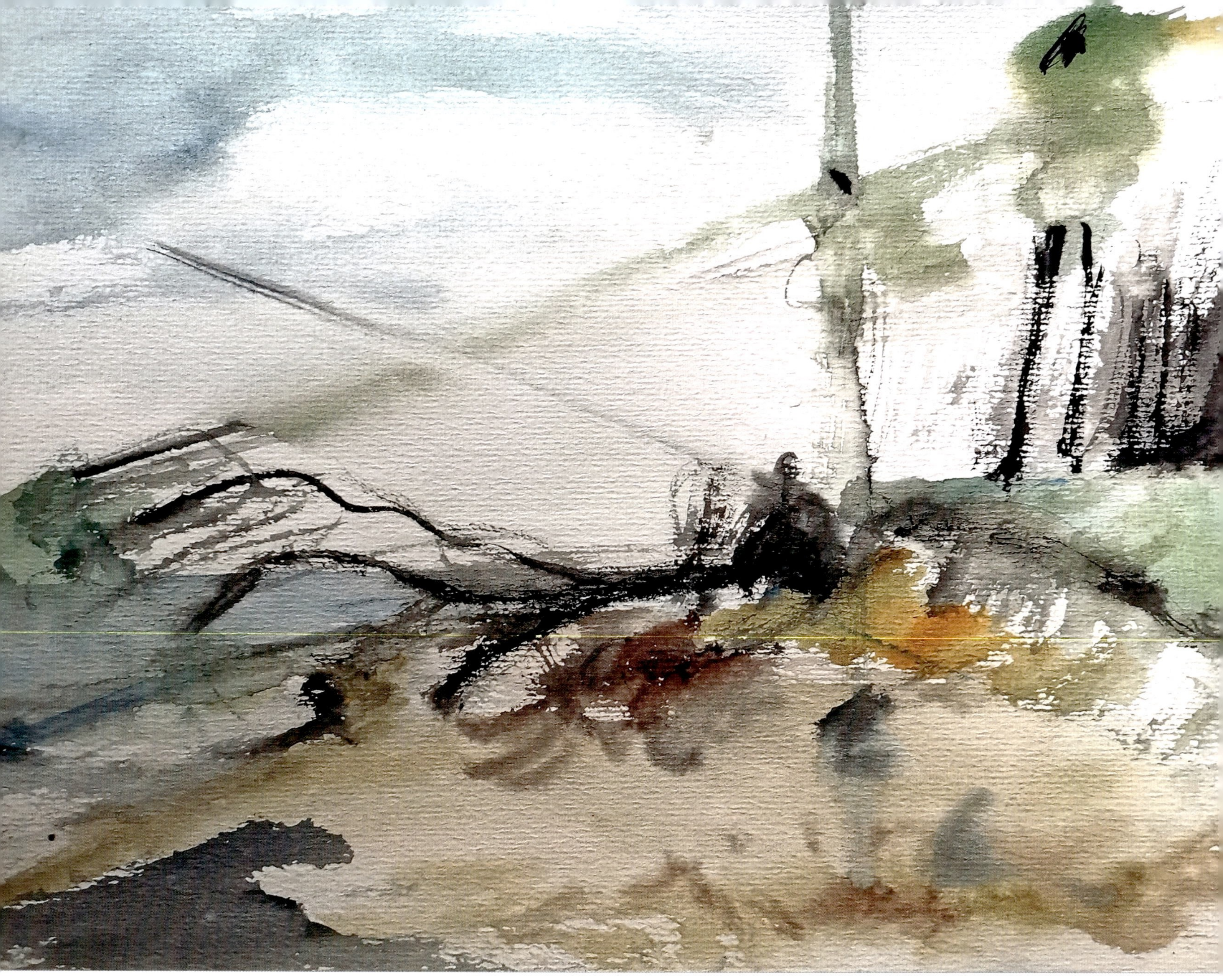

Björn Wilda, Westdarß. Aquarell im Regen 2, 1977, privat

AQUARELL IM REGEN

Ein Unwetter überraschte uns. Es war schuld an eher unfreiwilligen hellen Pigmenten. Regentropfen hatten sich aufs Papier gesetzt und dort, wo sie hinfielen, die Farben verwaschen lassen. Die Bilder sind Zeugnis dafür, dass wir uns nicht abhalten ließen, um zu beobachten und zu malen inmitten der tobenden Elemente. Und was heißt schon „schlechtes Wetter"? Es ist nicht nur eine Frage der passenden Kleidung, sondern auch, wie man solchem Wetter begegnet und was man daraus macht. Man kann auch eins sein mit den Vorgängen zwischen Himmel, Meer und Strand.

Waren es in den Sommerferien die alljährlichen Spezialistenlager, die uns in den 1970er Jahren stets ans Oderhaff bei Ückermünde führten, so gehörte später eine Maiwoche dem Darß. Und der Weststrand, der auch heute noch keine ordnende, schützende Hand kennt, weil man ihn erfreulicherweise als Teil der Natur belassen will, war für uns ein magisches Ziel. Auf dem etwa einstündigen Weg von Wieck zum Weststrand waren „Große Buchorster Maase", Altes Meeresufer", „Recke-Denkmal" und „Ibenhorst" die Koordinaten. Wir bestaunten das an Urwald erinnernde Hinterland mit seinen mächtigen Buchen, dem toten Holz und den mannshohen Farnen. Und wir entdeckten auch, dass sich das Meer Jahr für Jahr immer einen Teil vom Land genommen hatte. Stück für Stück brach etwas vom Hochufer ab. Und die jungen Buchen mit ihren schmalen Stämmen hatten dem Hunger der rauen See nichts entgegen zu setzen. Die verwitterten, ausgewaschenen und von der Sonne gebleichten Äste und Stämme bildeten ein Labyrinth mit bizarren Formen im hellen Sand. Das war unser Arbeitsplatz, Abenteuerspielplatz, Schutz vor dem Wind. Der Strand war in Veränderung. Und wir waren in den wenigen Jahren Zeugen davon. Auch mit unseren Bildern.

Björn Wilda

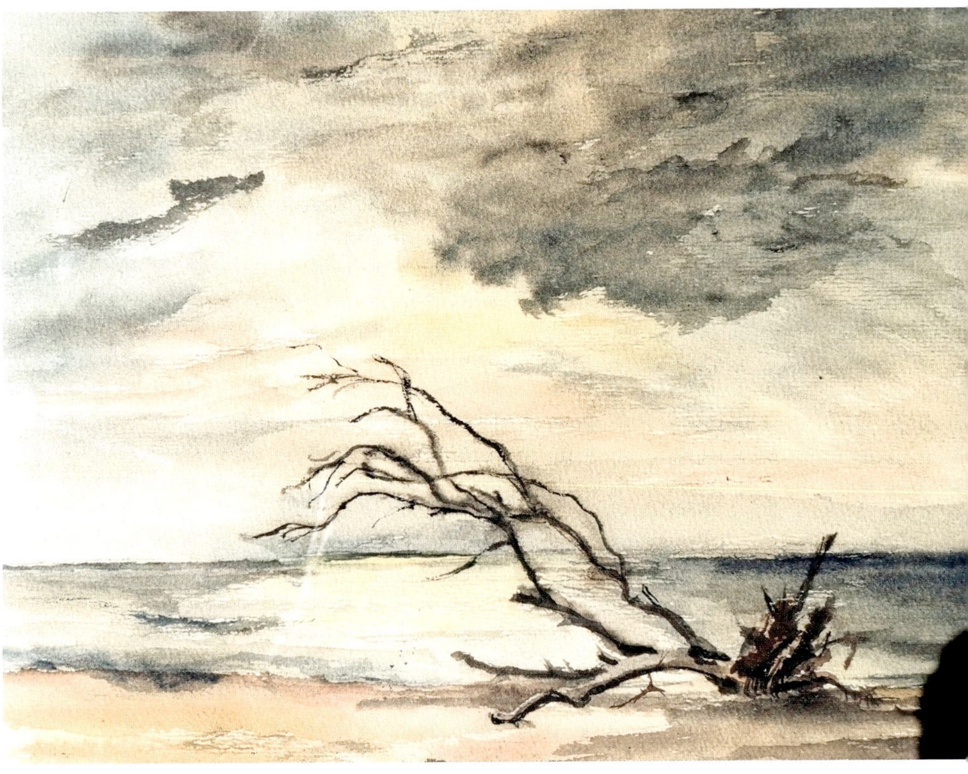

Björn Wilda, Westdarß. Aquarell im Regen 1, 1977

STEFFEN FAUST,
GRAFIKER, BERLIN

Vor ca. 40 Jahren wurde ich Mitglied dieses Zeichenzirkels. Als Ausgleich für meinen belastenden Schulalltag fand ich hier eine wunderbare Gemeinschaft vor. Die angenehm kreative Atmosphäre lag hauptsächlich am leitenden Zeichenlehrer Gilbert Waligora, der von allen liebevoll Wali genannt wurde.

Er vertrat ein ganzheitliches Konzept: Unsere Interessen konzentrierten sich nicht nur auf das Malen. Wali schaffte es, unsere jugendliche Gruppe für viele Dinge zu sensibilisieren. Wir hörten klassische Musik. Er öffnete uns die Augen für die Meister der Renaissance. Er diskutierte mit uns philosophische Themen. Besonderen Wert legte er auf genaue Naturbeobachtung. Er änderte unsere Sehgewohnheiten. Entsprechend tiefe und interessante Bilder entstanden unter seiner Anleitung.

Beim Zeichnen der Landschaft machte er uns auf Veränderungen aufmerksam, die wir Menschen verursachen. Ein Lieblingsmotiv waren Bäume. Wahrscheinlich kann man heute noch ehemalige Mitglieder des Zeichenzirkels daran erkennen, wie gekonnt und einfühlsam sie Bäume zeichnen. Ein besonderes Erlebnis waren die regelmäßig stattfindenden Zeichenlager.

Namen, an die ich mich erinnere: Ellen Tesch, Marina Goldberg, Hans Serner, Holger Barthel, Matthias Schilling, Claus Lindner, Björn Krause, Jörg Reuter. Mit einigen Freunden, die ich hier kennengelernt habe, bin ich zum Teil noch heute befreundet. Ich verbrachte in unserer Gruppe eine herrliche Zeit. Es ist sicher kein Wunder, dass viele ehemalige Mitglieder aus Walis Zeichenzirkel kreative, künstlerische Berufe ergriffen haben.

Talent zum Zeichnen hatte ich schon immer, aber erst Wali hat mir die Grundlagen des Zeichnens beigebracht: Farbtechnik, Porträtzeichnung, Naturstudium, Anatomie und Perspektive.

Erstaunlicherweise erlernte ich hier das Handwerk zum Illustrieren intensiver, als es in meinem späteren Grafikstudium möglich war. Wali führte damals eine anspruchsvolle, niveauvolle Arbeitsgemeinschaft. Ich bin dankbar, wenn ich an diese Zeit zurückdenke.

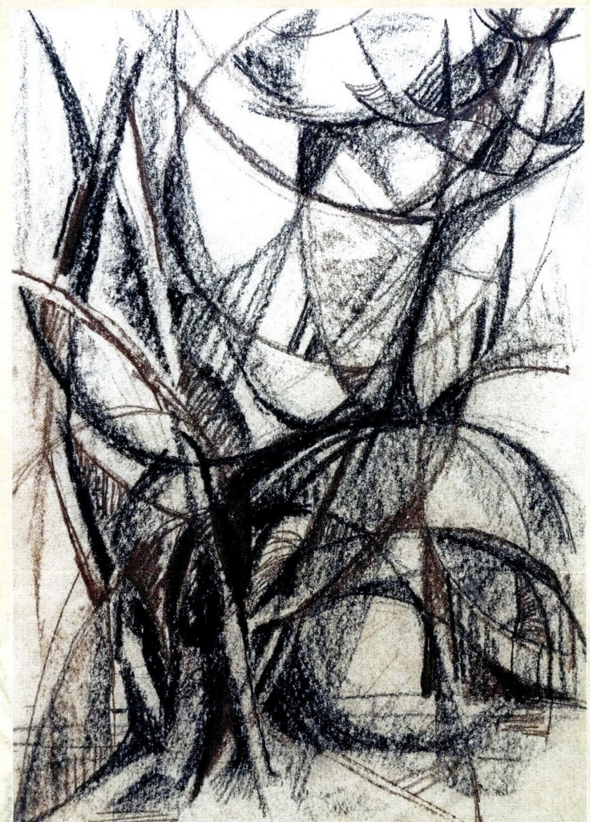

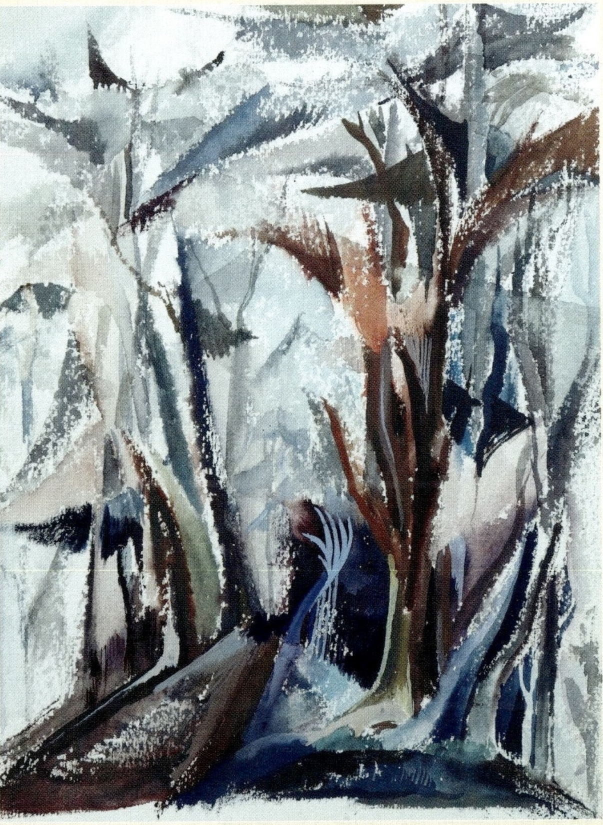

Marina Goldberg, Farbspiele nach Musik 1 und 2, 1976

MALEN NACH MUSIK

Es war etwa 1976 in Förtha im Thüringer Wald, in den ersten drei Tagen erkundeten wir mit kleinen Ausflügen die Landschaft. Dann malte jeder an dem Ort, der ihm lieb war. Abends saßen wir alle am Fenster, sahen weit ins Tal und hörten Mozart, Bach, Beethoven oder den ‚Messias'. Schostakowitschs Stalingrader Sinfonie erschütterte die jungen Menschen.

Zu Kompositionen nach Vogelgesängen von Olivier Messiaen malte Marina über Wochen sehr interessante Farbspiele.

Gilbert Waligora

Holger Barthel,
Im Erzgebirge,
Aquarell,
1970er Jahre

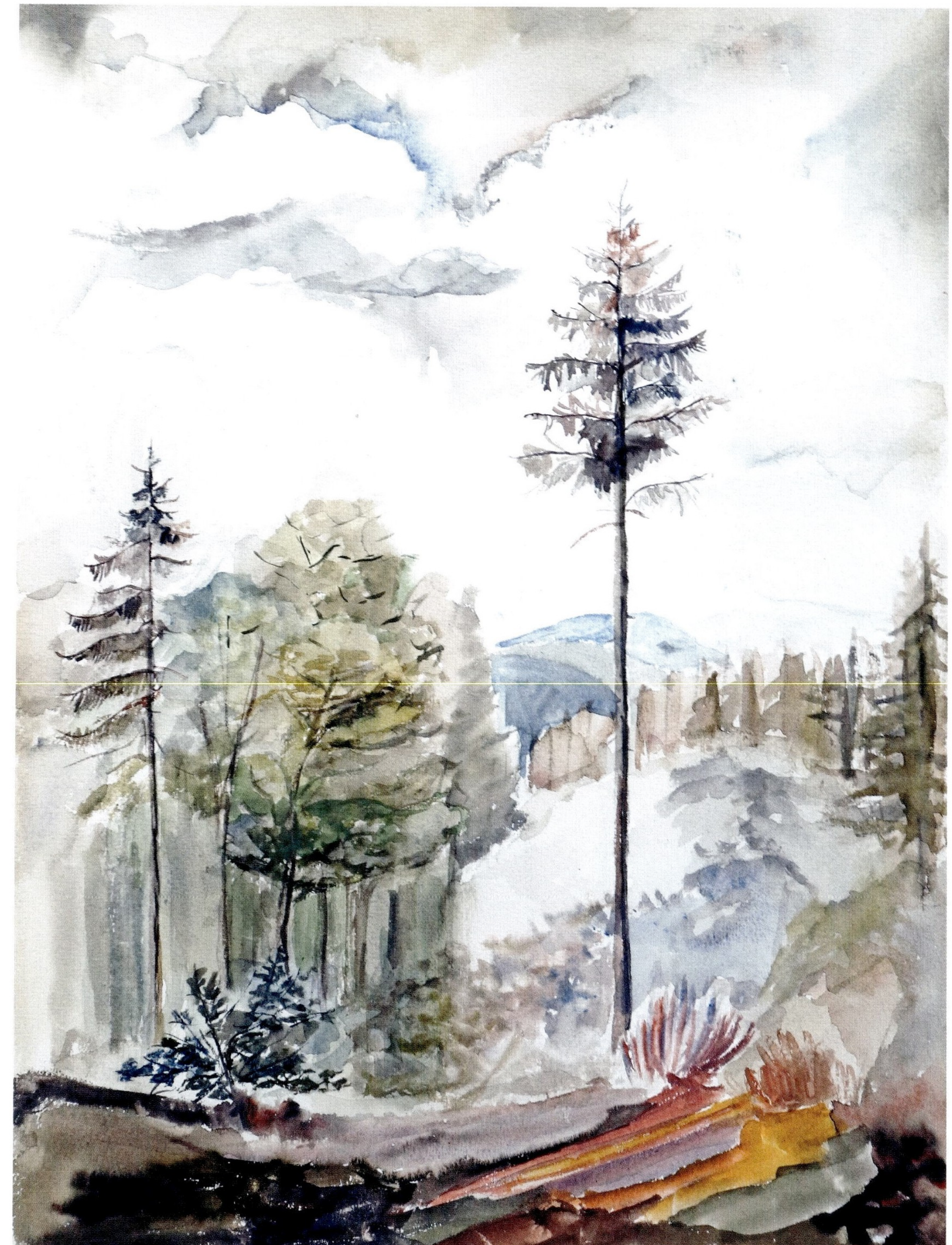

UNSER WEG INS LEBEN

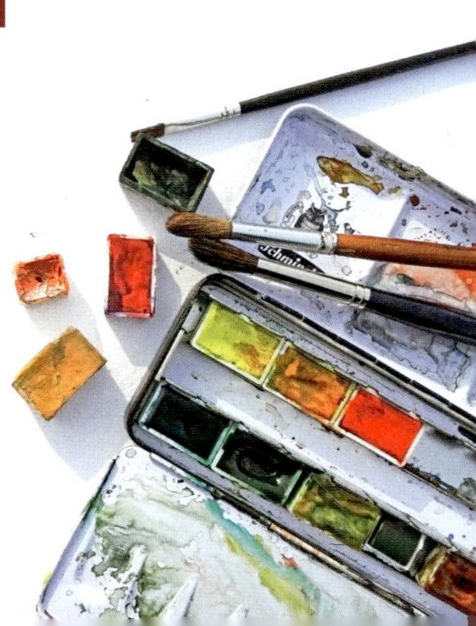

SEHNSUCHT NACH FREIHEIT

Auch Gilbert Waligora hätte nach der Ablösung von Walter Ulbricht 1971 durch Erich Honecker das neue SED-Parteiprogramm künstlerisch begleiten können. Wie viele staatliche Zirkelleiter. Also Bilder malen lassen zur „Einheit von Wirtschafts- und Sozialpolitik". Von vorbildlichen Brigaden, hervorragenden Facharbeitern, von klugen Bauern auf Mähdreschern, Umzügen am 1. Mai mit der Friedenstaube, von Kindern, die alten Menschen helfen. Alles nicht schlecht, aber doch zu viel Propaganda.

Einfache Sprachrohre sollten seine Jugendlichen nicht werden. Zwar wuchsen in den 70er Jahren Wohlstand und Zustimmung, gab es ideologische Lockerungen, wurden Arbeiterkinder in Zirkeln und Hochschulen besonders gefördert.

Allein im Wald.
Foto: Gilbert Waligora

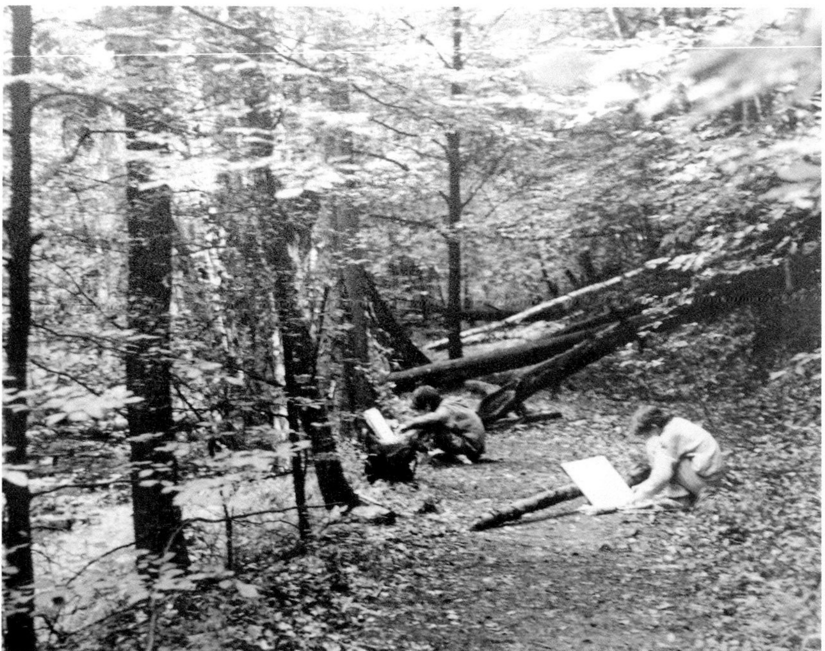

Doch wenn Kindern Flügel wachsen sollen, so empfand Gilbert Waligora, dann brauchen sie geistigen Platz zum Fliegen. Wenn in der Schule „Wie der Stahl gehärtet" von Nikolai Ostrowski behandelt wird, dann sollten sie bei ihm auch von Hemingway „Der alte Mann und das Meer" kennen lernen. Vielleicht sogar illustrieren.

Gingen die Ferienlager zu Ende, zeigten sie ihre Bilder oft vor Ort in kurzen Ausstellungen. Dazu kleine Forschungsarbeiten über Geschichte und Landschaft. Das Echo der Einwohner war groß und bestärkte die Kinder. Ganz anders im Pionierhaus. Wenn sie nach zwei, drei Wochen nach Berlin zurück kehrten, staunten andere Pädagogen zwar über die qualitätsvollen Naturstudien. Aber dann trat der neue Direktor Sauer dazu und donnerte los: „Wer lässt denn so etwas malen? Wo ist hier die gesellschaftliche Aussage?"

Die Mehrheit der Kollegen schwenkte rasch um auf seine Seite, schüttelte plötzlich über Studien von Totholz und Laubhaufen den Kopf. Bei Bildern mit Vulkanen zweifelten sie sogar an Waligoras Pädagogik. Dabei hatte der Geologe im Erzgebirge doch den Kindern erzählt, dass sie gerade auf einem alten Vulkan stehen. Was für ein tolles Erlebnis. Was für ein interessantes Thema.

Um dieser häufigen Kontrolle zu entgehen, suchte Gilbert Waligora in aller Stille nach Auswegen. Also nach Ideen für noch mehr Exkursionen und Ferienlager weit weg von Berlin. Dann kam das Jahr 1980. In Polen gründete sich aus Protesten der Werftarbeiter „Solidarność", im Westen gab es seit einem Jahr „Die Grünen" von Petra Kelly. Die kirchlichen Umweltgruppen in der DDR verbanden ihre Aktionen mit Friedensthemen, bastelten sich Aufnäher und Lesezeichen mit dem Symbol „Schwerter zu Pflugscharen" des Kleinmachnower Grafikers Herbert Sander.

Am Weihnachtsabend 1980 traf sich Gilbert Waligora in einer kalten Dresdner Kneipe mit Dr. Gerhard Schmitt, dem Vater eines Jugendlichen aus der Arbeitsgemeinschaft. Sie suchten nach Wegen für freies, selbstständiges Arbeiten. Es musste etwas Unverfängliches für die Ideologen im Pionierhaus sein. Aber was?

Dann machte Gerhard Schmitt den Vorschlag für ein ganzes Programm von langer Dauer. „Jugend forscht und gestaltet auf Fontanes Spuren". Das klang nicht nur gut, das reichte für Jahre. Als Region wählten sie das „Landschaftsschutzgebiet Choriner Endmoränenbogen" nördlich von Berlin. Gut mit der Bahn zu erreichen. Vertraut von Ausflügen und von Fontane bereist.

Die Situation war günstig. Eine alte SED-Leitlinie flackerte gerade wieder auf: „Der Jugend Vertrauen, Verantwortung, und Romantik". Und im Pionierhaus begann der neue zugängliche Direktor Dieter Gürgens. Er fand den Plan aus Forschen, praktischem und künstlerischem Tätigsein gut. Endlich schien der Weg frei für unbegrenztes Arbeiten ohne pädagogische und ideologische Enge.

Nun hieß es, sich noch vertrauter zu machen mit einer Landschaft, die sie schon recht gut kannten. Einige Jugendliche fuhren auch mal allein mit der Bahn die 60 Kilometer nach Chorin und erkundeten, was sie interessierte. Um selbstständiges Forschen zu lernen, besuchten sie zusammen die Kartenabteilungen in der Staatsbibliothek und in Potsdam-Sanssouci. Da gab es viel zum Abzeichnen.

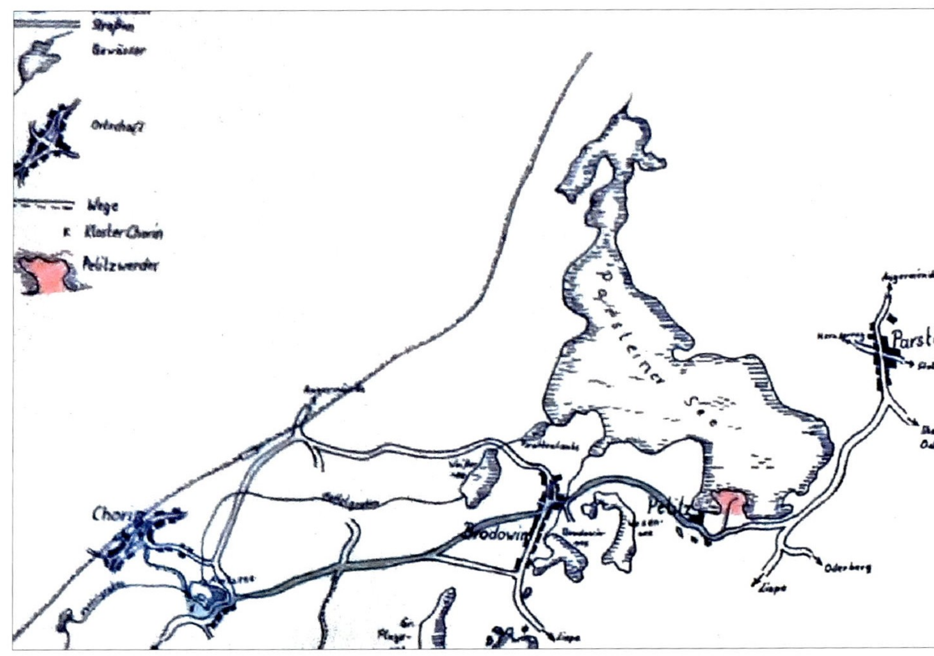

Rainer Schwarz, 16 Jahre. Das Choriner Gebiet, Farbstift, 1982

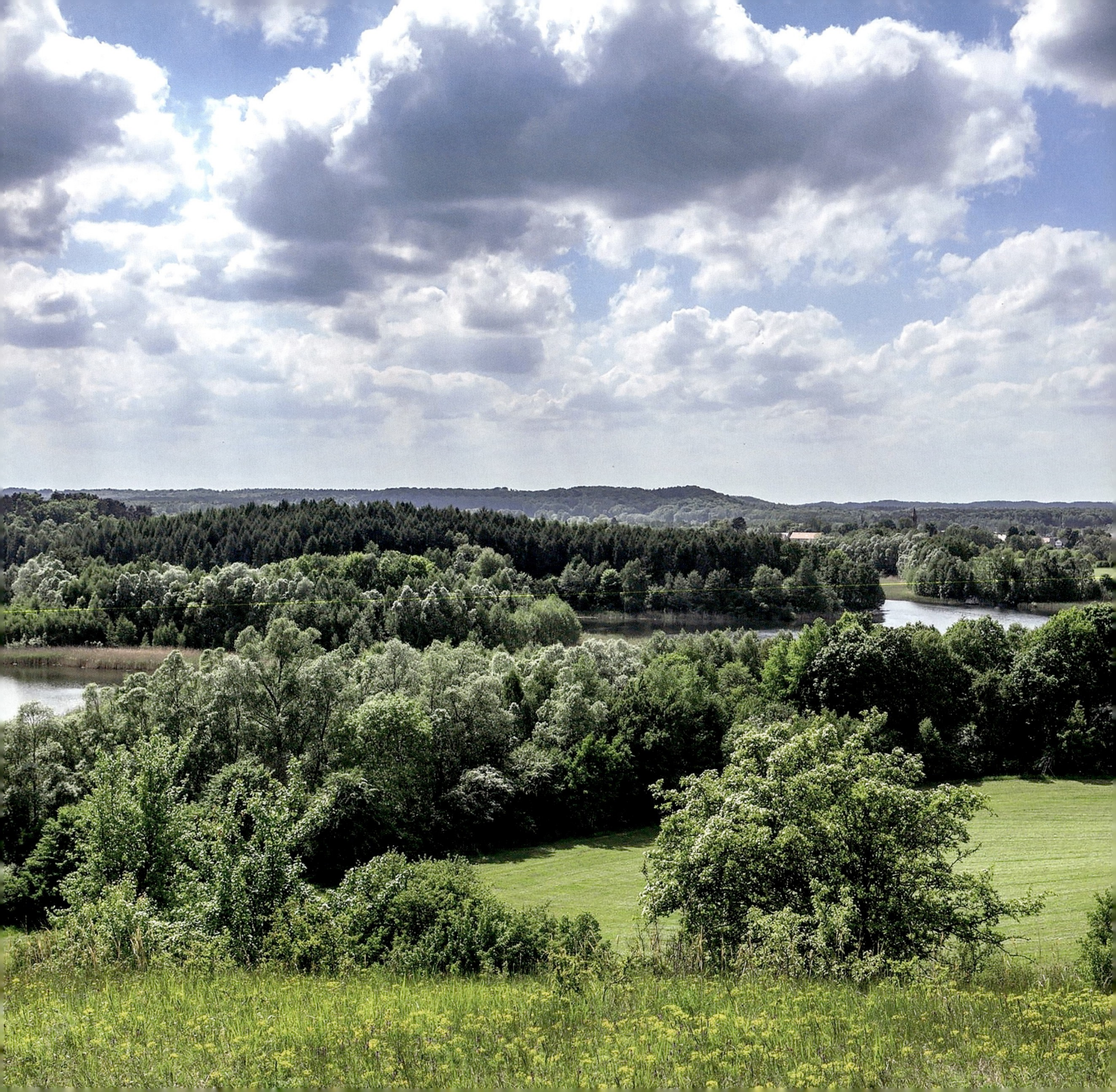

TRAUMLAND SCHORFHEIDE-CHORIN

Für Waligoras Gruppe war es früher umständlich. Heute fährt der Zug von Berlin nur eine Stunde nach Norden bis zum kleinen, schmucken Bahnhof Chorin. In eine der schönsten Kulturlandschaften Deutschlands.

Naturschutzexperten sicherten sie in ihrem „Nationalparkprogramm", das auf der letzten Tagung des DDR Ministerrates am 12. September 1990 noch beschlossen werden konnte, als „UNESCO-Biosphärenreservat Schorfheide-Chorin". Neben 13 weiteren letzten schönen Landschaften zwischen Rügen und Sächsischer Schweiz. Wichtiger Bestandteil wurde das schon seit 1952 bestehende Landschaftsschutzgebiet „Choriner Endmoränenbogen" mit dem Parsteiner See.

Ein Juwel darin ist das Kloster Chorin. Mit seinen Grabstätten brandenburgischer Markgrafen gehört es zu den schönsten gotischen Backsteinbauten in Brandenburg und gilt, durch Karl Friedrich Schinkel (1781–1841) angestoßen, als frühes Beispiel guter Denkmalpflege in Deutschland. Theodor Fontane widmete dem Kloster und seinem Vorgängerbau auf der Halbinsel Pehlitzwerder hinter dem heutigen „Ökodorf Brodowin" ein ausführliches Kapitel in seinen berühmten „Wanderungen durch die Mark Brandenburg".

Weitere Kleinode sind der schöne Buchenwald im Grumsin, heute ein UNESCO-Welterbegebiet,

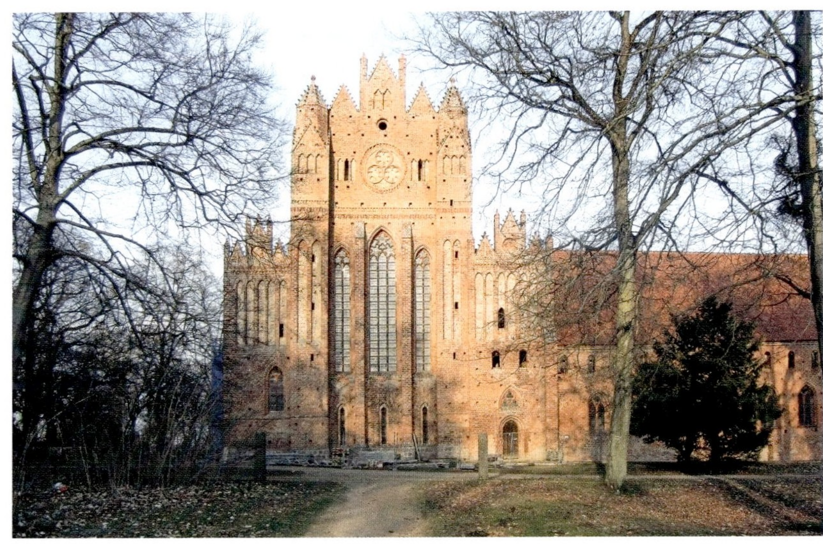

Die Ruine des Klosters Chorin. Foto: Hartmut Sommerschuh

das Moor Plagefenn, schon seit 1907 Naturschutzgebiet, der Werbellinsee und das Templiner Seengebiet.

Die Eiszeit gab diesem über 1 290 km² großen Gebiet seine Vielfalt aus Hügeln, Seen und Mooren. Berühmt wurde vor allem die Schorfheide zwischen Groß Schönebeck und Joachimstal. Mit ihren alten Eichen war sie über Jahrhunderte Jagdgebiet der Herrschenden und blieb deshalb gut erhalten. Nicht ohne Grund wurde die „Wald"-Stadt Eberswalde seit 1830 zu einem wichtigen Lehrzentrum der Forstwirtschaft, nach 1990 auch Hochschulort für nachhaltige Landnutzung und Naturschutz.

◁ Schorfheide bei Brodowin. Foto: Steffen Lehmann, TMB Archiv

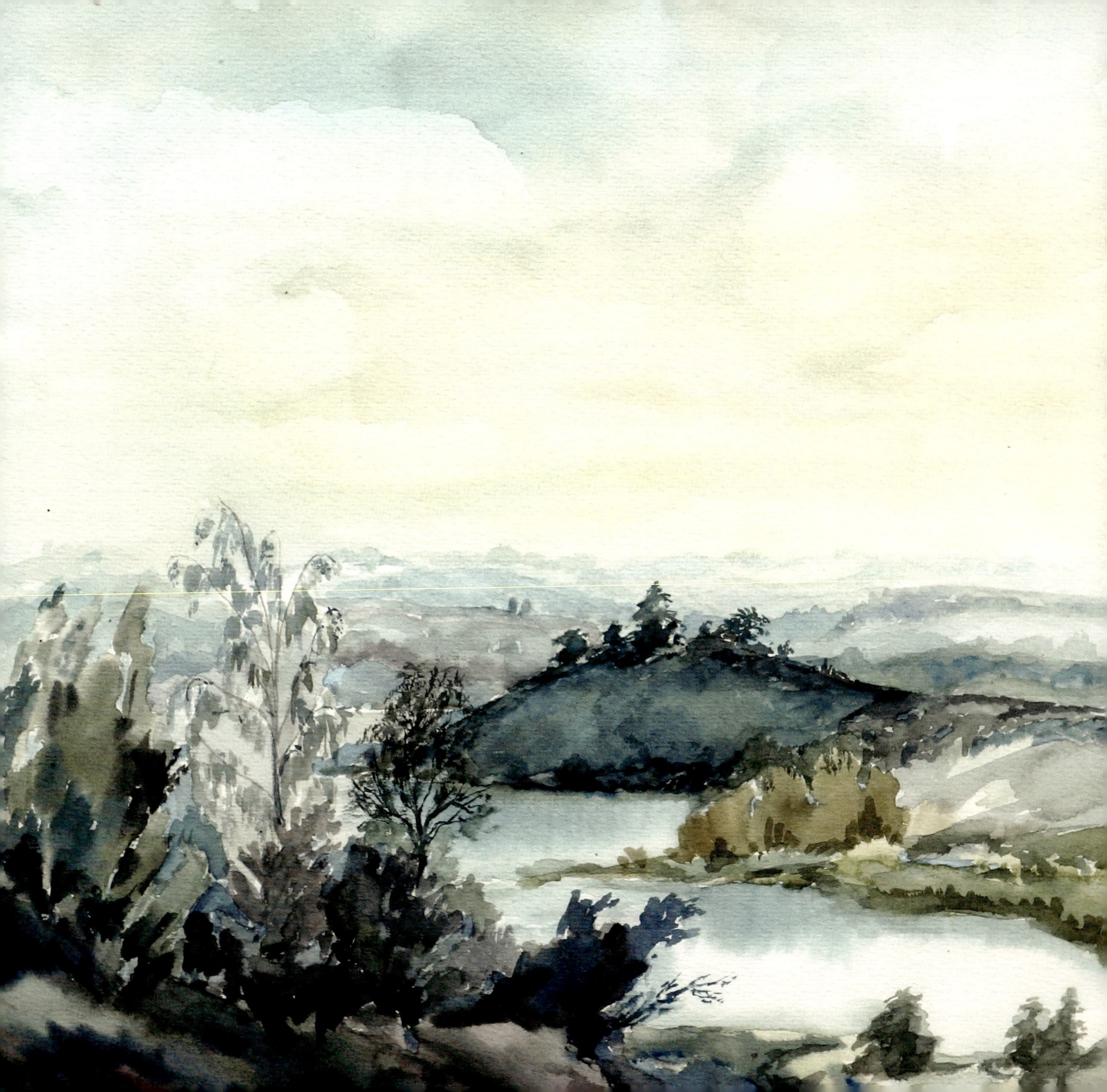

Der Parsteiner See neben dem heutigen Ökodorf Brodowin ist der drittgrößte natürliche See Brandenburgs. Für Eiszeitexperten wurde er mit seinen Becken, Buchten und Rinnen ein Eldorado. Er liegt wenige Kilometer nördlich der „Pommerschen Eisrandlage". Sie durchzieht Nordostbrandenburg mit mehreren Endmoränenbögen. Hier ist es der Choriner Bogen. Die Geburt des Sees als Staugewässer am Rande eines großen Gletschers war kompliziert. Teilweise entstand er vermutlich hinter einer Barriere aus noch lange überdecktem Toteis.

Als Gilbert Waligora und seine Jugendlichen ihn ab 1981 erforschten, war der See krank. Eutrophiert von Karpfenzucht. Pumpstationen bewässerten aus ihm ringsum die Felder. Das Wasser floss dann teilweise voller Düngemittel und Güllereste in den See zurück. Dabei gehört er als Heiliger Ort der Slawen und durch eine Klostergründung der Zisterzienser zu den historisch bedeutsamsten Orten Brandenburgs.

Seit 1990 erholte sich der Parsteiner See als geschützter Teil des Biosphärenreservates. Ringsum liegende Felder wurden von der Ökodorf Brodowin GmbH in Weideland umgewandelt. Auch verschiedene Artenschutzprogramme für Trauerseeschwalben, Rotbauchunke, Kammmolch, Tagfalter, Rohrdommel und Greifvögel gehörten dazu.

Bereits 1988 hatte der Rat des Kreises Eberswalde einen Landschaftspflegeplan für das „Landschaftsschutzgebiet Choriner Endmoränenbogen" beschlossen. Eine lange vorbereitete Konzeption der Gemeinden, Bauern, Förster, Wasserwirtschaftler und Naturschützer. Sie sollte Erhalt und Nutzung in Einklang bringen. Es war eine wichtige Vorarbeit für das heutige Biosphärenreservat.

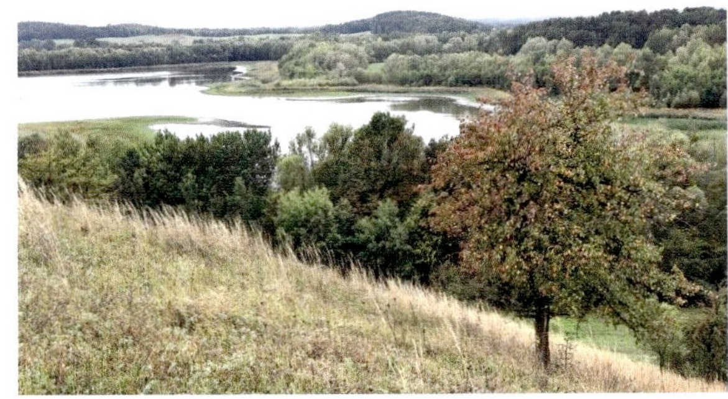

Blick vom Kleinen Rummelsberg auf den Wesensee. Foto: Martin Flade

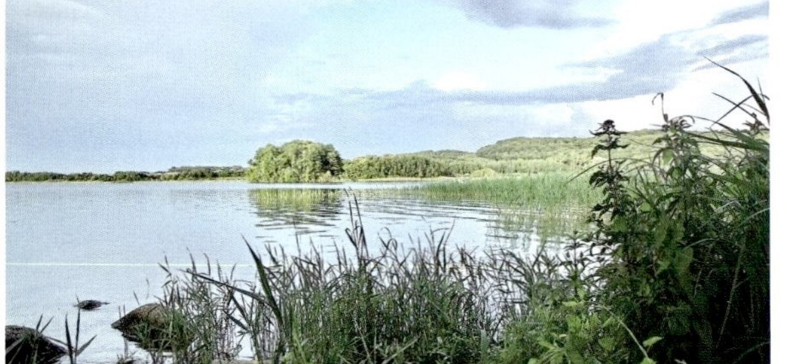

Der Parsteiner See. Foto: Fred Pechardscheck

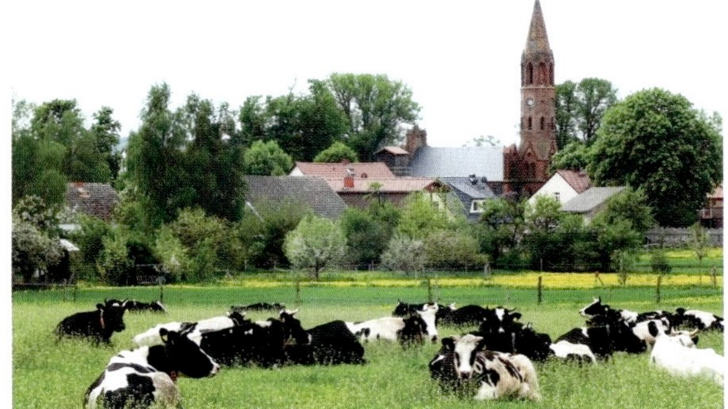

Dorf Brodowin. Foto: Martin Flade

◁ Holger Barthel, Blick vom Kleinen Rummelsberg auf den Wesensee, Aquarell

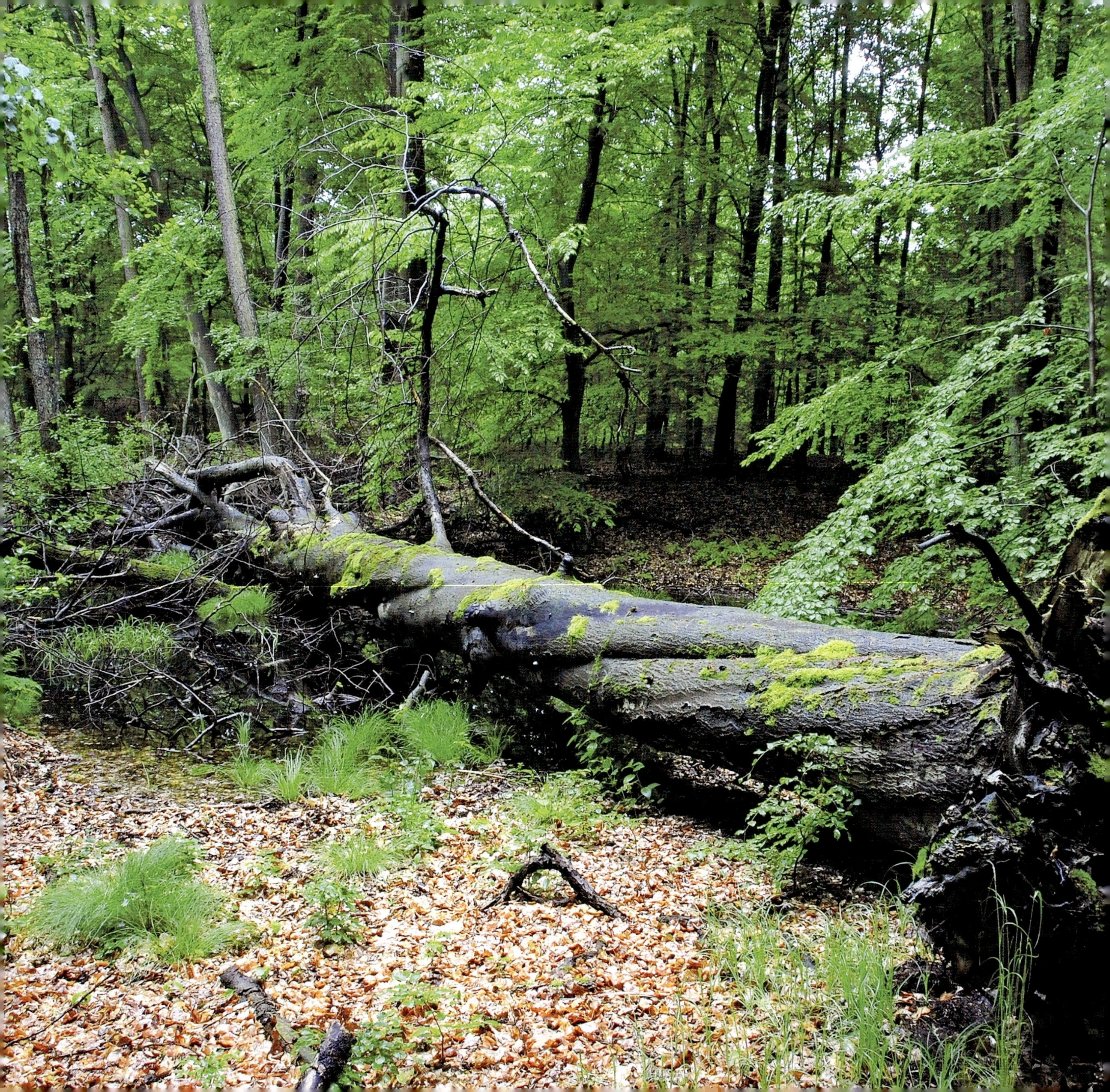

Fast wäre die erste Reise 1981 in diese Märchenlandschaft geplatzt. In der Unterkunft bei Eberswalde seien die Wasserpumpen ausgefallen, mahnte die Pionierhausleitung. Gilbert Waligora fuhr trotzdem und zeltete mit den Jugendlichen woanders.

Im berühmten Forstbotanischen Garten zeigte ihnen der Leiter Dr. Jürgen Endtmann persönlich seine Anlagen und entschuldigte sich für die schlechten Wege. Sie bedankten sich mit Hacke und Schaufel, reparierten neun Stunden lang einen Weg, sägten und schälten neue Bohlen für eine Treppe. Geistige Bildung und praktisches Tun erschienen Gilbert Waligora für jedes Ferienlager untrennbar wichtig. In den Wochen danach entwickelten sie Vorschläge für ein pädagogisches Kabinett über wichtige einheimische Pflanzen. Die Rolle des Botanischen Gartens nur als Gen-Depot für fremde Pflanzen und Gehölze erschien ihnen nicht mehr zeitgemäß.

Überall gab es Gespräche mit Fachleuten. Auch mit der Jugendgruppe der Gesellschaft für Natur und Umwelt (GNU) beim Kulturbund in Eberswalde. Deren Exkursionen in die Umgebung klangen verlockend. Mehr komplexe Zusammenhänge verstehen lernen, hieß vielleicht am Ende, auch besser zu malen! So sollte das Gebiet um Chorin allmählich ihre Heimat werden.

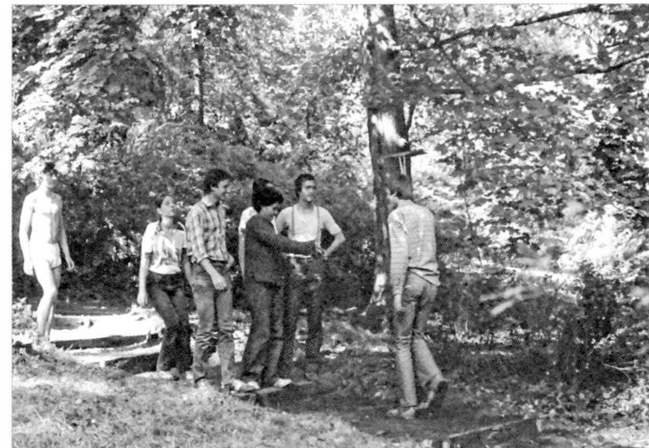

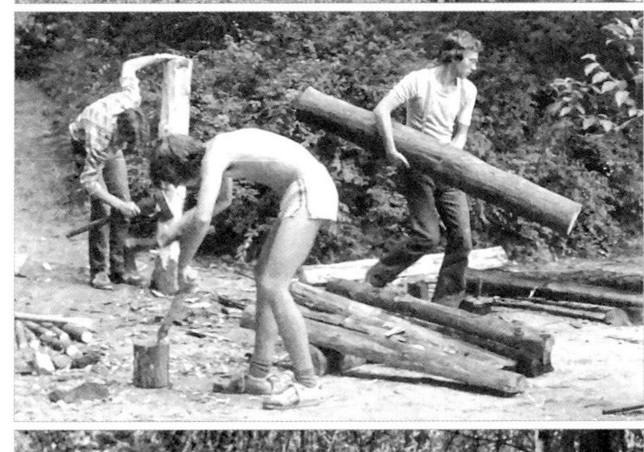

Arbeitseinsatz im forstbotanischen Garten Eberswalde 1981. Fotos: Gilbert Waligora

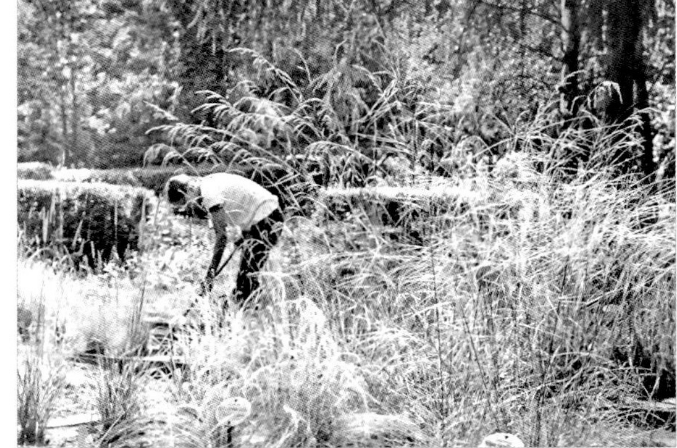

◁ *Das Moorgebiet Plagefenn bei Brodowin wurde 1907 das erste Naturschutzgebiet Norddeutschlands. Foto: Rainer Kant*

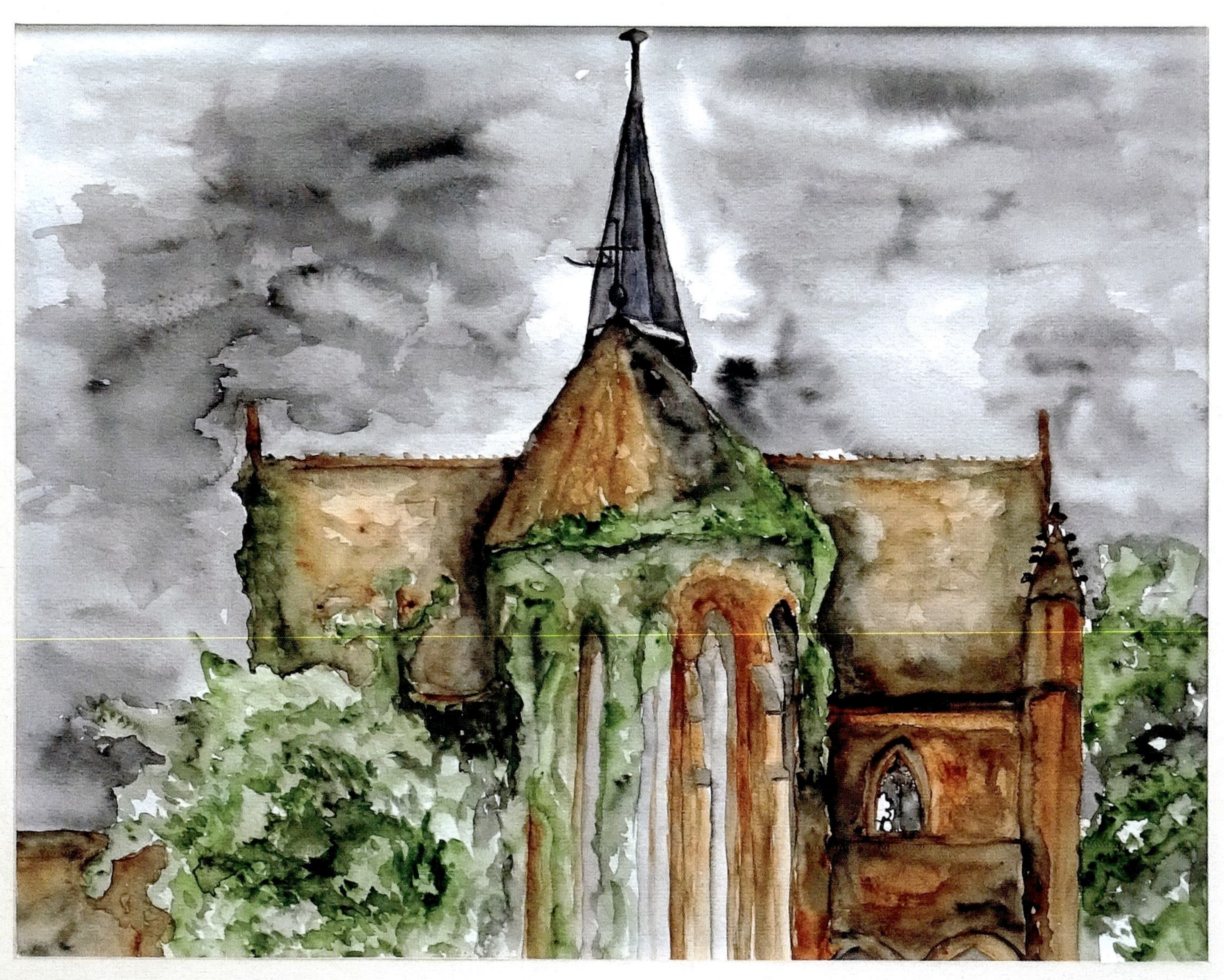

Axel Richter, 18 Jahre – "Chor und Querschiff des Klosters Chorin nach dem Regen" – Aquarell

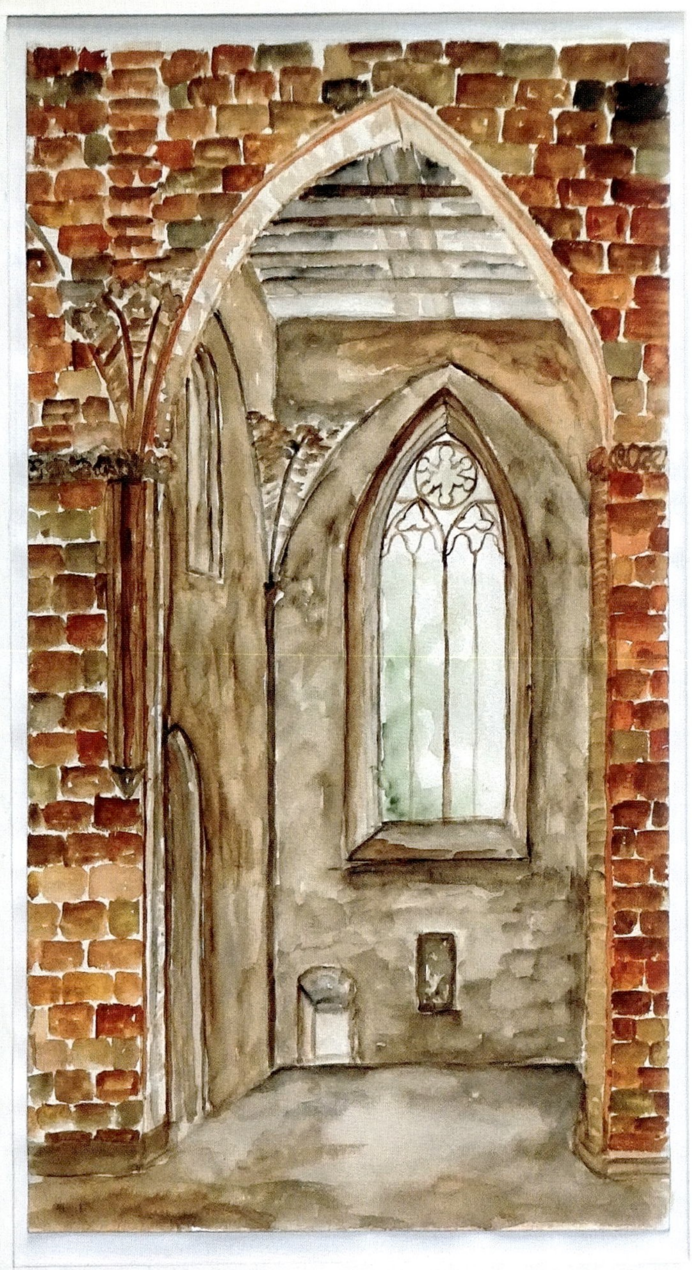

Carolin Krause, 17 Jahre – „Querschiff der Klosterkirche Chorin" – Aquarell

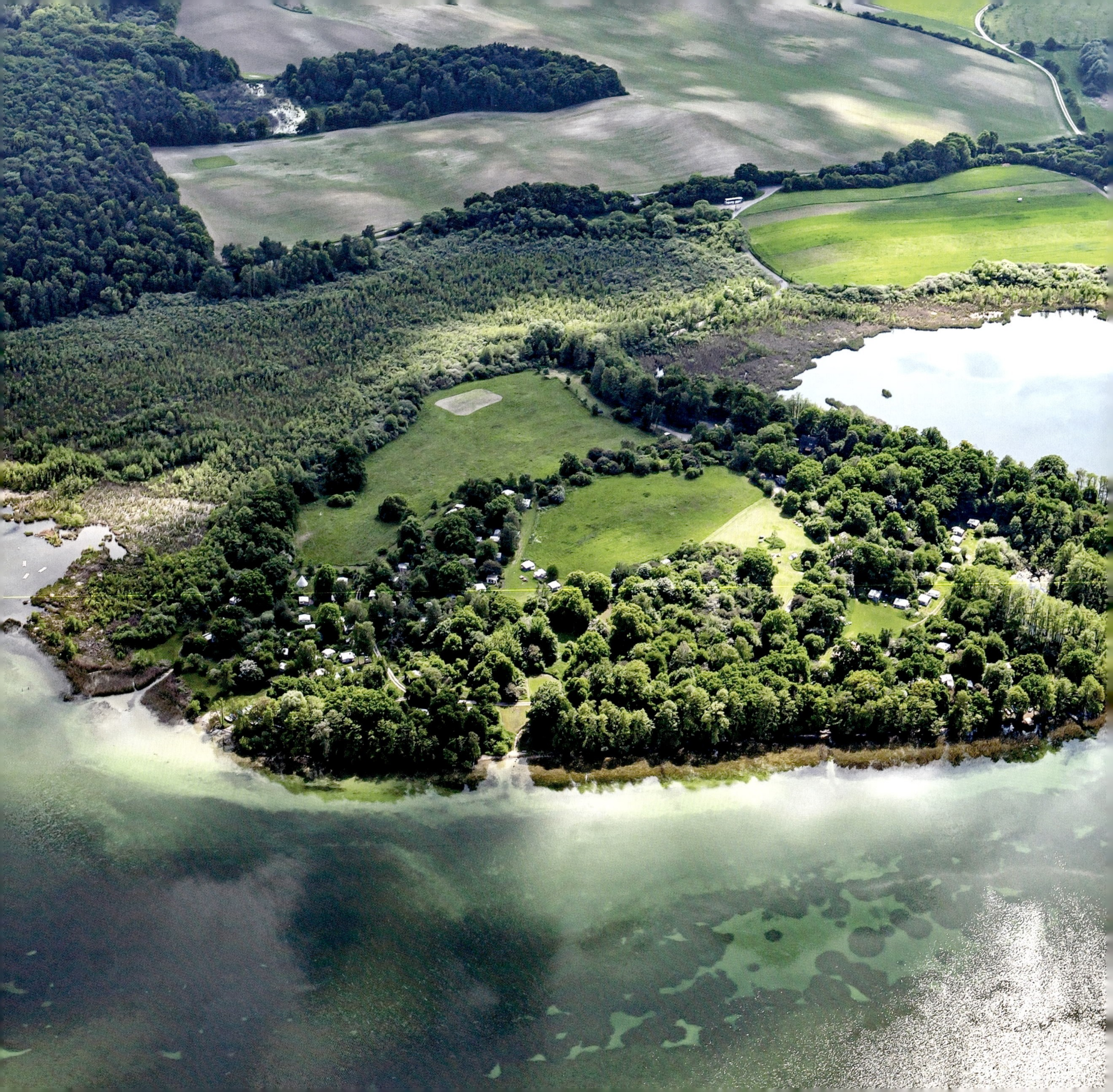

GEHEIMNISVOLLER ORT

Gilbert Waligora gelang es ab 1981, mit der Fontane-Idee die Jugendlichen für viele historische, kulturelle und naturwissenschaftliche Themen der Choriner Landschaft zu begeistern. Zunächst wurde nur erkundet, erst ab 1982 wieder gemalt.

Spannend waren schon die vielen archäologischen Funde. Einige Zirkelmitglieder studierten und skizzierten sie sogar im Potsdamer Museum für Ur- und Frühgeschichte.

Auf den Wiesen bei Brodowin standen prächtige alte Bäume. Ihre Kronen waren unten merkwürdig waagerecht „gewachsen". Ein Rätsel, dessen Lösung alle verblüffte: Es waren Schatten spendende Hute-Bäume. Weidende Tiere hatten sie über Jahrhunderte so gerade abgefressen.

Hier konnten die Jugendlichen sogar von oben auf alles schauen. Denn steile Hügel verzaubern die Landschaft am herrlichen Parsteiner See.

Und dann war da der Zeltplatz auf der Halbinsel Pehlitzwerder. Mittendrin die Grundmauern der ersten, wieder aufgegebenen Baustelle des Klosters Chorin. Fontane hatte sie genau beschrieben. Es war ein besonders spannender Ort.

Hier aber stießen die Kinder bei ihren Forschungen schon bald auf ungeahnte Probleme.

◁ *Der Pehlitzwerder, Platz der Dauerzeltler.*
Foto: Ralf Roletschek

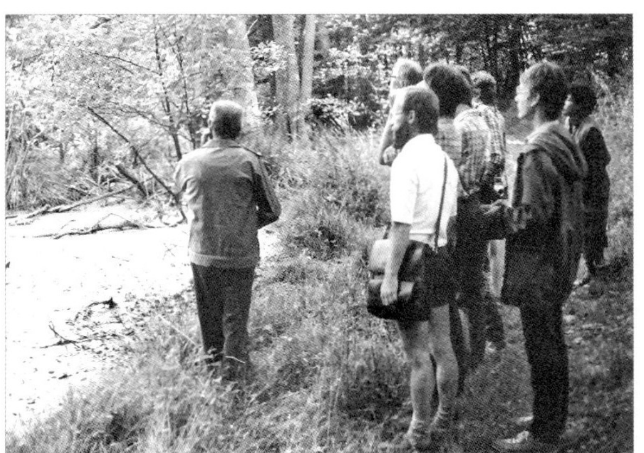

Exkursion mit dem Förster aus Teerofen zu einem Flachmoor 1981.
Foto: Konstantin Schmitt

▽ *Baum auf dem Pehlitzwerder 1981.*
Foto: Gilbert Waligora

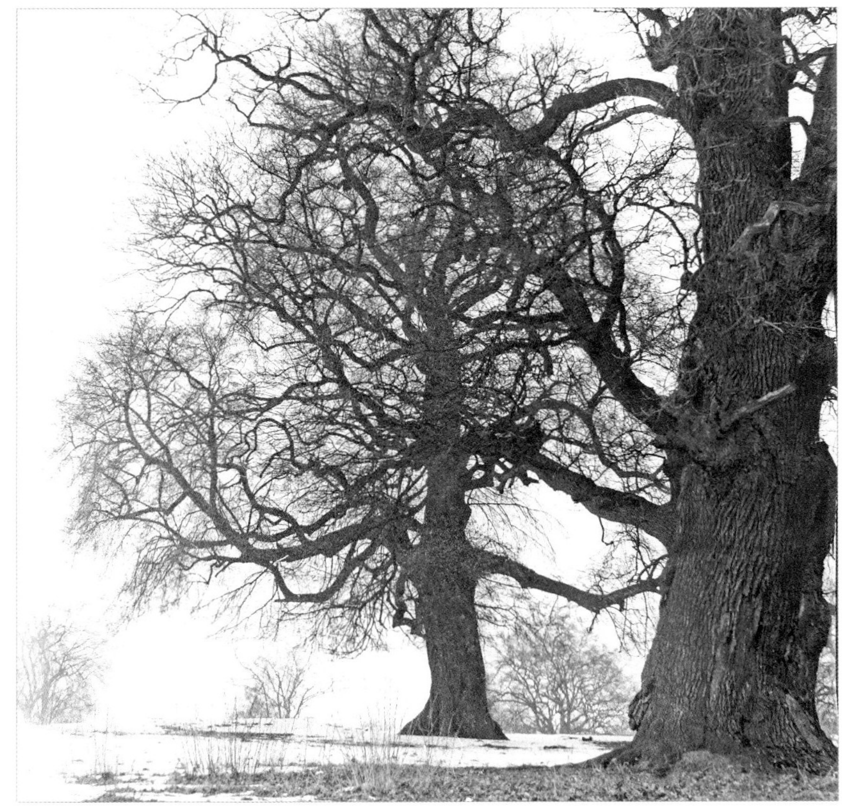

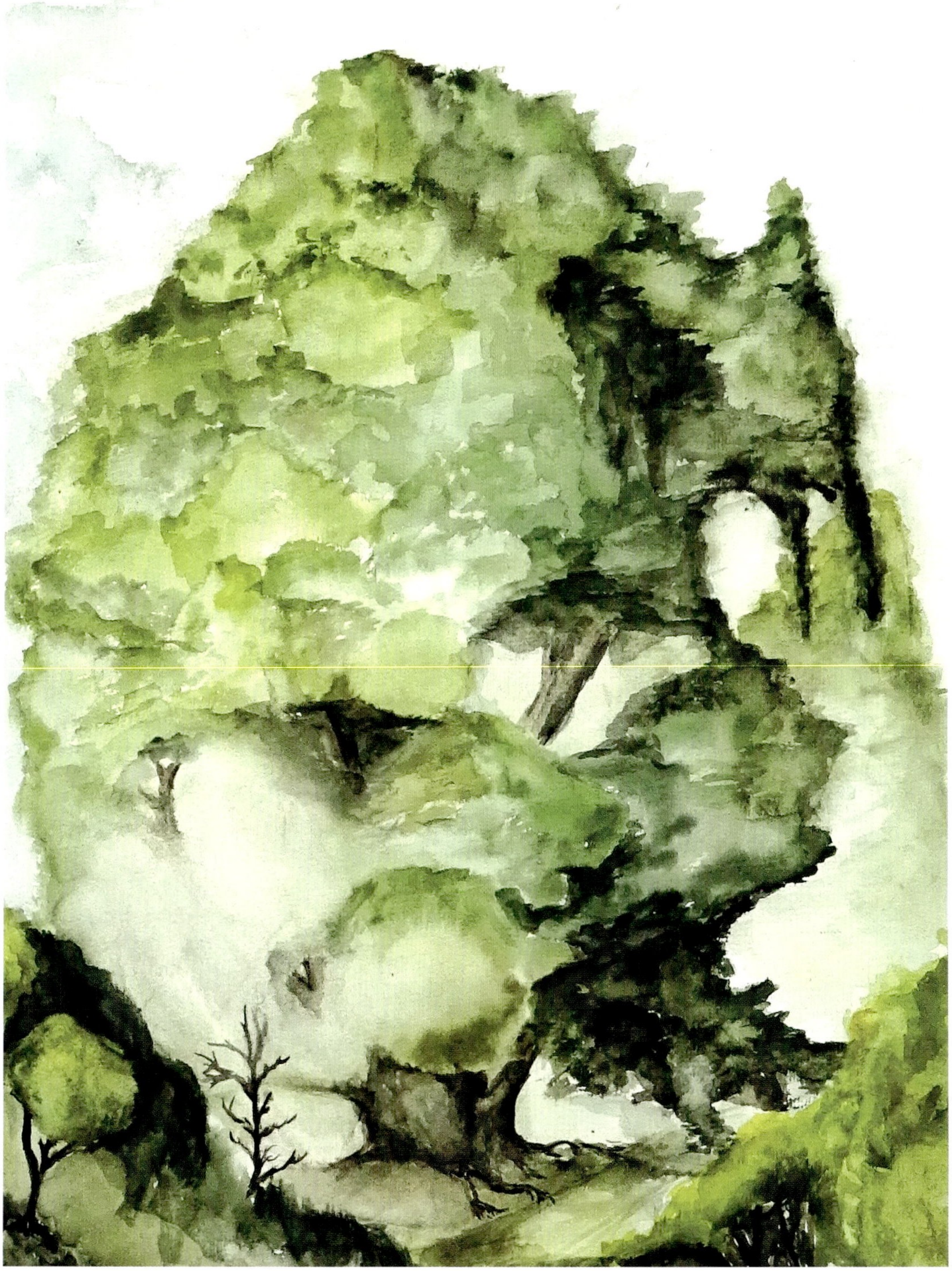

*Rainer Schwarz,
15 Jahre .
Alte Linde auf dem
Pehlitzwerder,
Aquarell, 1983*

EIN PARADIES MIT HAKEN

Auch ganz allein nach Chorin fahren, die Gegend erkunden, brachte zunehmend besondere Erlebnisse. Eines Tages im April 1981 kam danach ein Junge aufgeregt und forderte: „Wali, Du musst jetzt mitkommen, da gibt es zwei Düreeichen!" Die Bäume waren in Wahrheit Linden und standen am Südufer des Parsteiner Sees bei Brodowin auf dem Pehlitzwerder. In der Literatur war zu lesen, diese Halbinsel sei schon 1935 unter Schutz gestellt worden. Denn in ihrem Kern lagen neben einem slawischen Wall die Grundmauern der Ruine Mariensee. Zudem gab es zwölf Naturdenkmäler, und der benachbarte Koppelsberg trug einst Hünengräber.

Doch am 1. Mai standen da plötzlich hundert Zelte. Die Jugendlichen hatten bereits vorher die dafür planierten Flächen entdeckt.

Klagen darüber gab es schon lange in der Schriftenreihe „Werte unserer Heimat". Wir machten uns kundig. Der Zeltplatz galt als vorbildlich. Von Herrn Zimmermann beim Rat des Kreises erhielt ich den Hinweis, wir sollten nicht zu gründlich forschen.

Etwas später erreichte uns die versteckte Warnung, ich müsse wissen, wann man zu forschen aufhört. Von anderer Seite hieß es: „Wenn Ihr wüsstet, wer hier zeltet." Wie sich herausstellte, waren es viele Parteifunktionäre und Angehörige der Staatssicherheit. Aber Fontane war hier gewesen, und wir wollten seinen Spuren folgen!

Das nahe gelegene Kloster mit dem Weinberg und seinem Baumbestand von über 50 Arten, der von den Mönchen des Zisterzienserordens angelegte Nettelgraben, alles erregte lebhaftes Interesse bei den Jugendlichen.

Gilbert Waligora

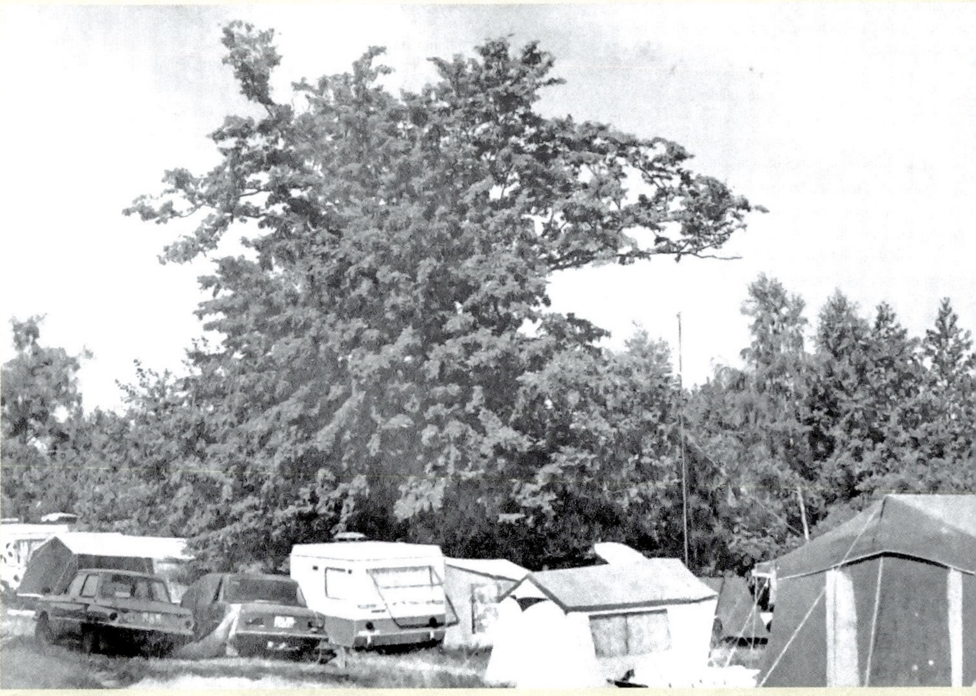

Der Zeltplatz auf dem Pehlitzwerder. Foto: Rainer Schwarz, 1982

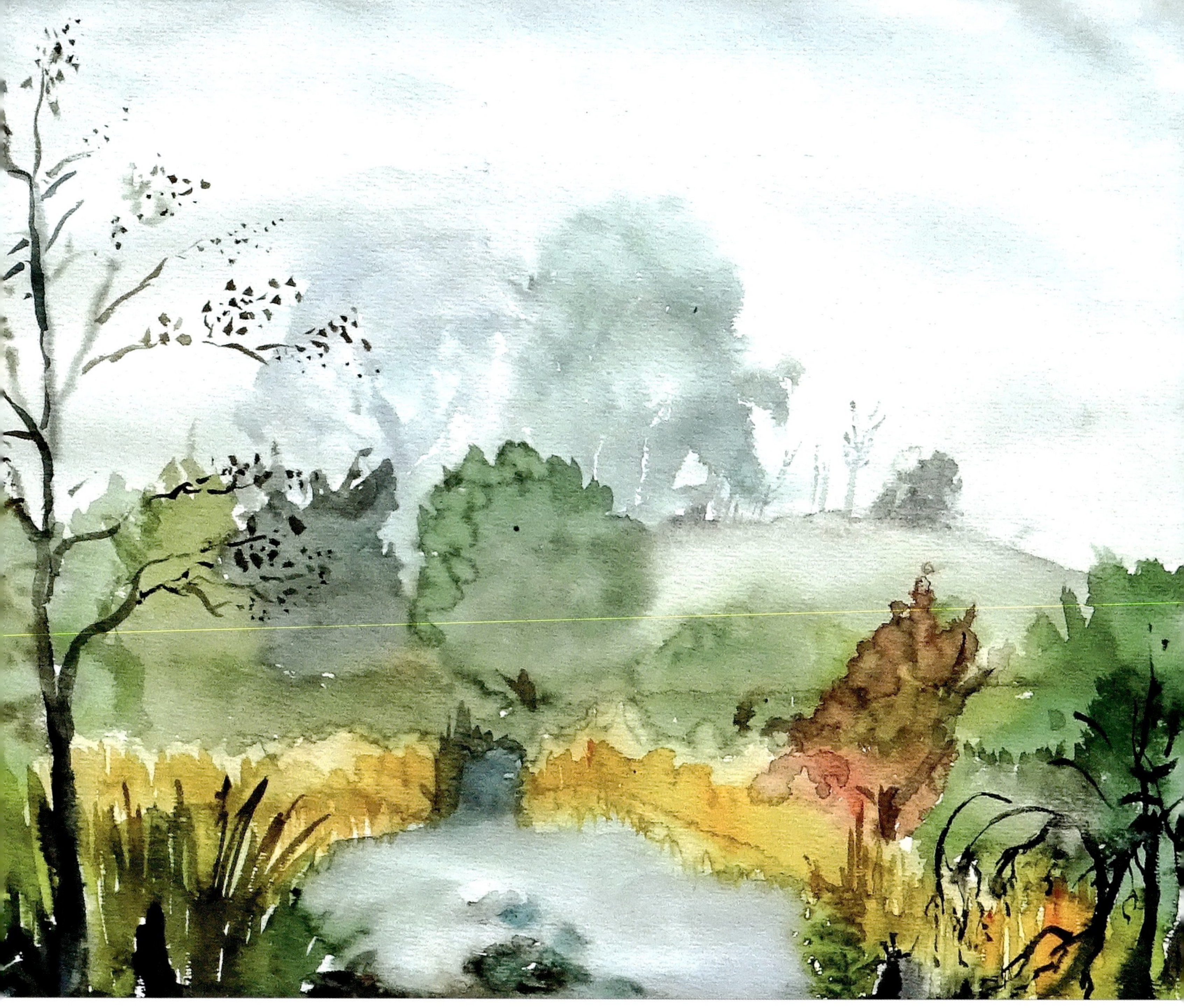

Andreas Führer, 17 Jahre. Der Koppelsberg über den Gutssee hinweg gesehen, Aquarell, 1982

STOFF FÜR GROSSE AUSSTELLUNGEN

Anderthalb Jahre erforschten die Jugendlichen das Gebiet, trafen sich mit Archäologen, Förstern Naturschützern.

Besonders lebendig waren Besuche bei dem bekannten Kinderbuch- und Umweltschriftsteller Reimar Gilsenbach in Brodowin. 1981 hatte er zum ersten Mal Fachleute aus unterschiedlichen Gebieten zu den „Brodowiner Gesprächen" über DDR-Umweltprobleme in seinen Garten eingeladen. Die Staatssicherheit machte nicht nur vom Zeltplatz aus lange Ohren. Denn in Westdeutschland hatte sich die Partei der „Grünen" gegründet. Das führte auch in der DDR zum Aufkeimen neuer Umwelt-Bürgerinitiativen neben denen der Kirche. Und zu Misstrauen von Partei und Regierung. Öffentliche Diskussionen waren nicht erwünscht.

Doch in Wahrheit wuchs seit Ende der siebziger Jahre der Mut vieler Menschen zu Kritik, Veränderungen, Mitsprache. Die 1980 im Kulturbund gegründete „Gesellschaft für Natur und Umwelt" (GNU) mit ihren 1600 Arbeitsgruppen hatte bis zu 60 000 Mitglieder. Gilbert Waligora wurde mit seinen Kindern Mitglied in der Eberswalder Jugendgruppe. Sie begannen, sich immer intensiver einzusetzen für ihre geliebte Landschaft.

Was hatten stickstoffreiche Güllereste aus einem Mastbetrieb mit der Ragöse gemacht? Jenem Bach, der sich auch aus dem Amtssee am Kloster Chorin speist und 13 Kilometer durch das Landschafts-

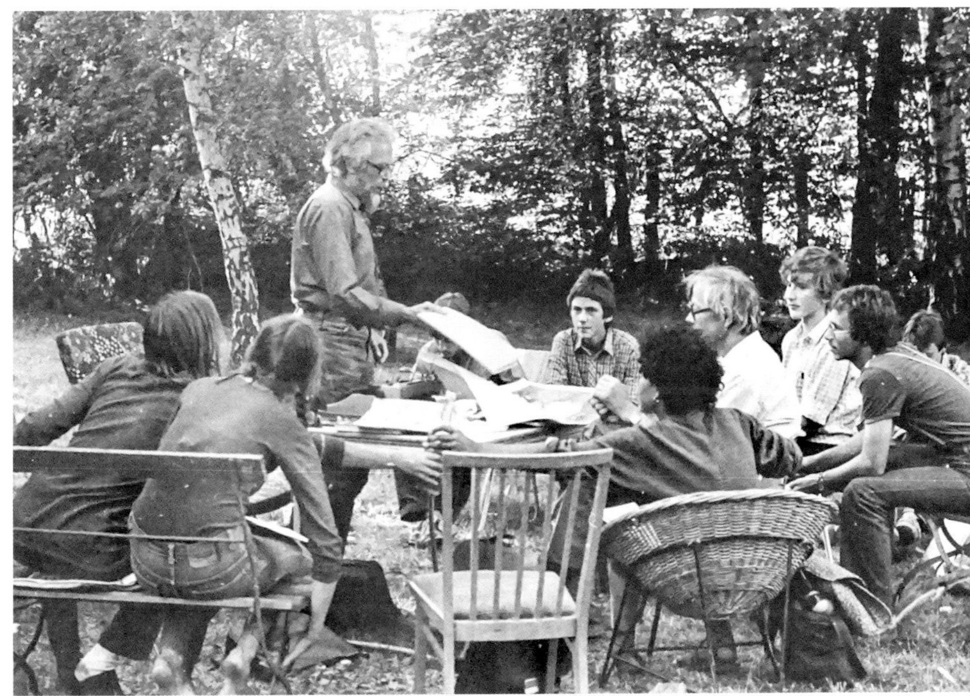

Beim Brodowiner Schriftsteller Reimar Gilsenbach, 1982. Foto: Gilbert Waligora

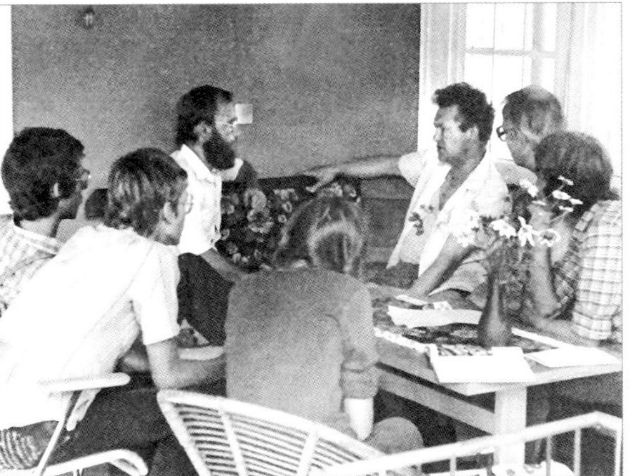

Gespräch beim Oberförster Gaffron über Müll im Wald, 1982. Foto: privat

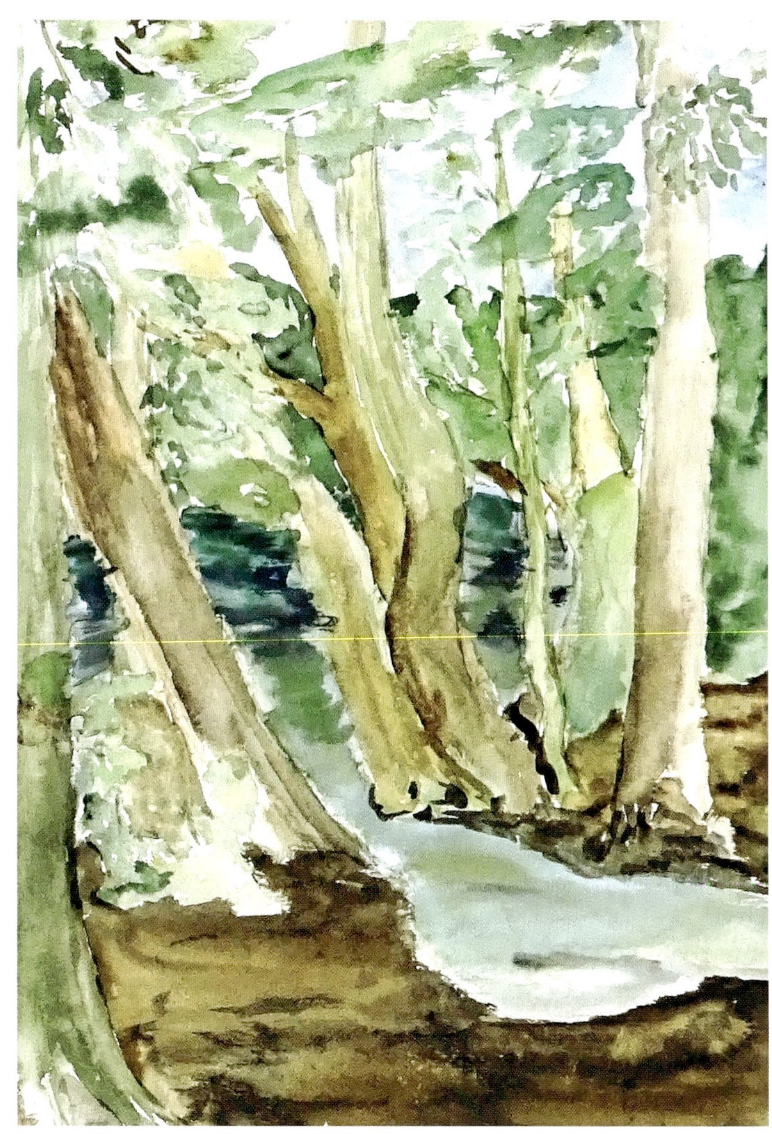

Arno Quade, 14 Jahre. Der Mönchsgraben, Aquarell, 1985

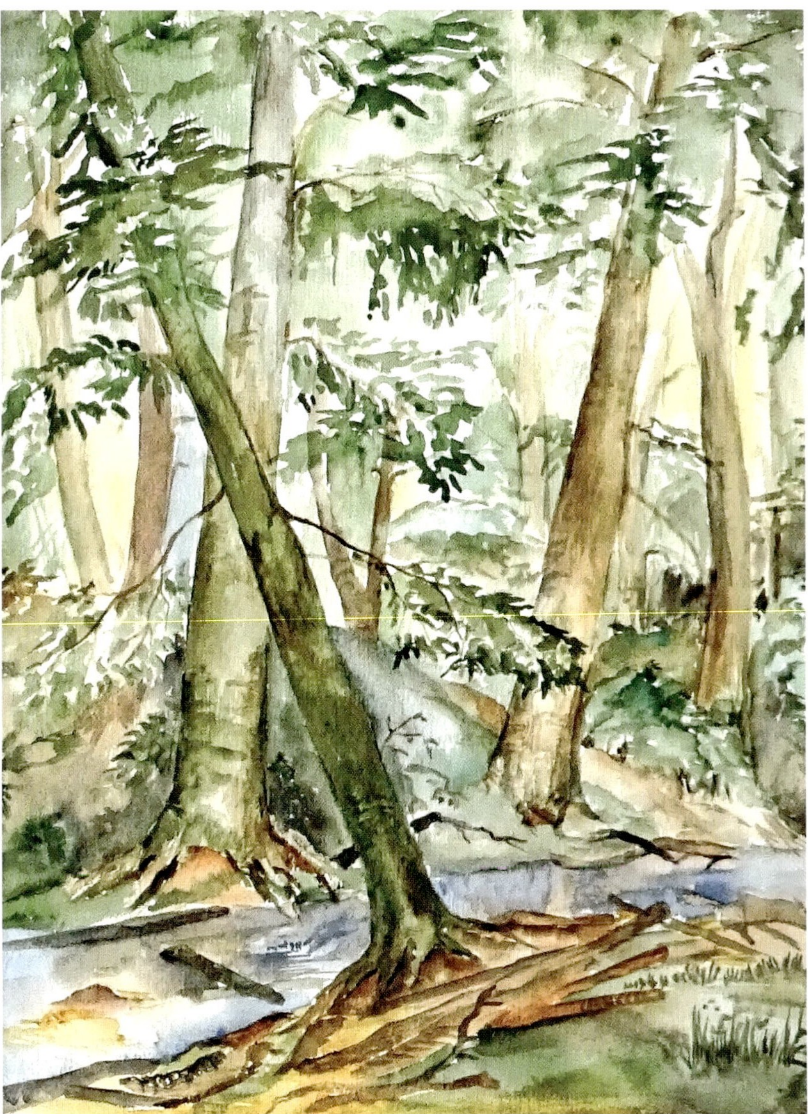

Rita Wetter, 17 Jahre. Der Nettelgraben von den Mönchen, Aquarell, 1985

schutzgebiet fließt. Gilbert Waligora organisierte Treffen mit dem Kreisnaturschutzbeauftragten. Schon jahrelang hatte der vergeblich Einsprüche geschrieben. Dann baute man eine Forellenmastanlage. Dafür wurde sauberes Wasser aus dem Bach gebraucht. Plötzlich war es doch möglich, die Gülle fern zu halten. Merkwürdig!

Auch mit dem Oberförster saßen sie oft. Warum warfen die Leute so viel Müll in die schöne Landschaft, auch an einem Forstlehrpfad?

Er gab zu, nicht dagegen anzukommen, war sehr verlegen. Organisierte aber einen Hänger, als die Gruppe ihm vorschlug, in Arbeitseinsätzen das Übelste einzusammeln.

Besonders ärgerten sich die Jugendlichen aber weiter über den Campingplatz Pehlitzwerder.

Dreihundert Stellplätze wurden einst genehmigt. Dauerzeltler, Wochenendzeltler, Tageszeltler. Bis zu fünfhundert waren es in Wahrheit oft an schönen Wochenenden. Und fast ebenso viele Autos. Reimar Gilsenbach hatte vergeblich vorgeschlagen, den Campingplatz zu verlegen. Gilbert Waligora ermunterte dazu, alles zu dokumentieren.

Der Unmut der Jugendlichen über das respektlose Verhalten der Zeltplatzbewohner wuchs, als sie sich mit den Ruinenresten von Mariensee beschäftigten. Im 13. Jahrhundert teilten sich die beiden Markgrafenbrüder Johann I. und Otto III. die Mark. Otto erhielt das Gebiet um Zauche mit dem Kloster Lehnin. Johann bekam die Uckermark und ließ von den Zisterziensern auf dem Pehlitzwerder

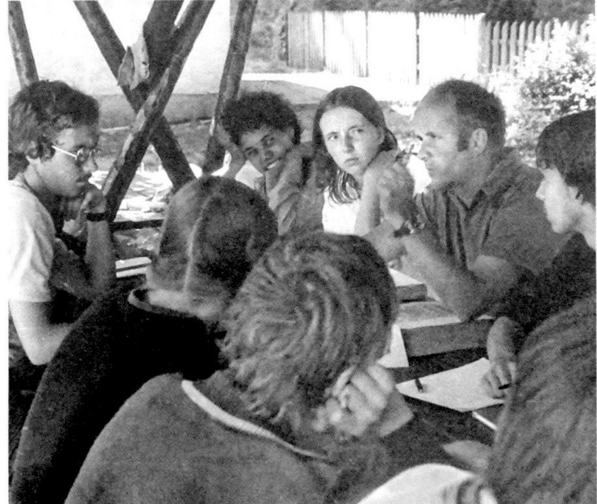

Gespräch mit dem Naturschutzbeauftragten über die Ragöse, 1982

▽ *Arbeitseinsätze zum Müll sammeln, 1982, Fotos: Gilbert Waligora*

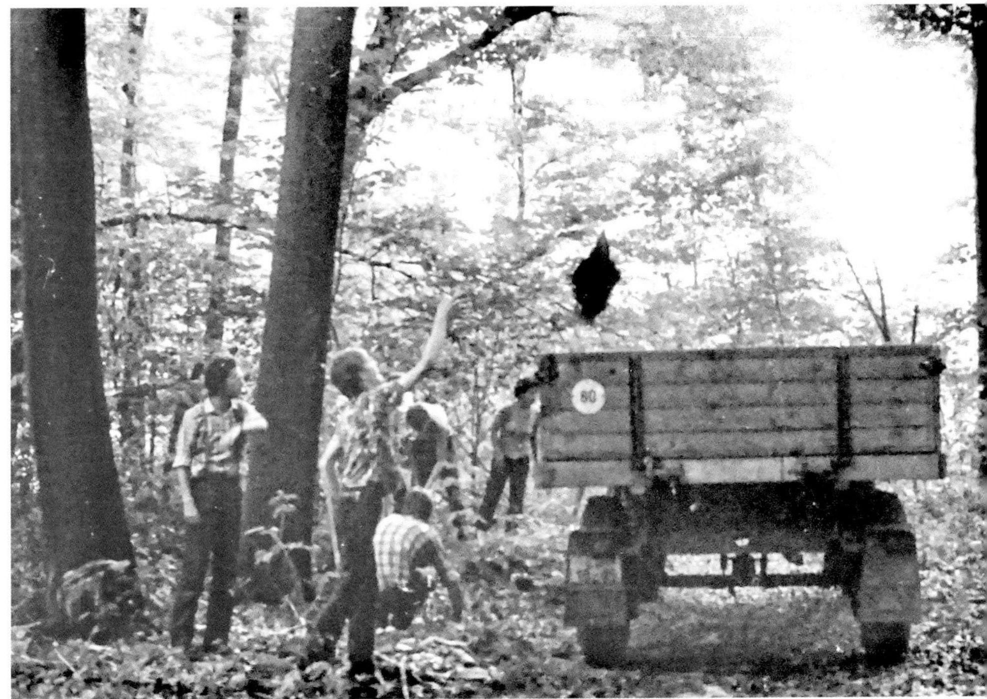

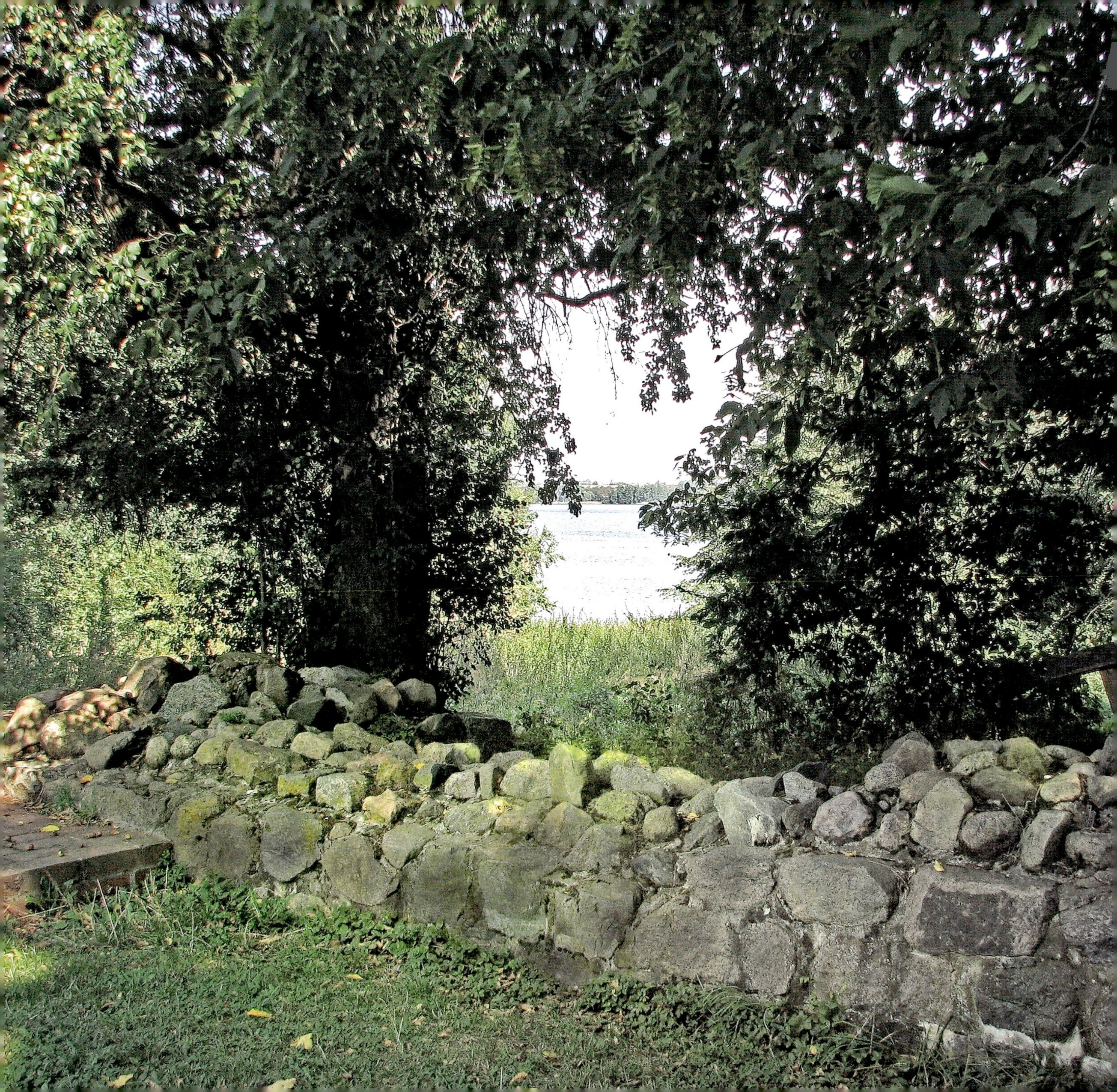

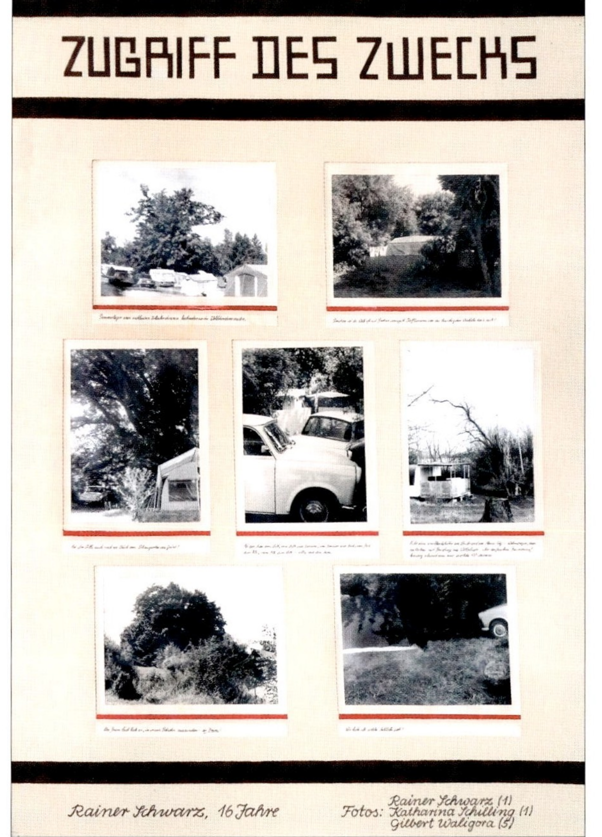

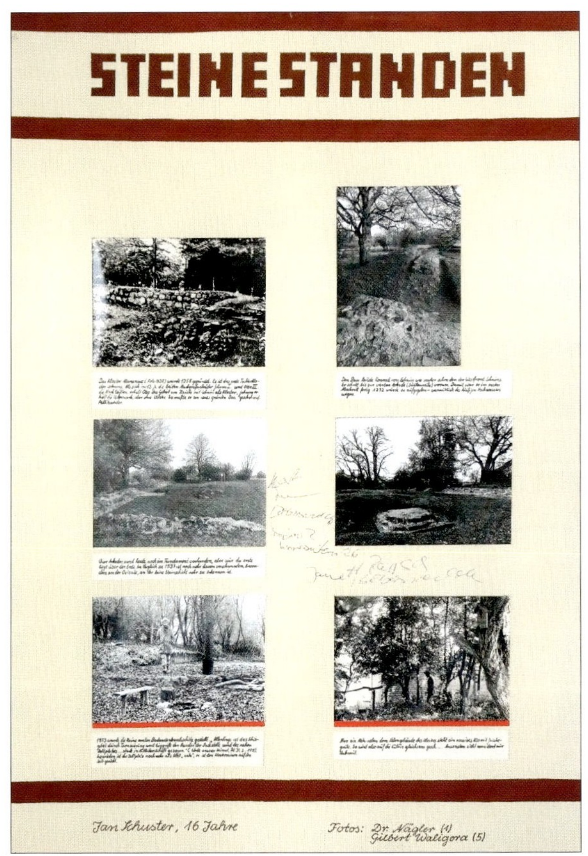

Ausstellungstafeln über den Zeltplatz und die gefährdeten Grundmauern von Mariensee, 1983

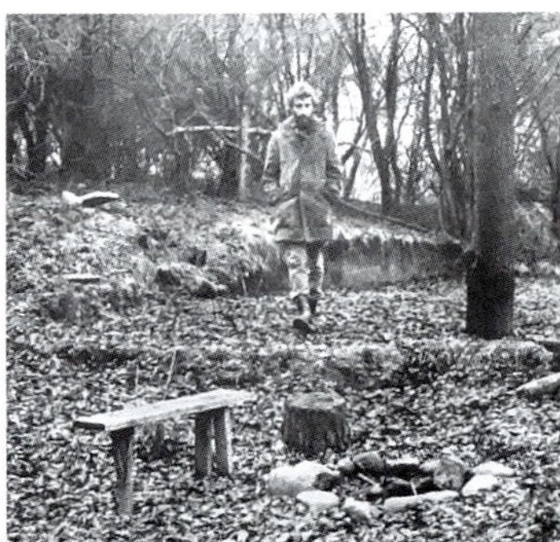

Zirkelmitglied Holger Barthel vor einer Feuerstelle aus Klostersteinen. Foto: Gilbert Waligora

auch ein Kloster bauen. Das erste Tochterkloster von Lehnin. Ein machtpolitischer Schachzug, denn nebenan lag ein slawisches Heiligtum. Bis ins 19. Jahrhundert war der Pehlitzwerder noch eine Insel. Auch beim Klosterbau lag das Wasser des Parsteiner Sees höher. Bis 1266 hatten die Mönche den Chor der Klosterkirche fertig. Doch die Insellage und steigende Wasserstände zwangen sie schließlich zur Aufgabe. Das Kloster entstand dann etwa acht Kilometer entfernt an einem See in Chorin, dem heutigen Amtssee.

Natürlich wurde der Zeltplatz nicht verlegt. Es gibt ihn heute noch. Wenn die Grundmauern der Klosterruine Mariensee als Bodendenkmal geschützt sind, so fragten sich die Jugendlichen, warum klauen die Zeltler respektlos Steine und bauen sich daraus ihre Feuerstellen? Oder warum lassen sie heimlich die Naturschutzschilder von

◁ Grundmauernreste vom Kloster Mariensee auf dem Pehlitzwerder, Foto: Ralf Roletscheck, 2009

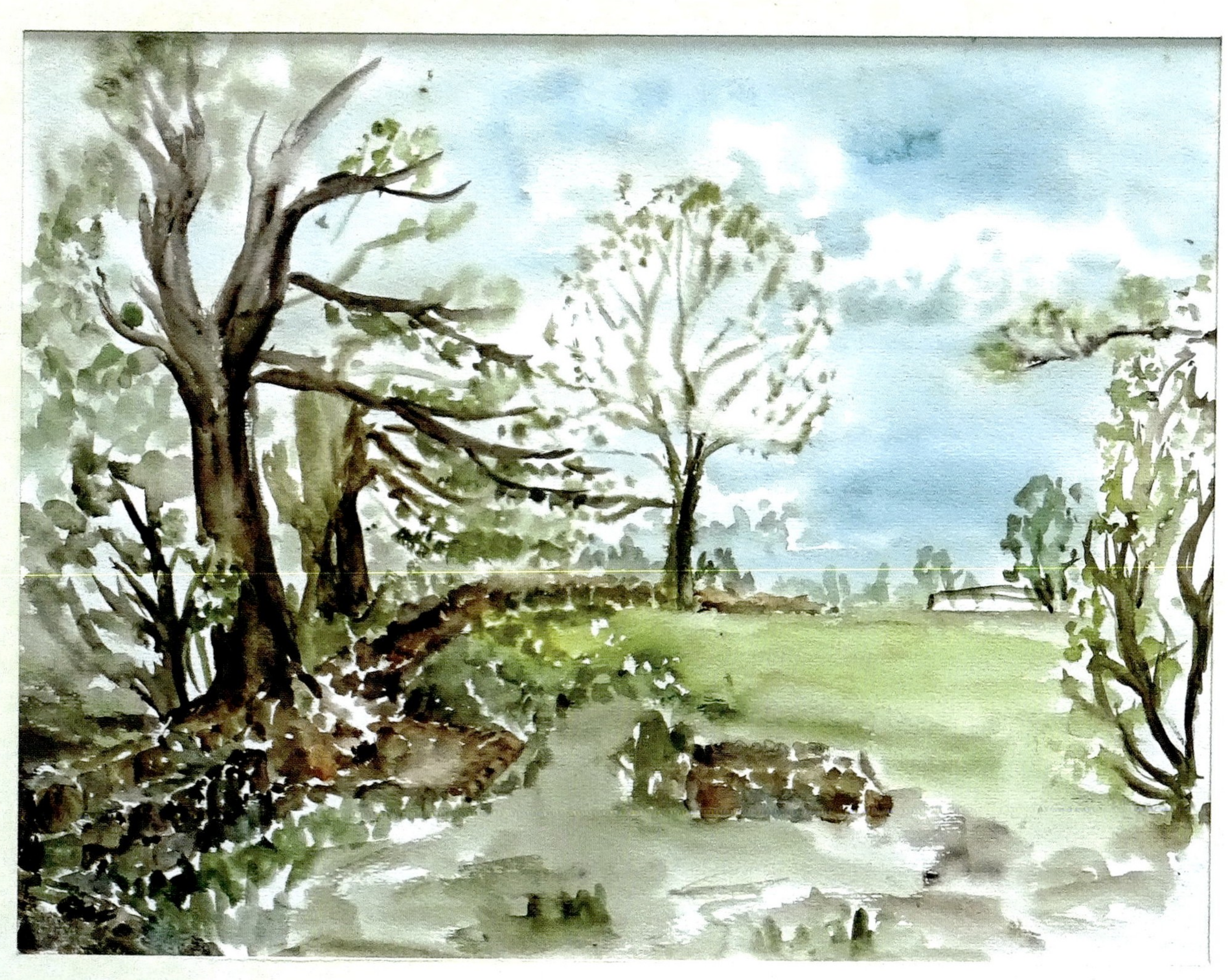

Jan Schuster, 15 Jahre – "Mariensee auf Pehlitzwerder" – Aquarell

wertvollen Bäumen verschwinden und werden wütend, wenn all dies jemand anspricht oder gar fotografiert?

Bis zum Herbst 1982 hatte Waligoras Gruppe viel gesammelt, gemalt und dokumentiert. Daraus wuchs im Berliner Pionierhaus 1983 eine erste Ausstellung: „Jugend forscht und gestaltet auf Fontanes Spuren I" Aus ihrer vielseitigen Arbeit entstanden 30 Tafeln mit Fotos, Aquarellen, Sachzeichnungen, Gedichten, Karten und kritischen Texten. Freunde, Eltern, Beteiligte aus Chorin und Funktionäre wurden eingeladen.

Die Pionierhausleitung erschrak über die Gründlichkeit. Kurz vor der Eröffnung überklebte eine Mitarbeiterin noch Textstellen, entfernte alles wieder, als „die vom Ministerium" für Volksbildung weg waren. Am Ende kam selbst von da Lob. Die Ausstellung galt nun als Vorbild für komplexe pädagogische wie künstlerische Arbeit und wanderte in einer extra gebauten Kiste durch viele Städte der DDR. Ständig ergänzt von den Jugendlichen.

Mit dem Auto vor's Zelt, vom Zelt zum Konsum, vom Konsum zum Bad, zum Klo. Vom Klo zum Zelt. Alles mit dem Auto.

Rainer Schwarz

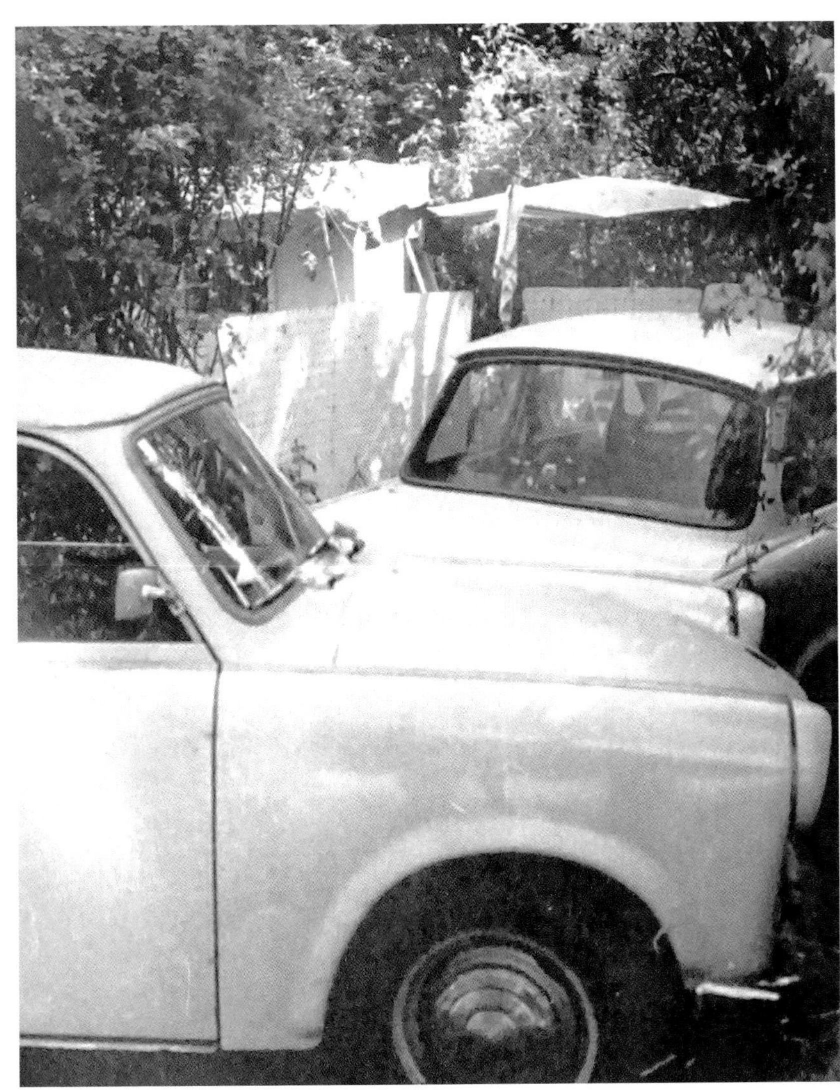

Rainer Schwarz, 16 Jahre. Zugriff des Zwecks, Viele Trabbis auf dem Zeltplatz, 1982

◁ *Jan Schuster, die Ruinen von Mariensee auf Peelitzwerder, 1983*

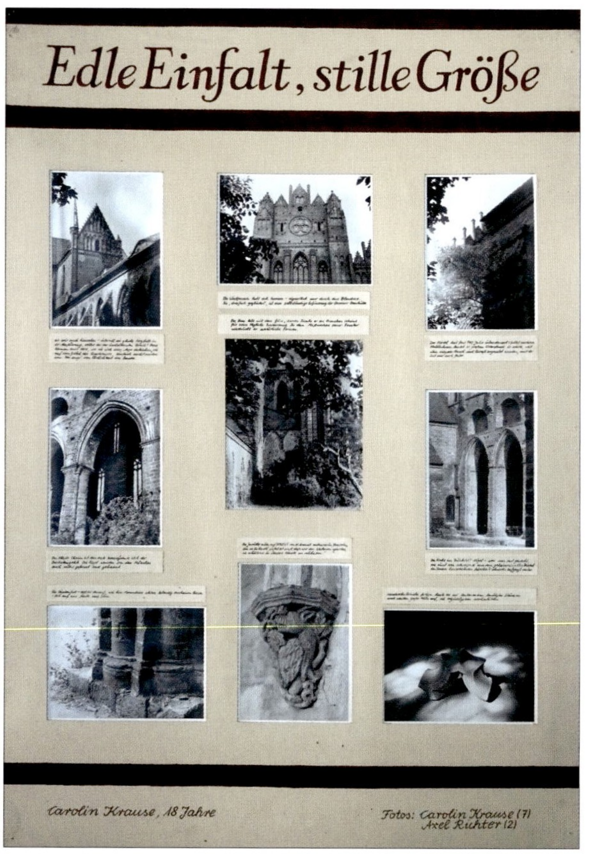

Caroline Krause, 18 Jahre. Ausstellungstafel Fontane I, zum Kloster, 1983

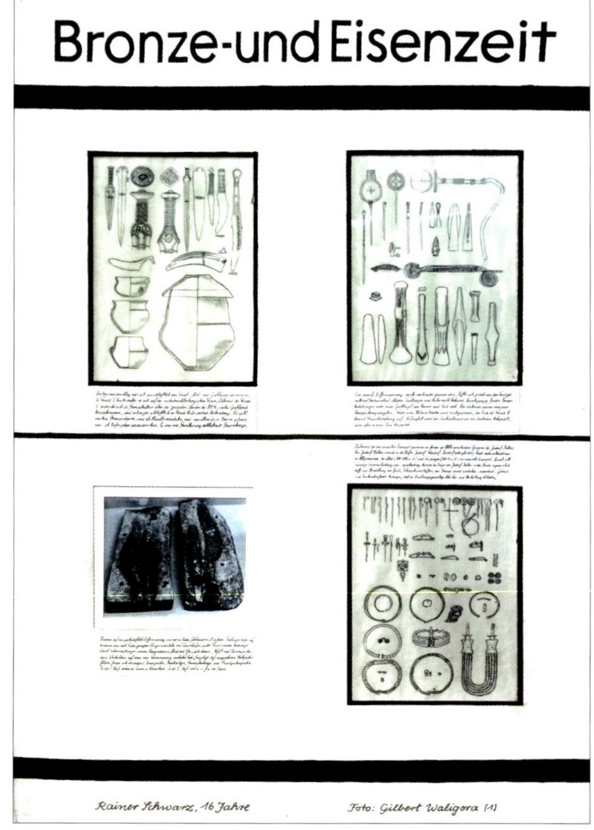

Rainer Schwarz, Ausstellungstafel Fontane I, zu Bronze- und Eisenzeit, 1983

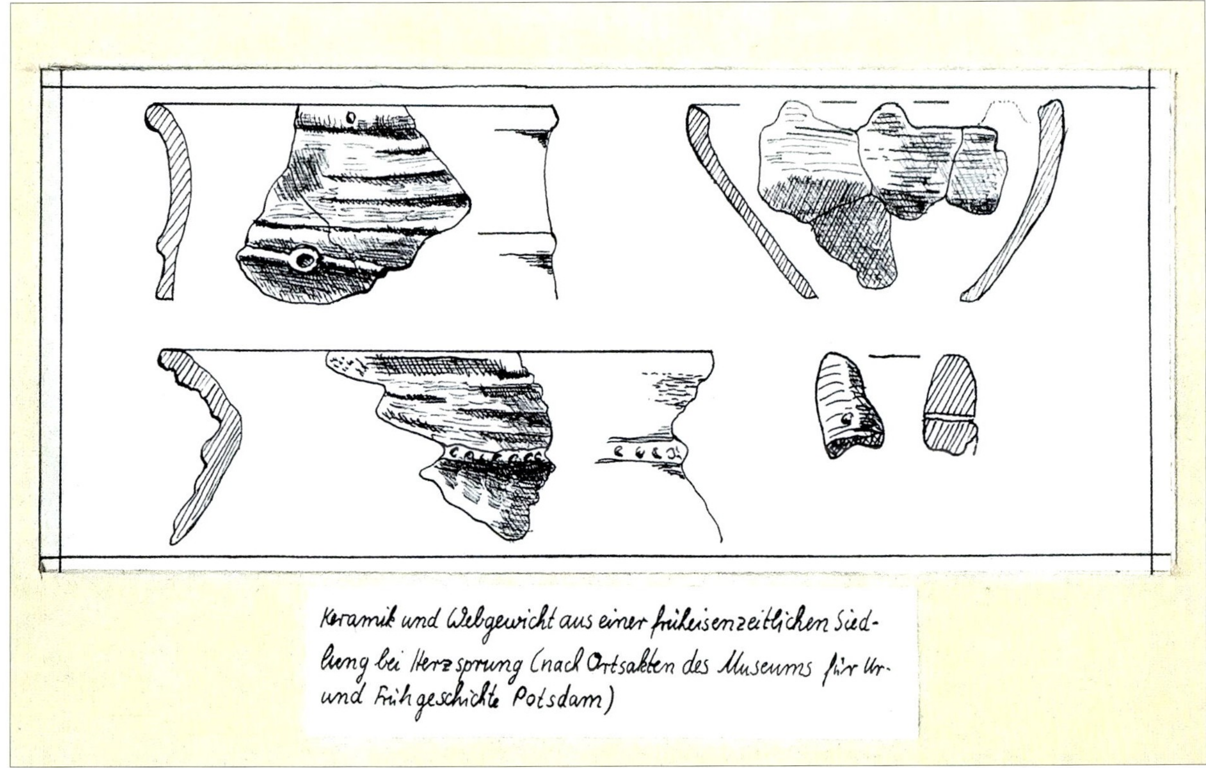

Jan Schuster, 16 Jahre. Vorstudie aus dem Museum für Ur- und Frühgeschichte Potsdam, 1983

In unserem Vorbereitungsjahr hatte mir Dr. Leube vom Zentralinstitut für alte Geschichte und Archäologie erlaubt, an einer Ausgrabung in Herzberg teilnehmen zu dürfen. Schon beim Abziehen der Staub- und Deckschichten stießen wir auf einige kleine Scherben. Am Fundament eines Hauses fand man Silbernadeln, Bronzefibeln und große Scherben. Ausgerechnet Steffen Faust, ein ehemaliges Mitglied unserer Gruppe, skizzierte dann als wissenschaftlicher Grafiker der Akademie alle Funde. Welch' schöner Zufall.

Jan Schuster

Ausflug auf die geheimnisvolle Insel, Oktober 1982. Fotos: Elke Waligora

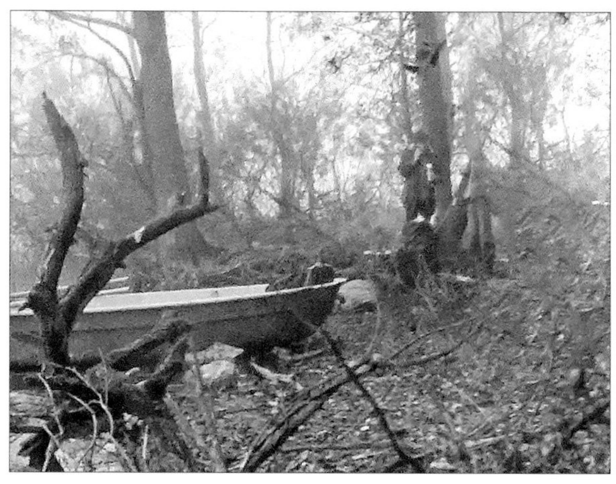

Scherbenfundstelle am See

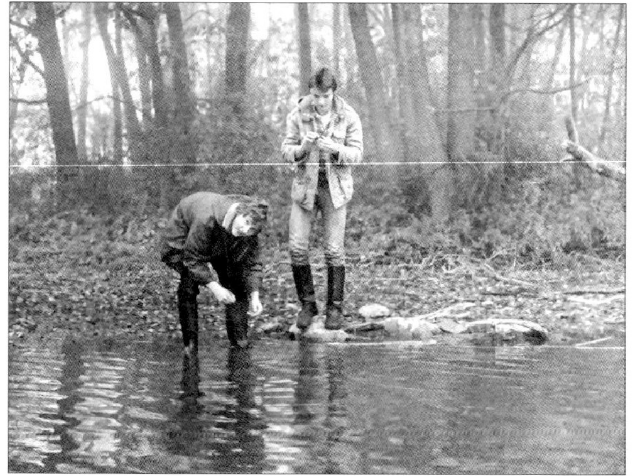

Gilbert Waligora ließ uns vieles allein untersuchen.

Als wir an diesem 22. Oktober 1982 mit dem Boot hinaus fuhren, lag dichter Morgennebel über dem Parsteiner See. Graugänse schwammen in Scharen umher.

Je näher wir der geheimnisvollen, kleinen Insel kamen, desto beklommener wurden wir aber auch neugieriger. Waren wir wirklich ganz allein?

Von Zeit zu Zeit strich ein Bussard über unsere Köpfe. Am Ufer lagen Scherben, vielleicht aus der Slawenzeit. Sichtbar geworden sind sie erst dank der Mönche, die den Nettelgraben anlegten. Er ließ den Spiegel des Sees beträchtlich sinken.

Diese Stätte ist von vielen Geheimnissen umgeben. Hier feierte man heilige Kulte, hier saß der Slawenfürst auf einem besonderen Stein. Den hat man vor Jahren auf das Gut Pehlitz geschleppt, als Auffangbecken für eine Pumpe.

Mit dem Nebel wich das ungute Gefühl des Verlorenseins. Unsere Umgebung belebte sich mit neuen Besuchern. Vor allem ein kleiner Frosch hatte es uns angetan.

Jan Schuster und Rainer Schwarz, 16 Jahre

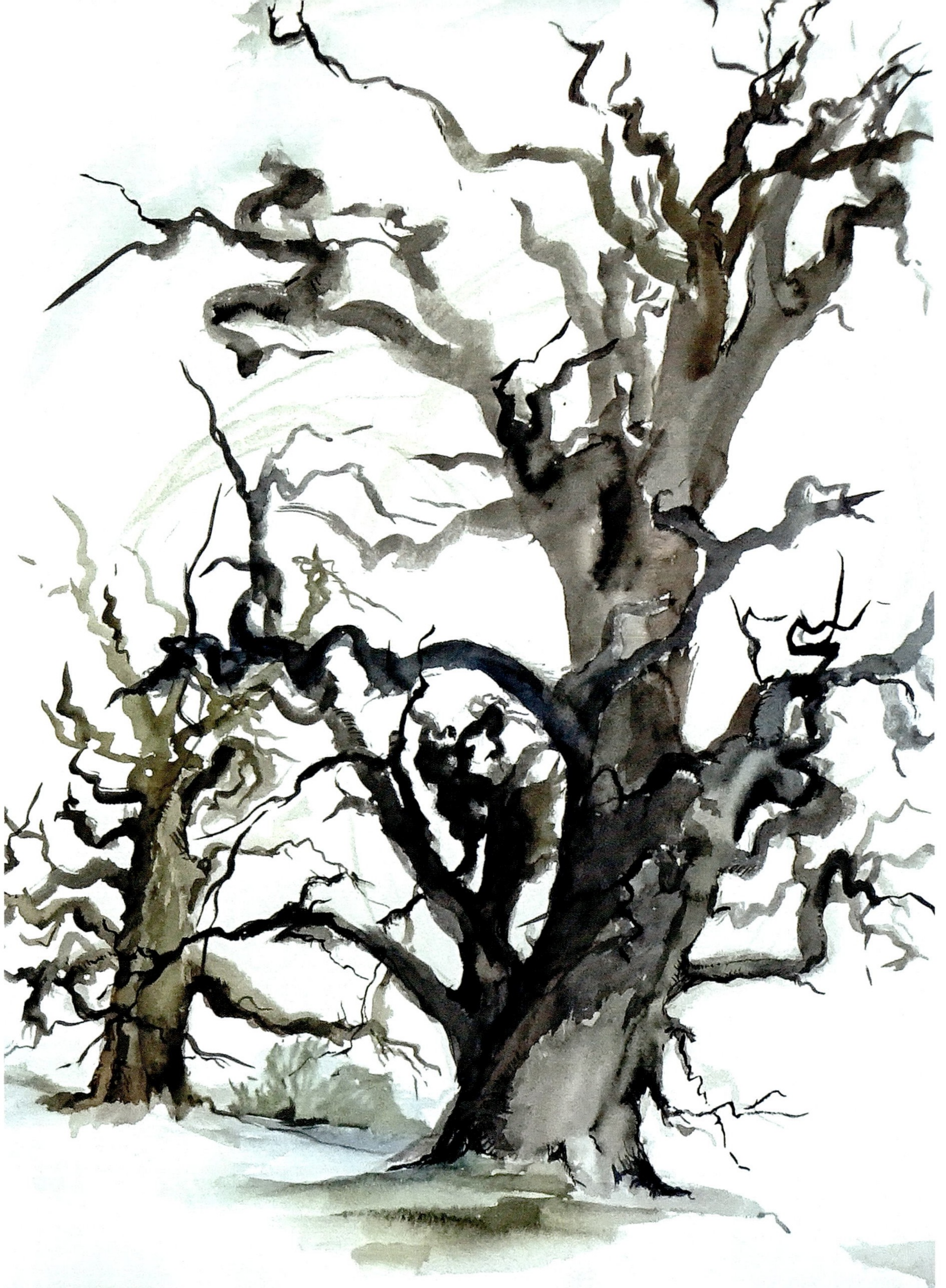

*Marian Romanus,
15 Jahre.
Zwei Bäume vom
Pehlitzwerder-Wall,
Aquarell, 1983*

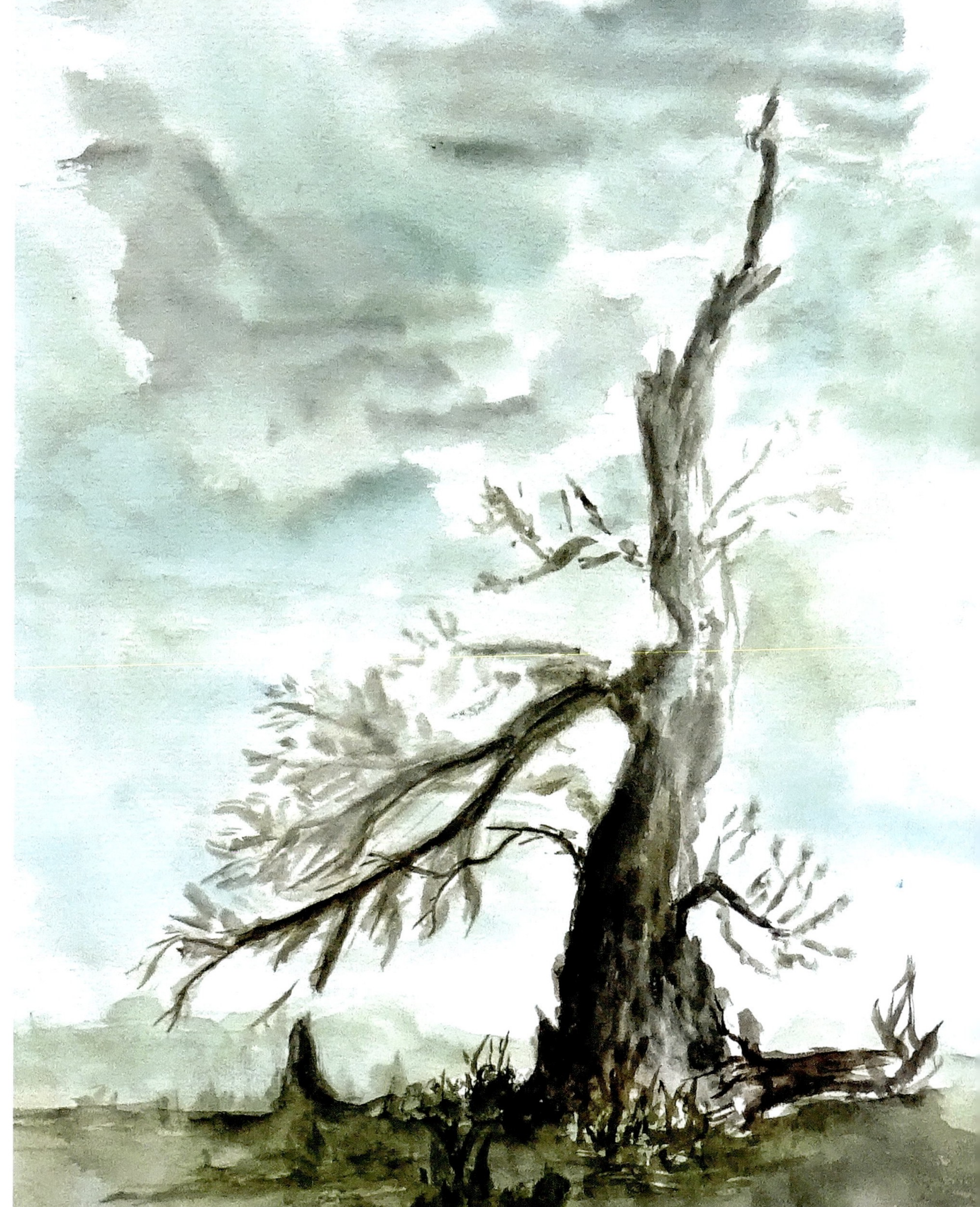

*Jan Schuster, 15 Jahre.
Das Wahrzeichen
des Pehlitzwerder,
Aquarell, 1983*

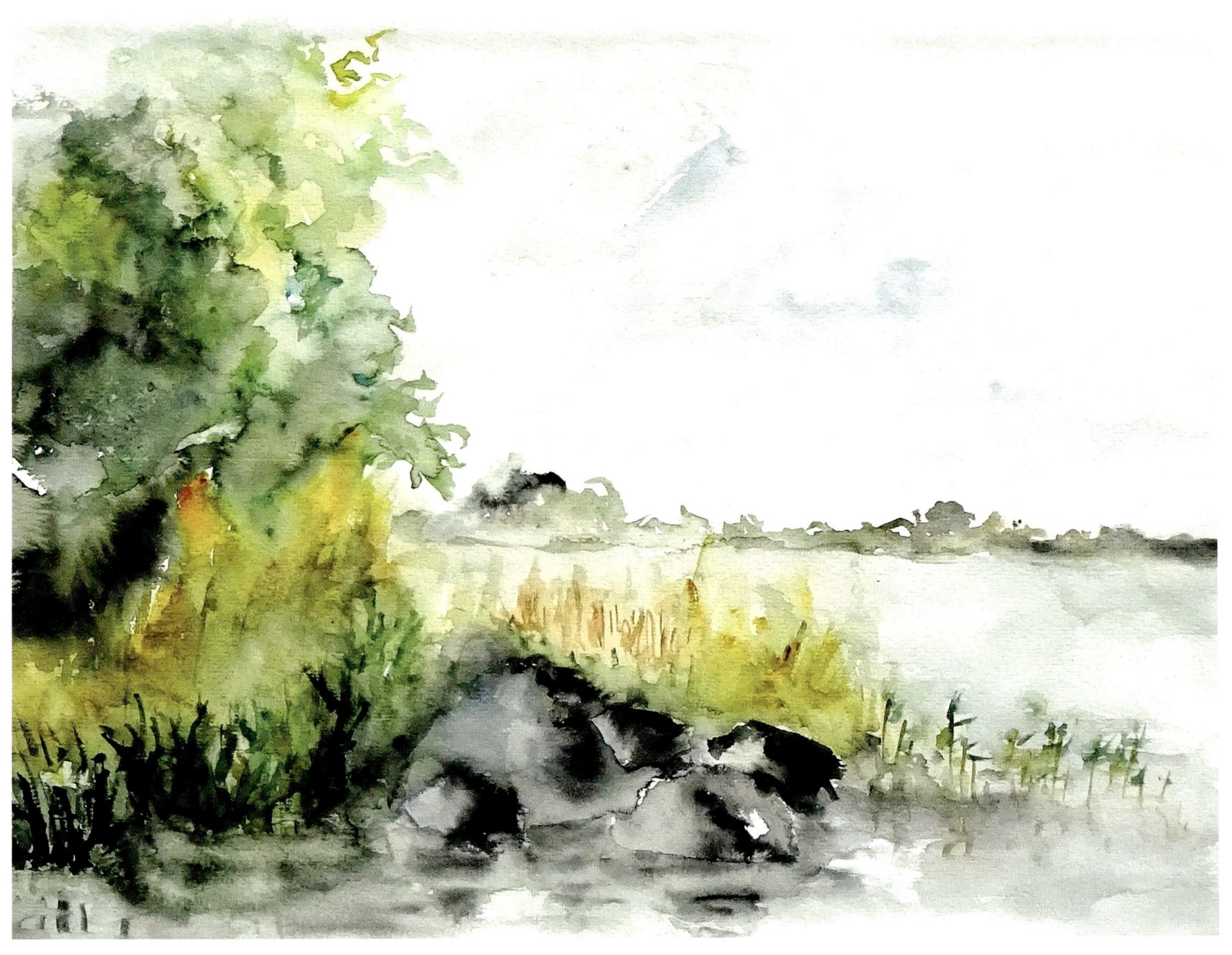

Axel Richter, 18 Jahre. Erratische Blöcke am Ostufer des Pehlitzwerder, Aquarell, 1982

Dominique Krössin, 15 Jahre. Alte Eiche auf dem Pehlitzwerder, Aquarell, 1982

▷ Gregor Chmielesky, 16 Jahre. Alte Linde auf dem Pehlitzwerder, Aquarell, 1982

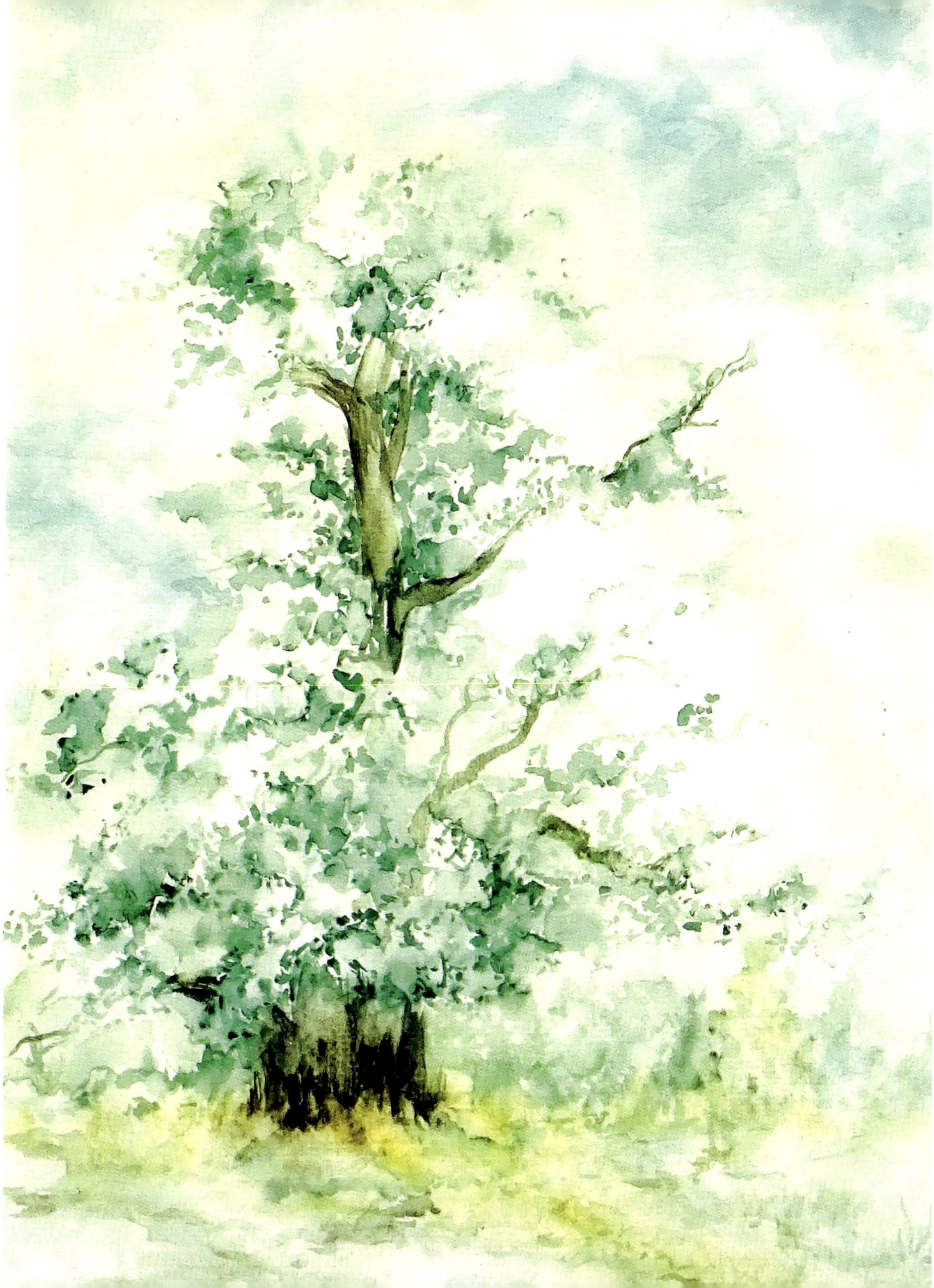

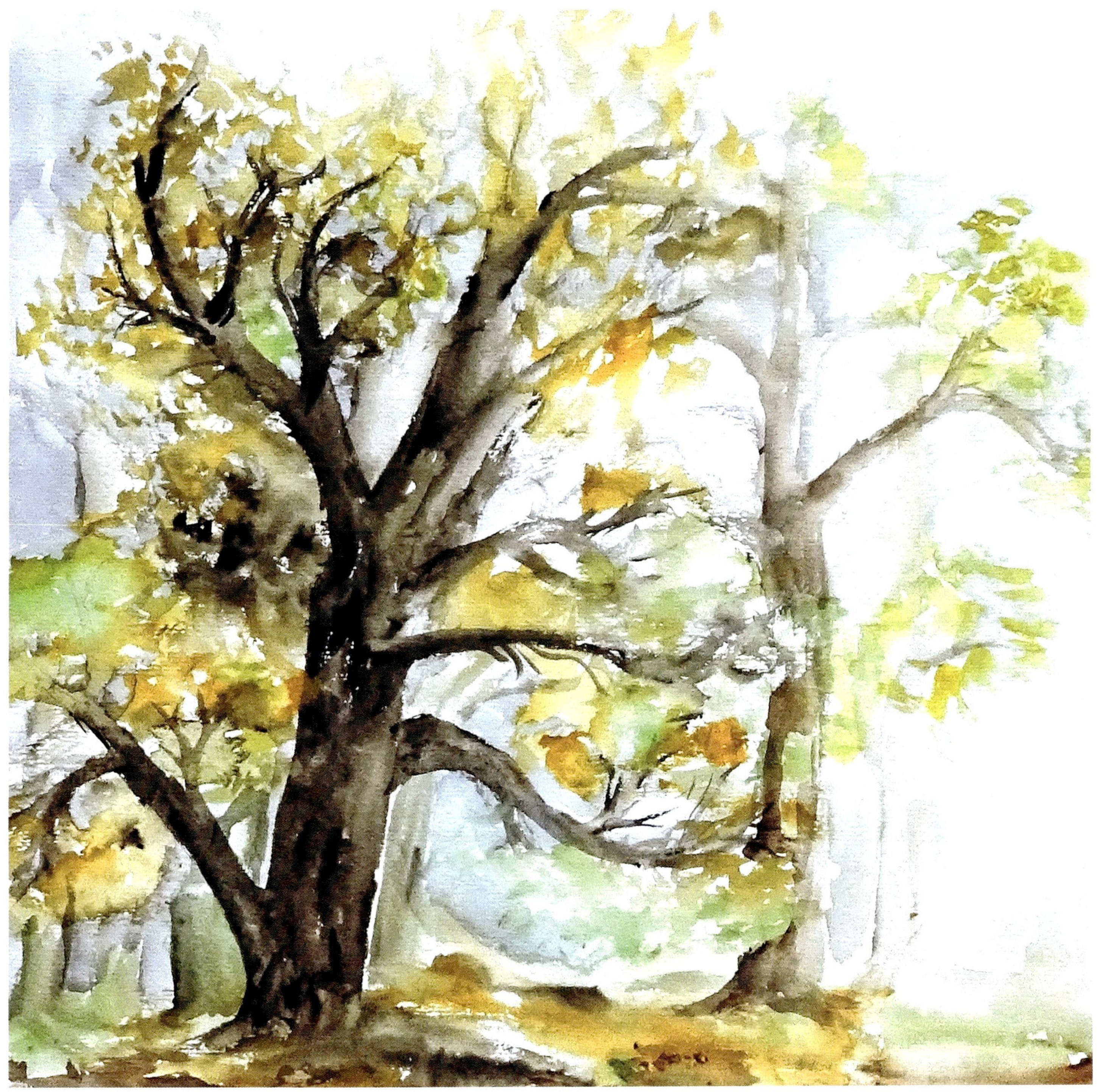

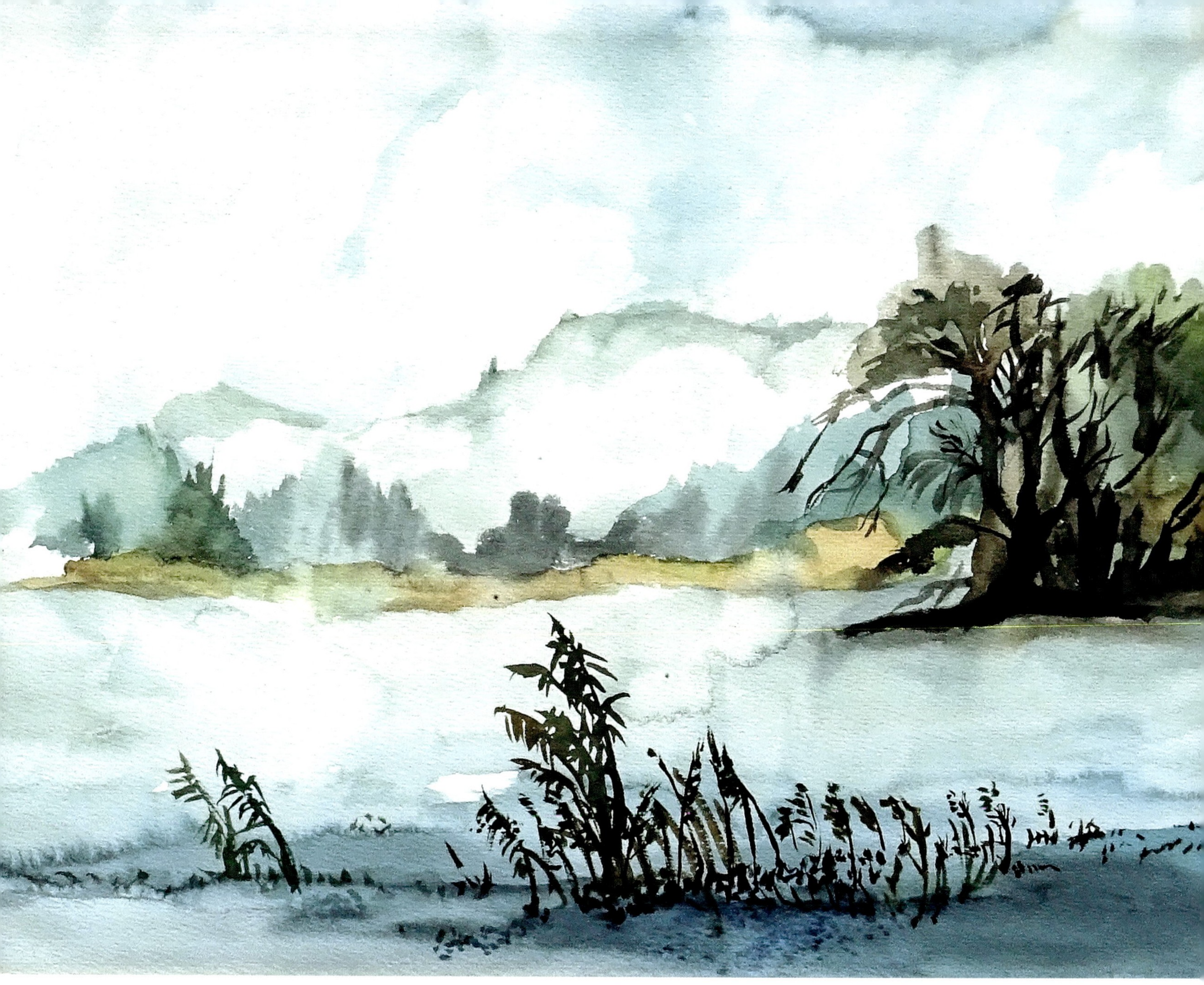

Andreas Führer,
Blick an der Ziegeninsel vorbei, Aquarell, 1983

UNSERE WINTERARBEITEN

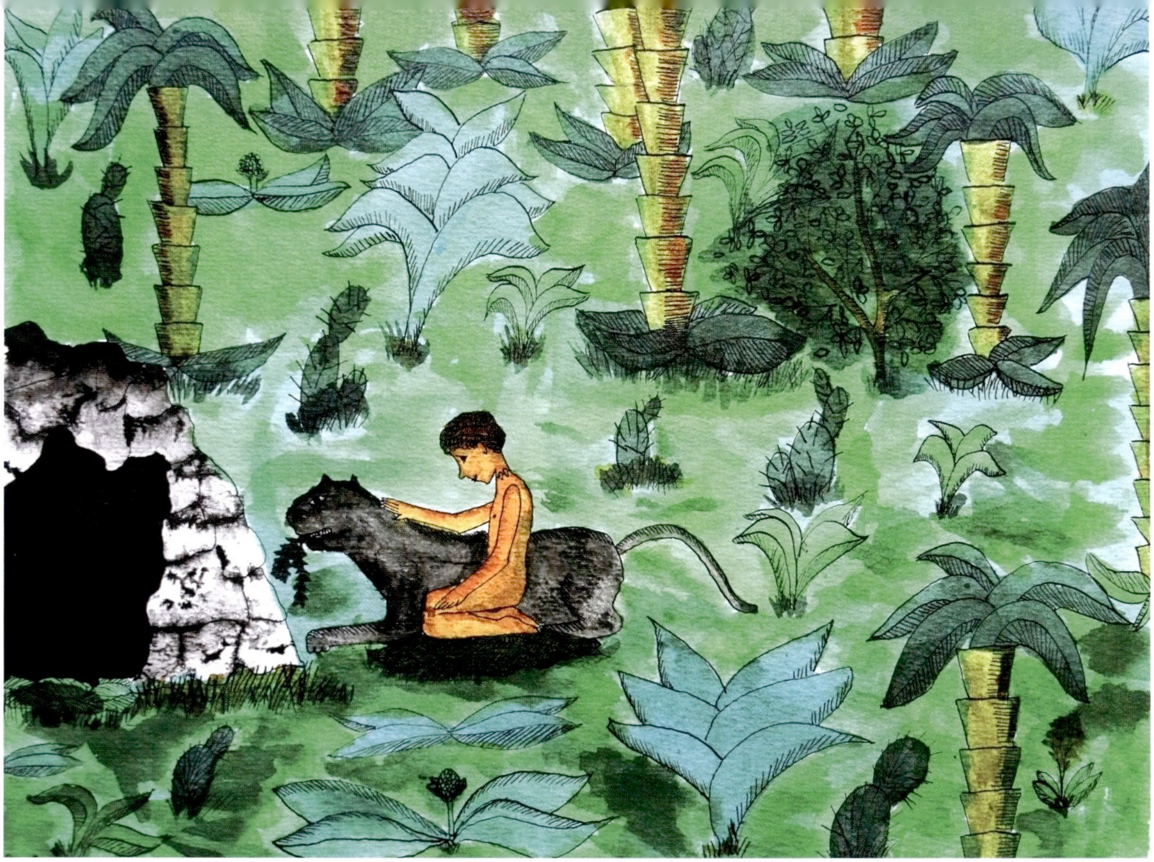

Üsme Basasuren, 11 Jahre. Mowgli streichelt den Panther, Aquarell, 1981

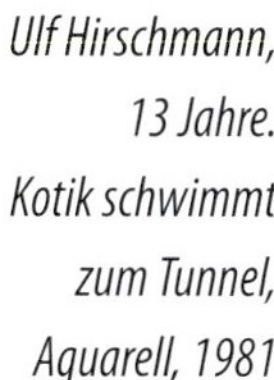

Ulf Hirschmann, 13 Jahre. Kotik schwimmt zum Tunnel, Aquarell, 1981

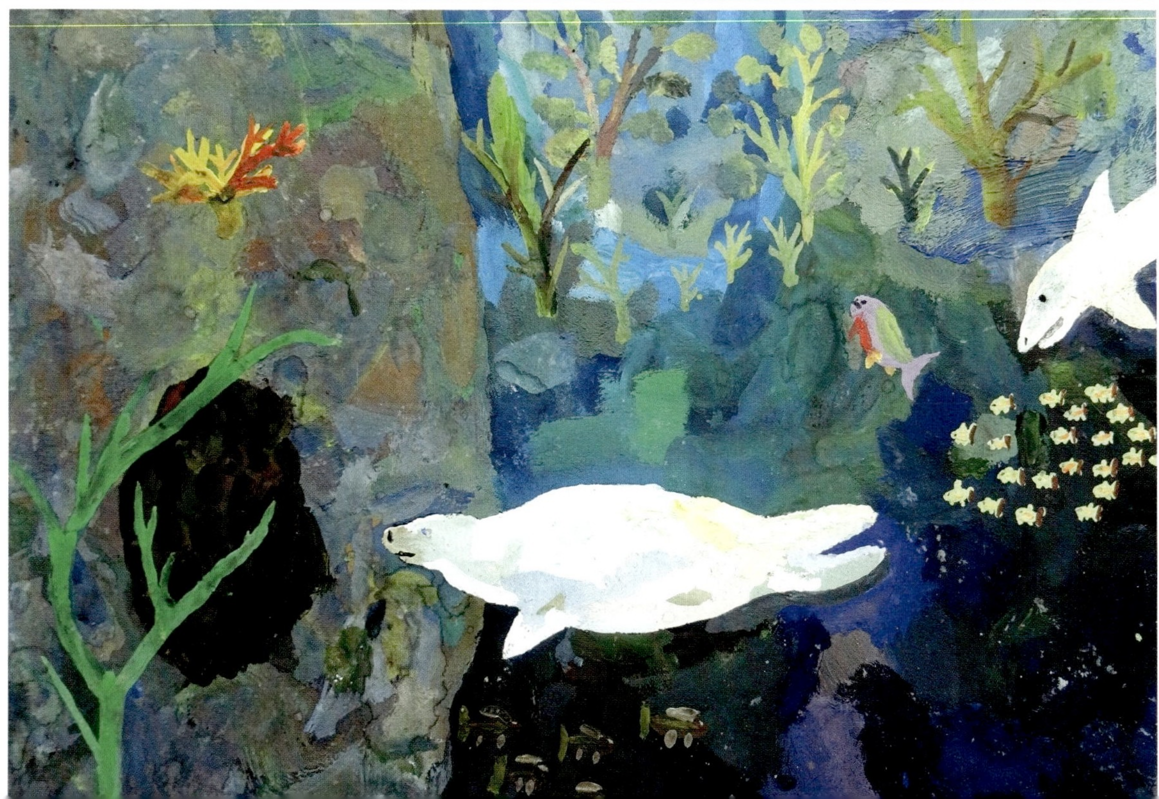

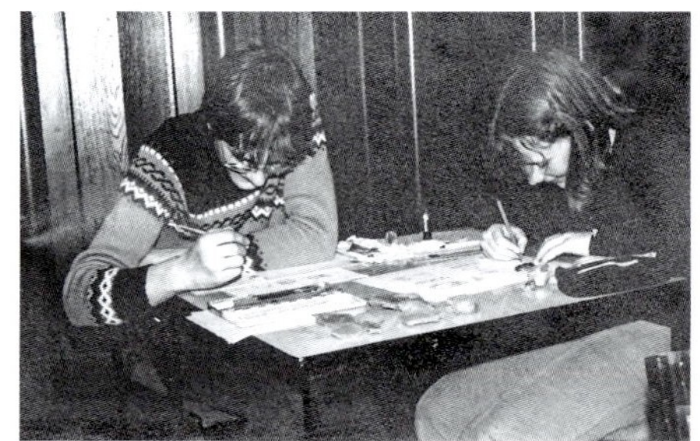
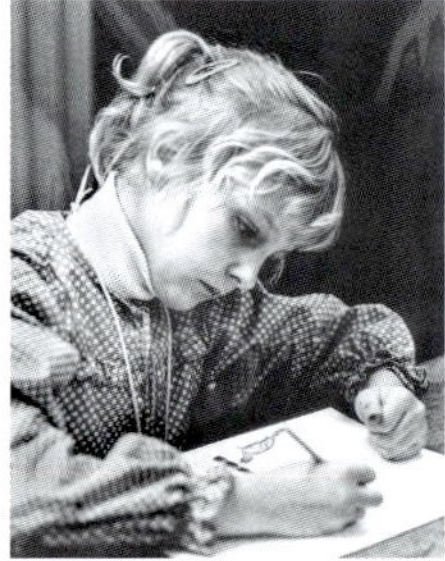
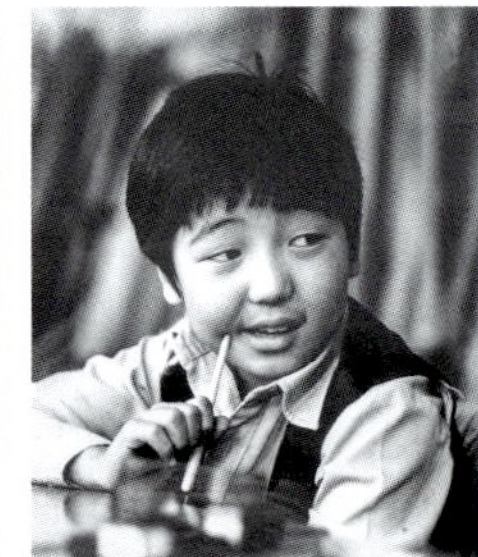
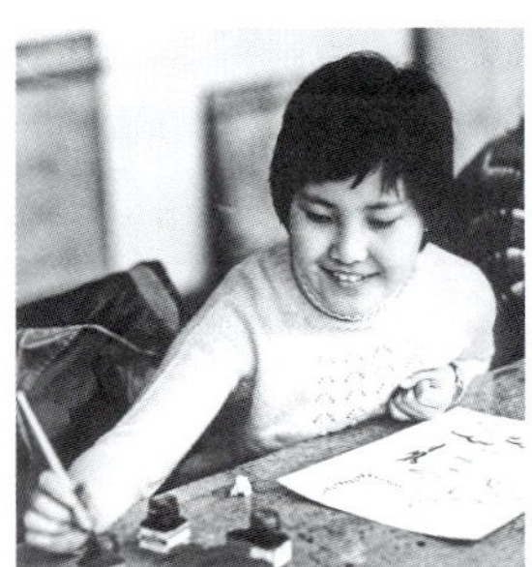
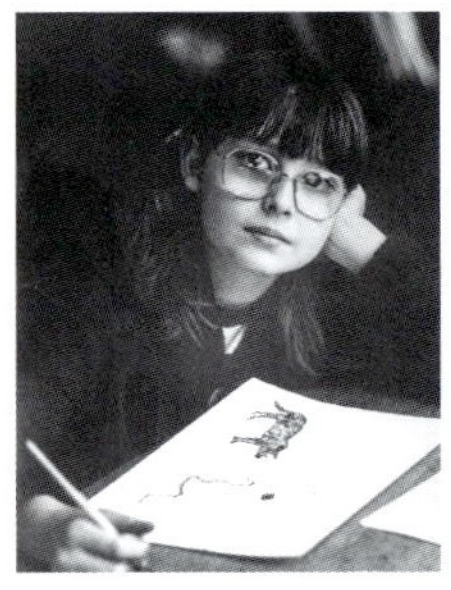

Kinder aus der AG 1, 1983, Fotos: Manfred Uhlenhut

DAS DSCHUNGELBUCH

Wer zweimal pro Woche ins Pionierhaus kam, konnte sich in mehreren Zirkeln an wichtigen Arbeiten beteiligen. Die Mitglieder der älteren Jugendgruppe gestalteten ihre Wochenend- und Ferienstudien aus der Landschaft um Chorin weiter. Mit den jüngeren Kindern in seinen Anfängerzirkeln entwickelte Gilbert Waligora parallel immer neue anspruchsvolle Aufgaben.

Diese tolle Arbeit entstand zwischen 1981 und 1982 als selbsterdachtes Winterthema. Zwei große Mappen mit über einhundert faszinierend schönen Bildern. Etwa zwanzig Kinder zwischen 9 und 14 Jahren, die jüngsten Zirkelmitglieder, illustrierten das beliebte Jugendbuch des Briten Rudyard Kipling von 1894. Die spannenden Bewährungsproben des Findelkindes Mowgli beim Leben in der Natur waren eine schöne Ergänzung zum Studium von Naturmaterialien und Landschaften.

Viele Techniken wurden eingesetzt: Linolschnitt in schwarz/weiß und farbig, bunte Kugelschreiberzeichnungen, der klassische Bleistift und Tempera- und Aquarellmalerei.

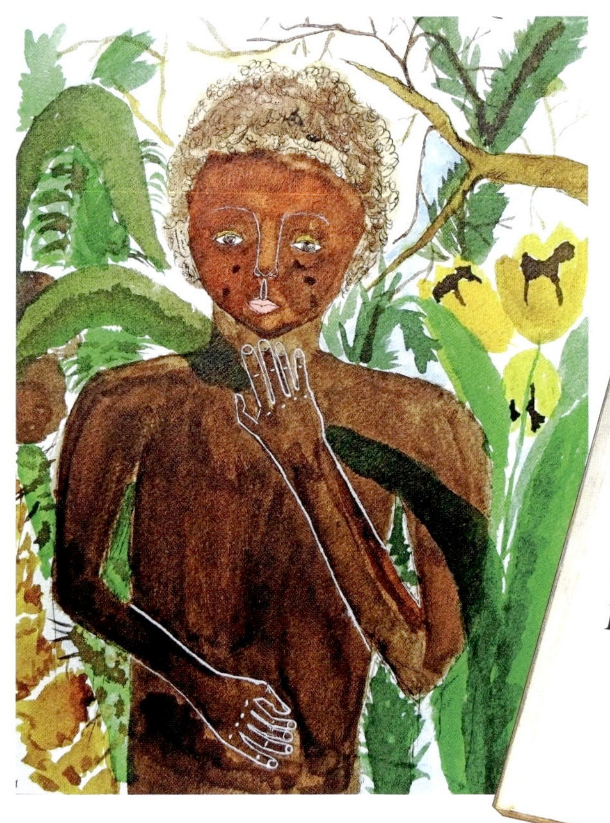

Nicole Thiem, 13 Jahre. Mowgli, Aquarell, 1981

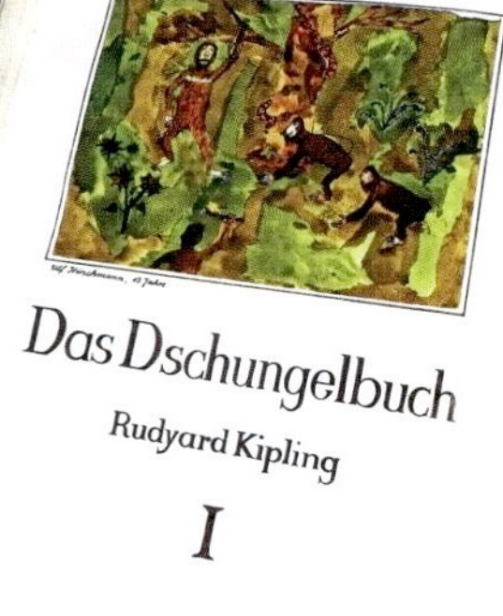

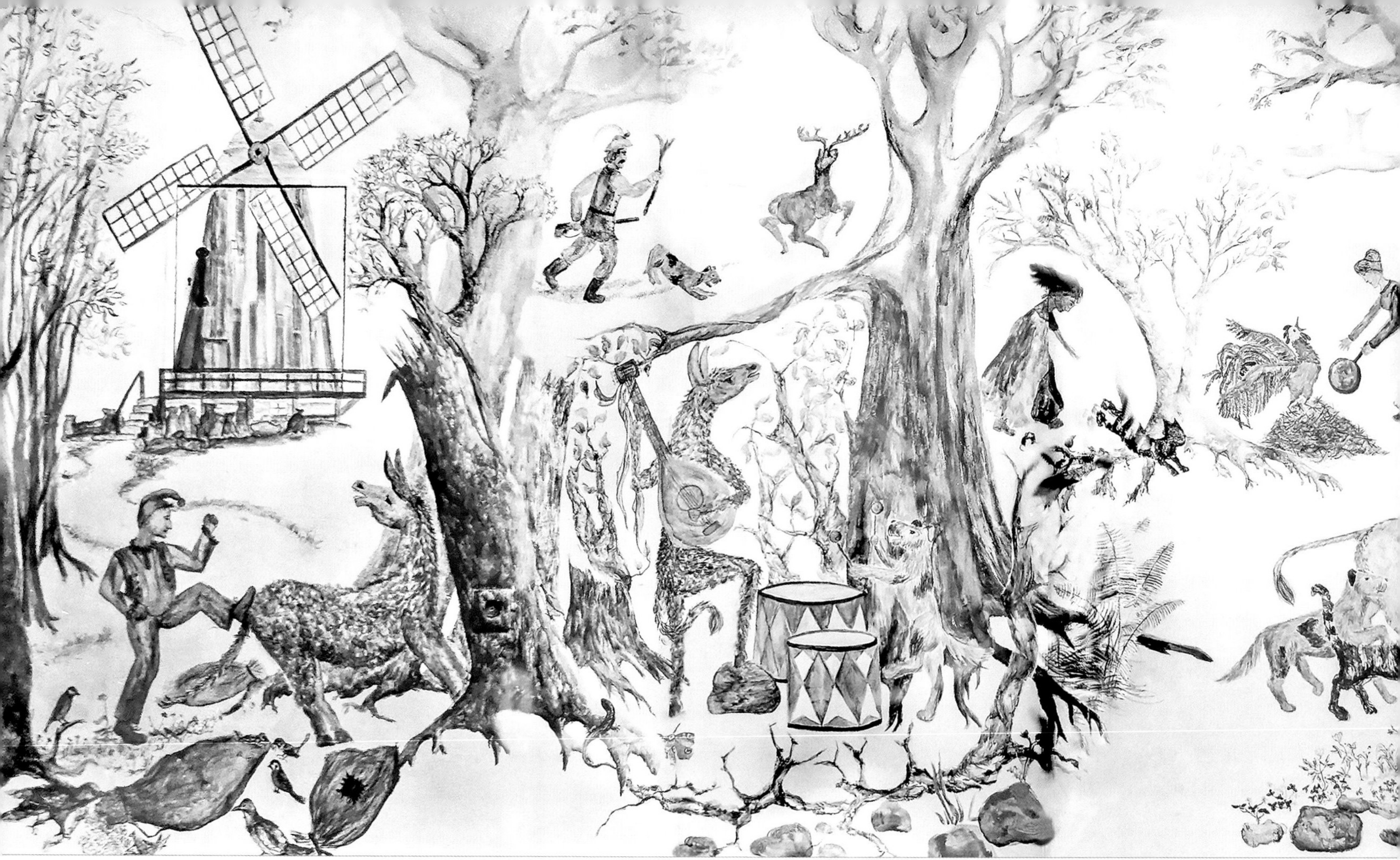

WANDBILD IM KINDERGARTEN

Im Winter machten wir gern Gemeinschaftsarbeiten. Die Leitung des Pionierhauses bestand darauf, dass wir Jahr für Jahr „gesellschaftliche Aufträge" ausführten. Ich erkundigte mich, ob wir uns die auch selbst suchen können. Das fand man gut. Wir schlugen dann vor, bei den Eltern und Großeltern nachzufragen. So kamen Aufräumaktionen, Ausflüge, Altstoffsammlungen, Gespräche und auch dieses Wandbild in einem Kindergarten zustande. Die Mutter eines Zirkelmitglieds arbeitete dort und hatte die Idee.

Jedes Kind malte "seine" Figuren und Märchendetails. Das sechs Meter lange farbige Bild war viele Jahre ein Markenzeichen des Kindergartens.

Gilbert Waligora

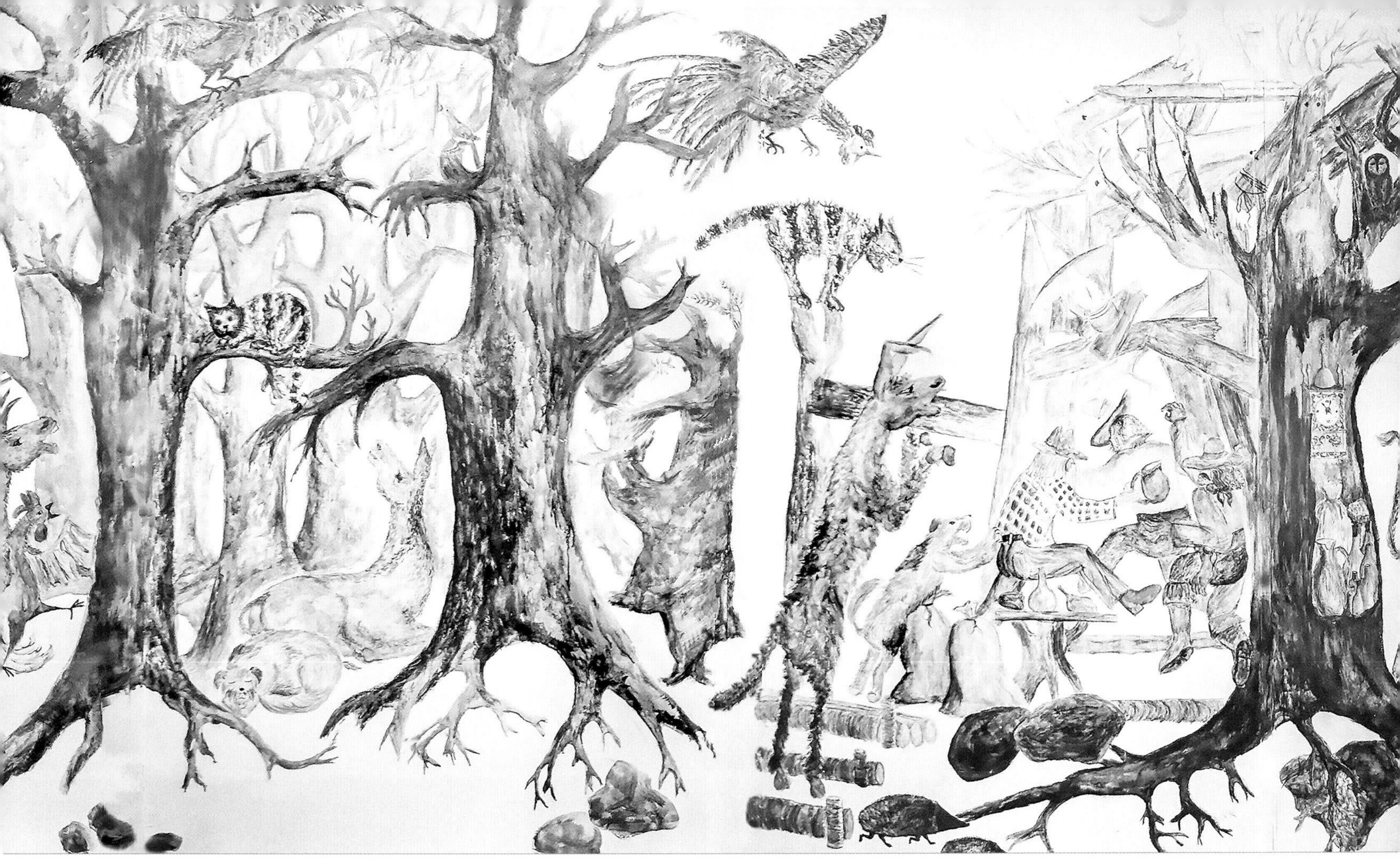

Die Bremer Stadtmusikanten, Wandbild im Kindergarten Gounodstraße Berlin, im Original farbig, ca. 1,80 m x 6,00 m, 1980

STUDIEN VON MITGEBRACHTEN MATERIALIEN

Grit Gebauer, 15 Jahre. Muscheln, Aquarellskizze, um 1988 (links) und Muscheln, Bleistift, 1988

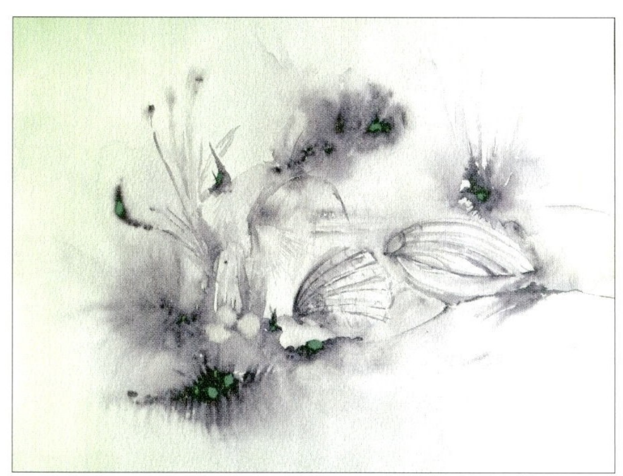

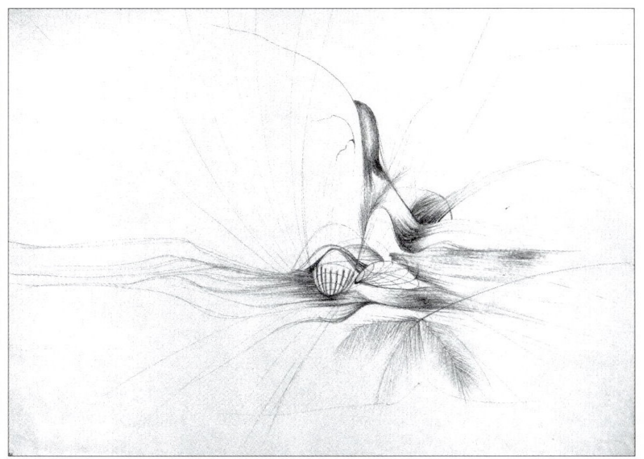

Jeanetta Grohmann, 15 Jahre. Laubstudie, Bleistift, 1982 (links) und Laubstudie, Aquarell, um 1982

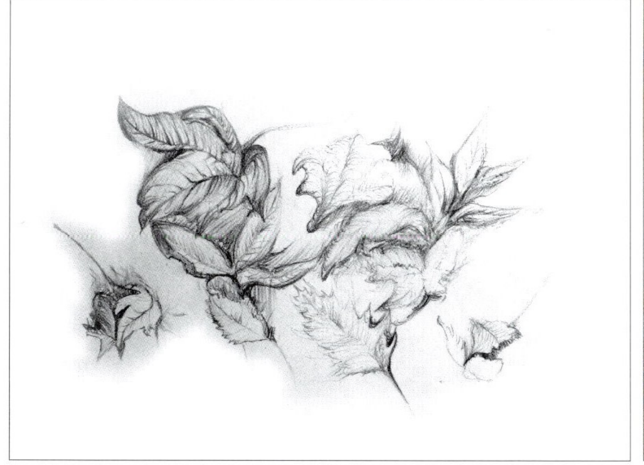

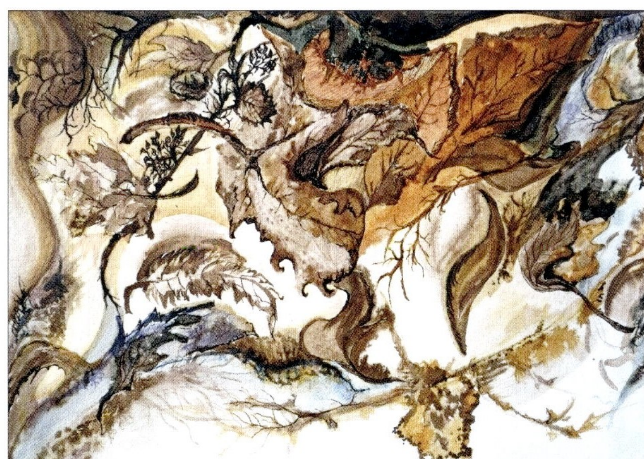

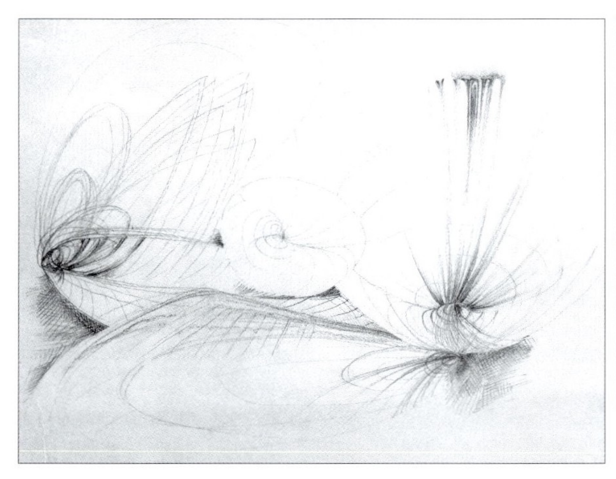

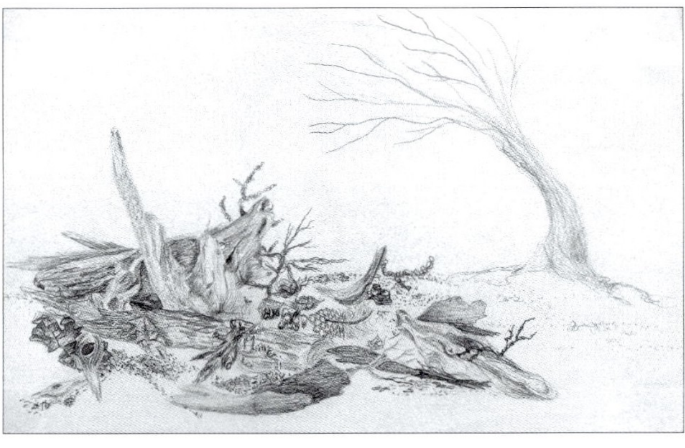

Grit Gebauer, 15 Jahre. Bewegungsstudie, Bleistift, um 1988 (links)

Unbekannt, Waldstudie, Bleistift, um 1982

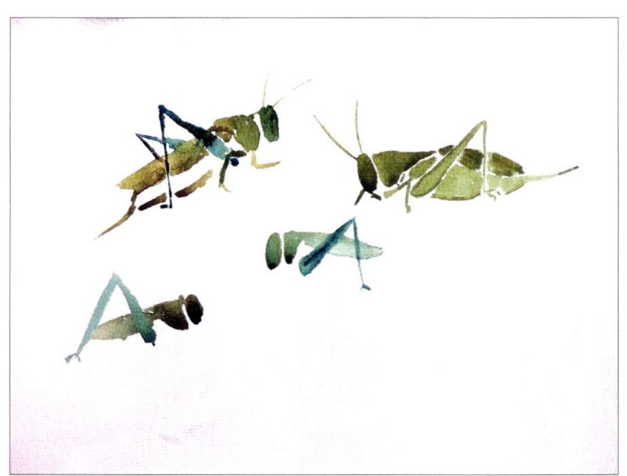

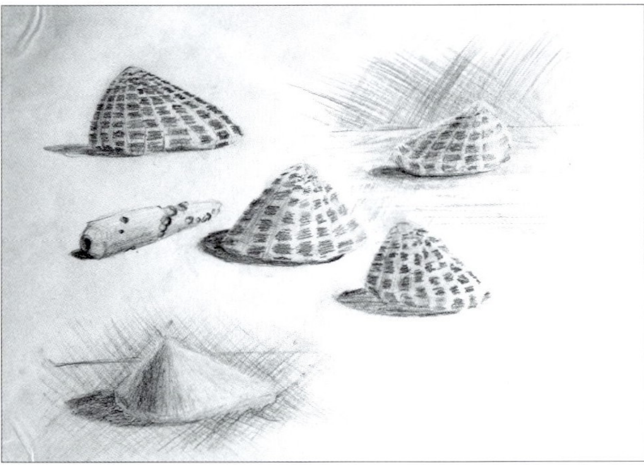

Unbekannt Heuschrecke, Studie zur Wiese, Aquarell um 1980 (links)

Sebastian Bürkner, 12 Jahre. Muscheln, Bleistiftstudie, um 1987

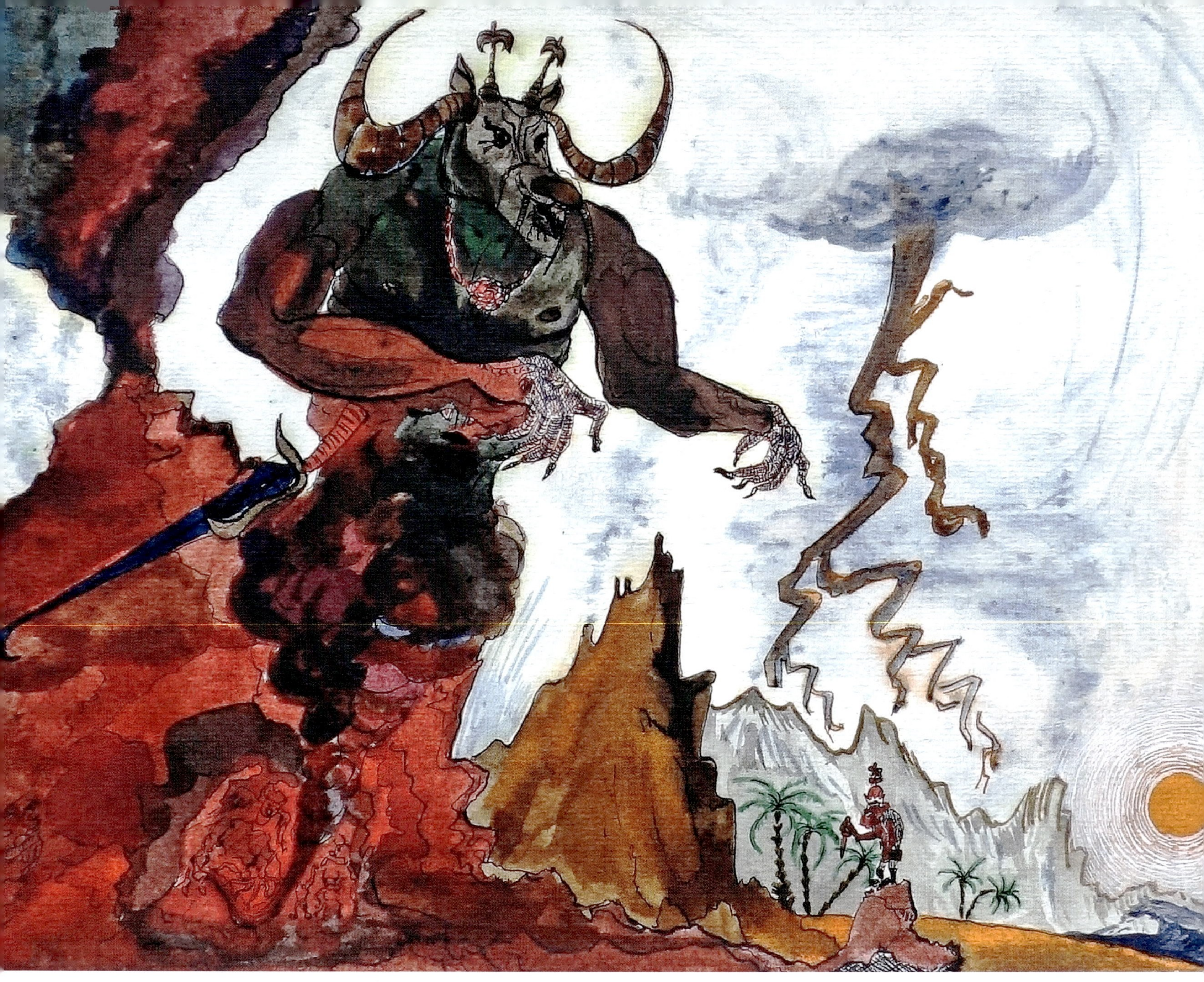

Clemens Krügel, 12 Jahre.
Der Affe Sun Wukong (Bild 15), Aquarell, 1985

DER AFFE SUN WUKONG

Eine Gemeinschaftsarbeit aus 51 Aquarellen von 23 Kindern und Jugendlichen. Gemalt 1985 als Ausstellung im Zentralhaus der Jungen Pioniere Berlin Lichtenberg. Jeweils drei Bilder und Texte hängen mit dünnen Seilen an einem Holzstab.

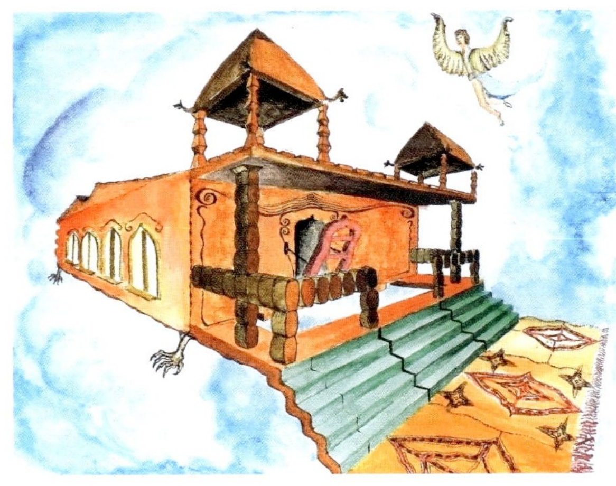

Sūn Wùkōng (chinesisch 孫悟空/孙悟空) ist im klassischen chinesischen Roman „Die Reise nach Westen" des Königs der Affen. Er ist eine ambivalente übernatürliche Wesenheit: „als steinernes Ei aus einem Felsen geboren, befruchtet vom Wind, geschaffen aus den reinen Essenzen des Himmels, den feinen Düften der Erde, der Kraft der Sonne und dem Anmut des Mondes." Der König der Affen ist in eine uralte Geschichte eingebettet. Im 7. Jahrhundert machte sich der Mönch Xuanzang von China aus auf den Weg nach Indien, um die heiligen Schriften Buddhas für seinen Kaiser zu holen. Die Reise dauerte sechzehn Jahre, und nach seiner Rückkehr verfasste der Mönch einen ausführlichen Reisebericht. Diese „Reise nach Westen" ist bis heute eines der wichtigsten historischen Zeugnisse vom Leben in jenen frühen Zeiten. Im Laufe der Jahrhunderte rankten sich Legenden und Märchen um die Pilgerfahrt des Xuanzang. Eine davon ist die Geschichte vom Affenkönig. Dank der Lehre bei verschiedenen daoistischen Meistern erlernt Sun Wukong nicht nur das Kämpfen, sondern auch die Fähigkeit, sehr hoch zu springen und sich auf 72 verschiedene Weisen zu verwandeln. Der Affenkönig erlangt einen Stab – der seine Größe beliebig ändern kann – und eine Wolke, auf der er fliegt. „Sogleich wird er König, findet einen gesegneten Erdwinkel für sein Volk und hält sein tägliches Bankett mit Behagen. Aber er will mehr, er will Unsterblichkeit und den Thron des Jadekaisers."

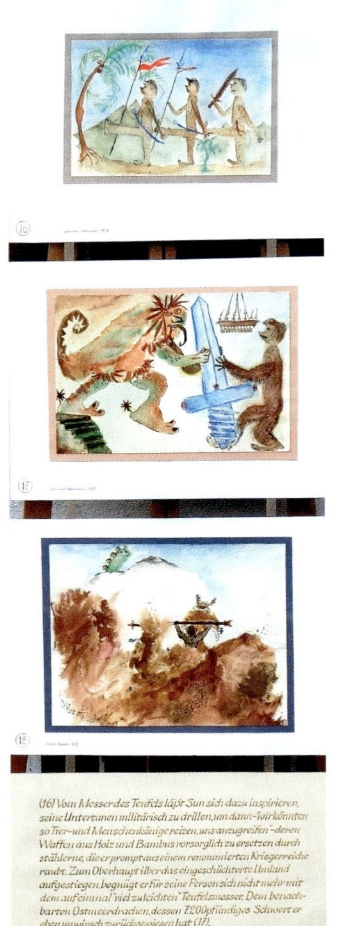

△ *Andreas Braun, 15 Jahre.*
Affe Sun Wukong (Bild 31), Aquarell, 1985

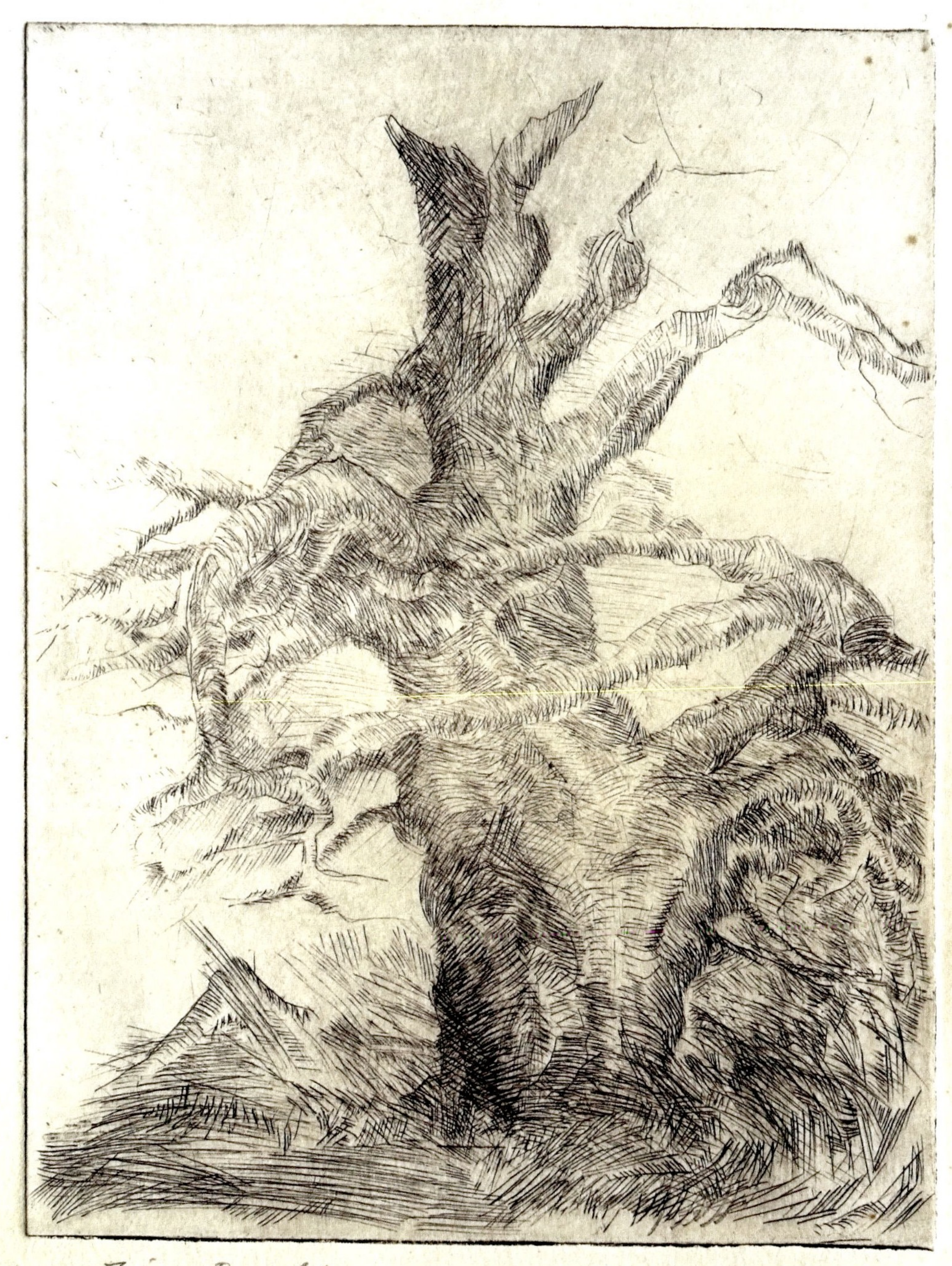

Iris Berndt, 19 Jahre. Winterlinde auf dem Pehlitzwerder, Radierung, 1987, privat

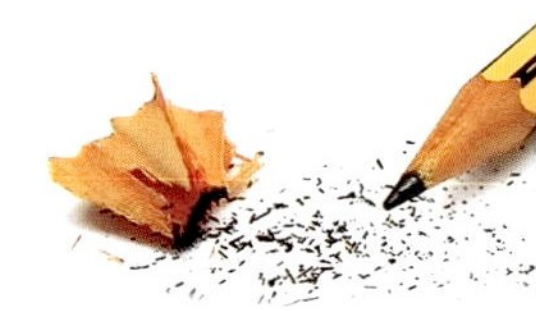

AUFREGENDE JAHRE

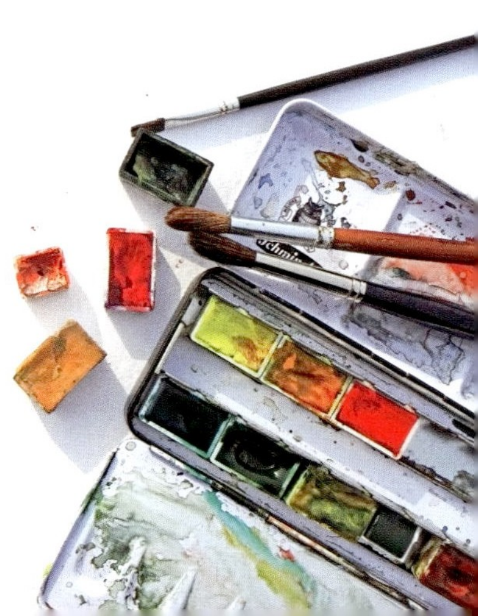

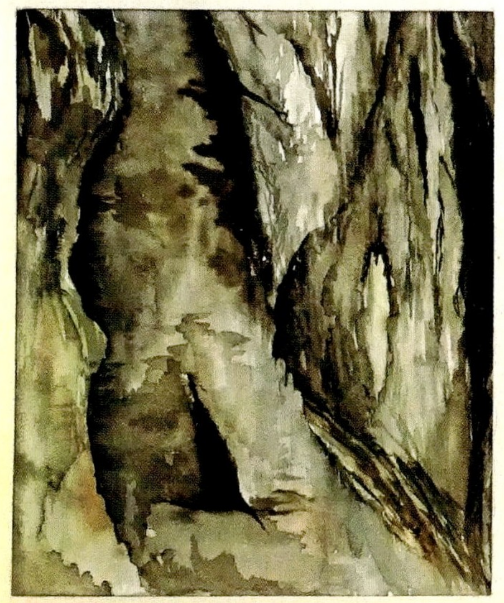

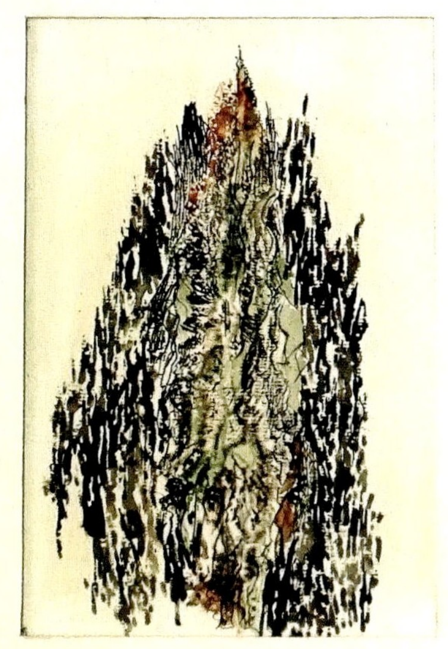

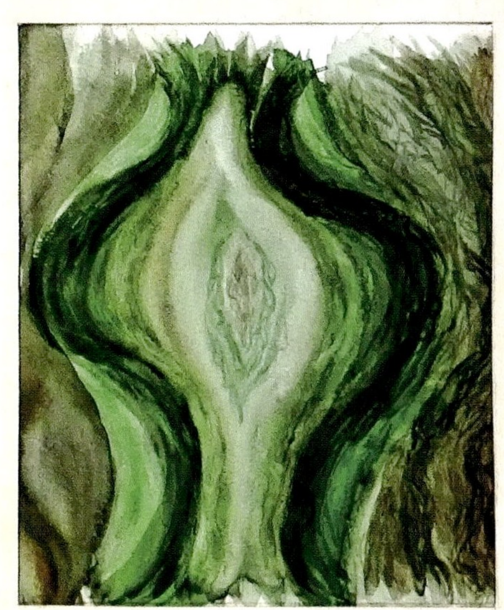

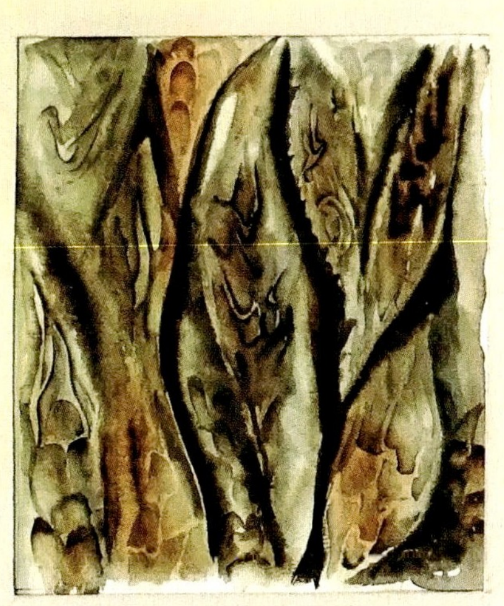

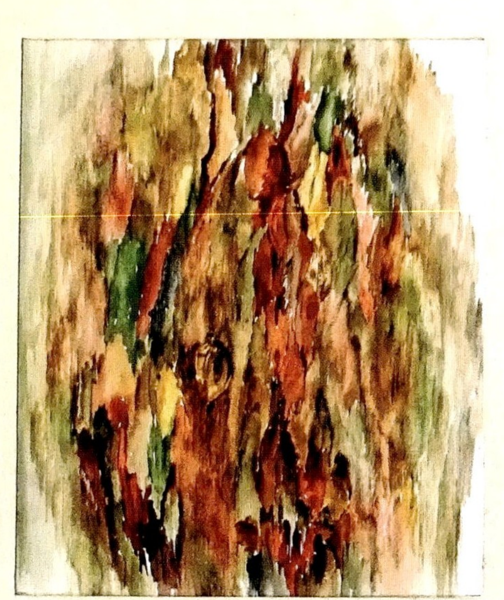

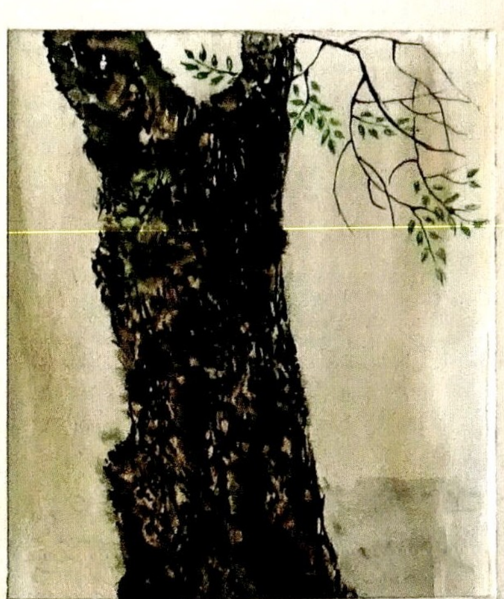

»Die meisten Menschen wissen gar nicht, wie schön die Welt ist und wieviel Pracht in den kleinsten Dingen, in irgendeiner Blume, einem Stein, einer Baumrinde oder einem Birkenblatt sich offenbart.«

-Rainer Maria Rilke-

AUF FONTANES SPUREN

Die Liebe zur Choriner Landschaft wurde eine auf Dauer. Zwischen 1983 und 1987 entstanden fünf großformatige „Fontane"-Ausstellungen mit über 200 Tafeln aus Fotos, Texten, Aquarellen und Grafiken.

In der zweiten Ausstellung beschäftigten sich die Jugendlichen gründlicher mit den Boden- und Kulturdenkmalen, trafen sich mit dem Denkmalpfleger und verstärkten ihre praktische Arbeit für die Förster im Choriner Gebiet. An mehreren kalten Herbsttagen pflanzten sie auf frisch umgepflügten Forstflächen 10 000 kleine Buchen. Sie begannen verstärkt, in eigenen Texten von ihren inneren Erlebnissen beim Malen zu berichten.

In die dritte Ausstellung 1985 flossen weitere Illustrationen von archäologischen Funden ein, die sie im Auftrag der Akademie der Wissenschaften in Berlin und unter fachkundiger Anleitung erstellten.

Ihre vierte Ausstellung beschäftigte sich mit der Geschichte von Kloster Chorin und seiner Umgebung. Dazu gehörte auch ein Wanderweg, den sie ab 1986 vom Bahnhof Chorin zum Kloster anlegten und dokumentierten. So wurden die Jugendlichen zunehmend zwischen Eberswalde und Chorin als Partner ernst genommen.

Eine neue Herausforderung war dann in der fünften Ausstellung die Kartierung der Natur- und Kulturdenkmale auf dem Pehlitzwerder und seiner Umgebung, ausgeführt als gesellschaftlicher Auftrag des Kulturbundes in Eberswalde.

Die Ausstellungen wurden im Berliner Pionierhaus gezeigt, im Kreistag Eberswalde und beim Treffen junger Naturschützer des Kulturbundes.

Im Mai 1987 stand die letzte Ausstellung auch im Dresdner Kulturpalast zur „1. Zentralen Delegiertenkonferenz der Gesellschaft für Natur- und Umwelt". Die Besucher reagierten begeistert. Nur von den Verursachern der angesprochenen Zeltplatzprobleme, hohen Offizieren und Funktionären der Armee und Staatssicherheit, gab es schroffe Einsprüche. Und von der Leitung des Pionierhauses die ängstliche Forderung, eine Reihe von kritischen Texten zu ändern.

Wir haben, wo wir konnten, sofort zugefasst.

Revierförster Discher hatte 1984 eine junge Schonung nachzuforsten. Wir hörten davon und durften helfen. An zwei späten Oktober-Tagen pflanzten wir rund 2 000 Kiefern. Wenn sie mit hundert Jahren geschlagen werden, wird das Jahr 2084 sein und unsere Kinder werden sicher das Holz sorgsam verwenden. Das Pflanzen war lange nicht so einfach, wie wir uns das gedacht hatten. Es war kein gutes Pflanzwetter. Insgesamt mussten einhundertsechzigtausend Bäume in die Erde. Auch mit Hilfe von Schülern aus Chorin und sowjetischen Soldaten.

In manchen Pausen spielten wir Flöte. Unser Lieblingslied war „Die Gedanken sind frei".

Barbara Bremer und Beate Domanski

◁ ***Ausstellungtafel Holzstudien in Fontane III, Aquarell, 1985***

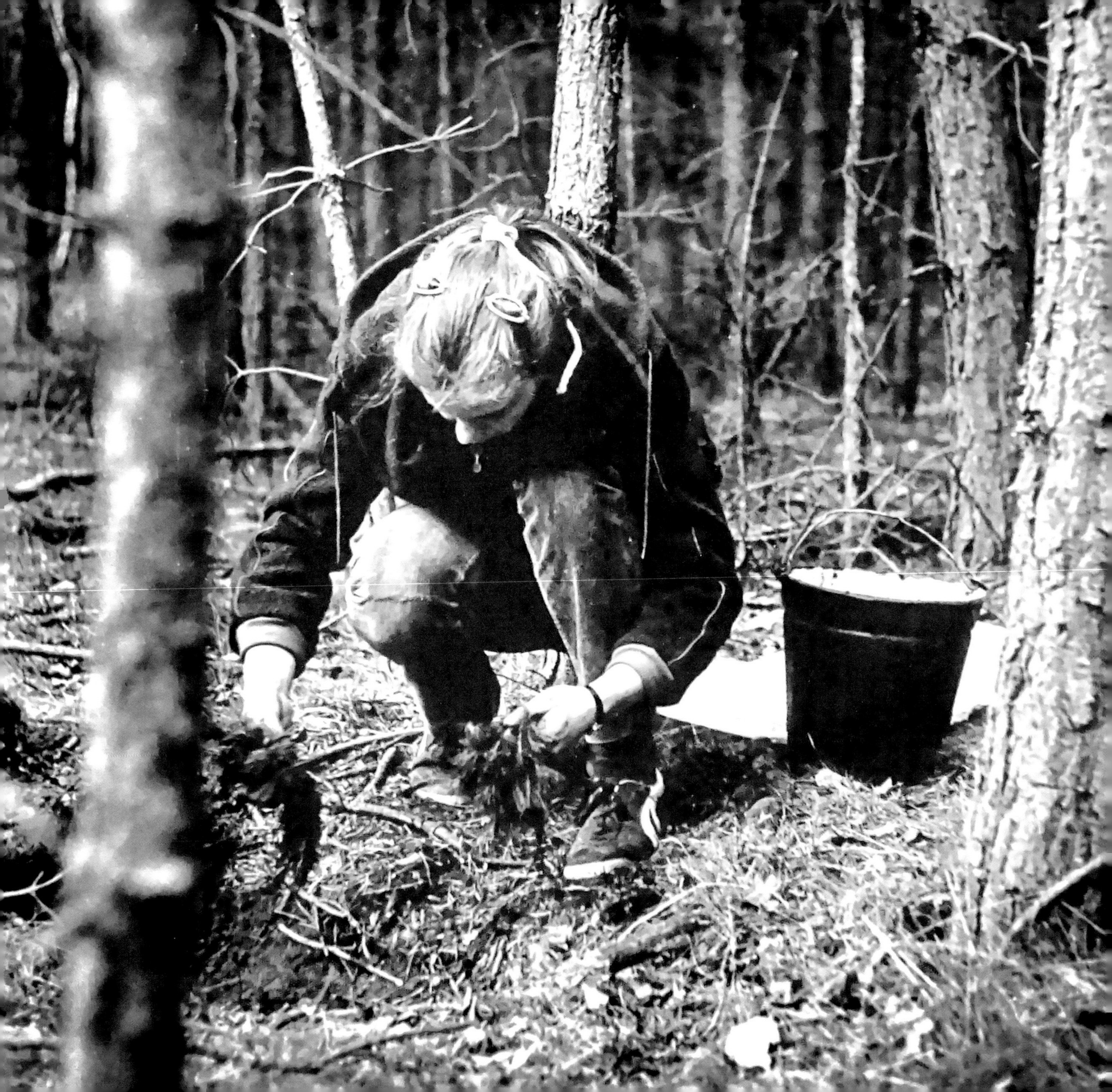

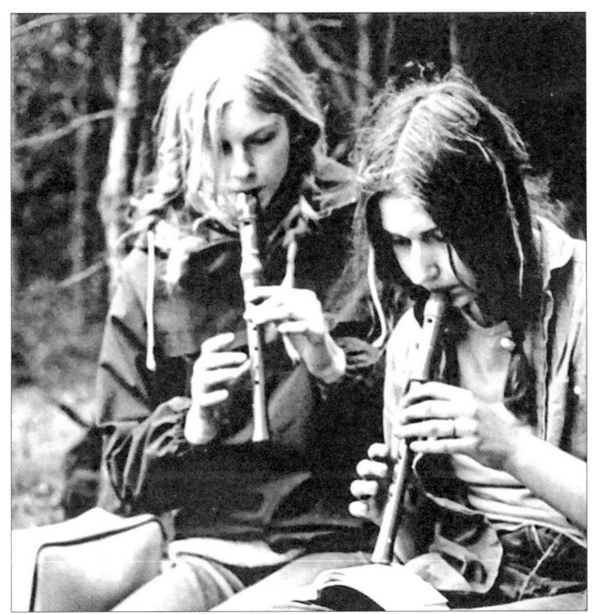

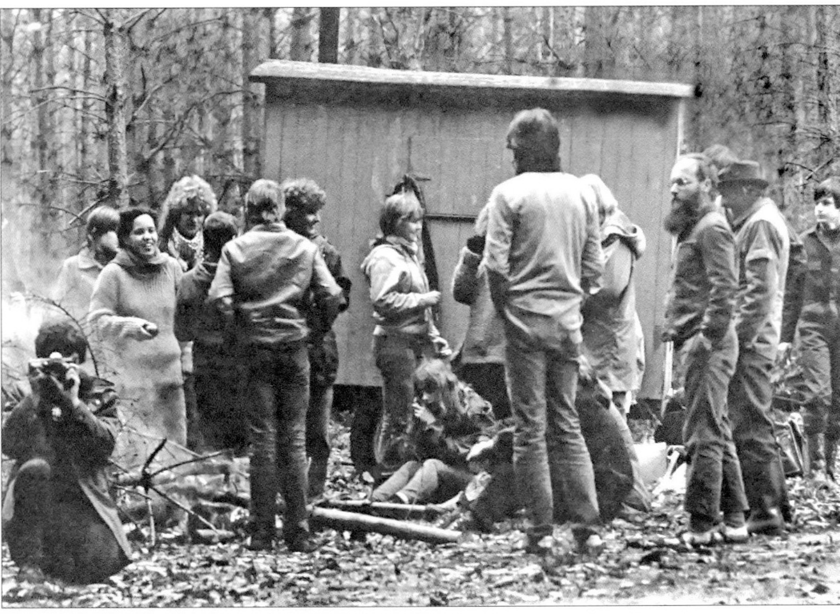

Bäume pflanzen, 1984. Fotos: Gilbert Waligora

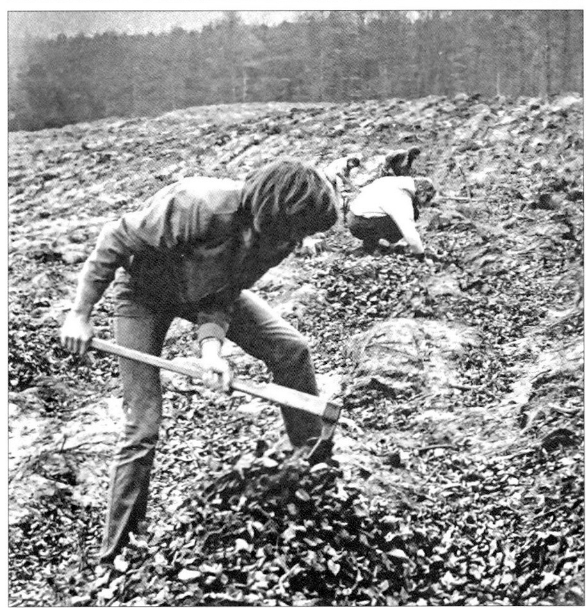

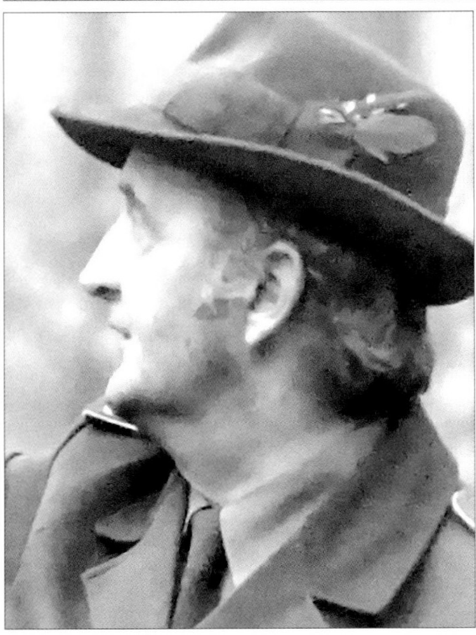

Der verdienstvolle Revierförster Reinhold Discher

◁ *Junge Bäume nachpflanzen, 1984*

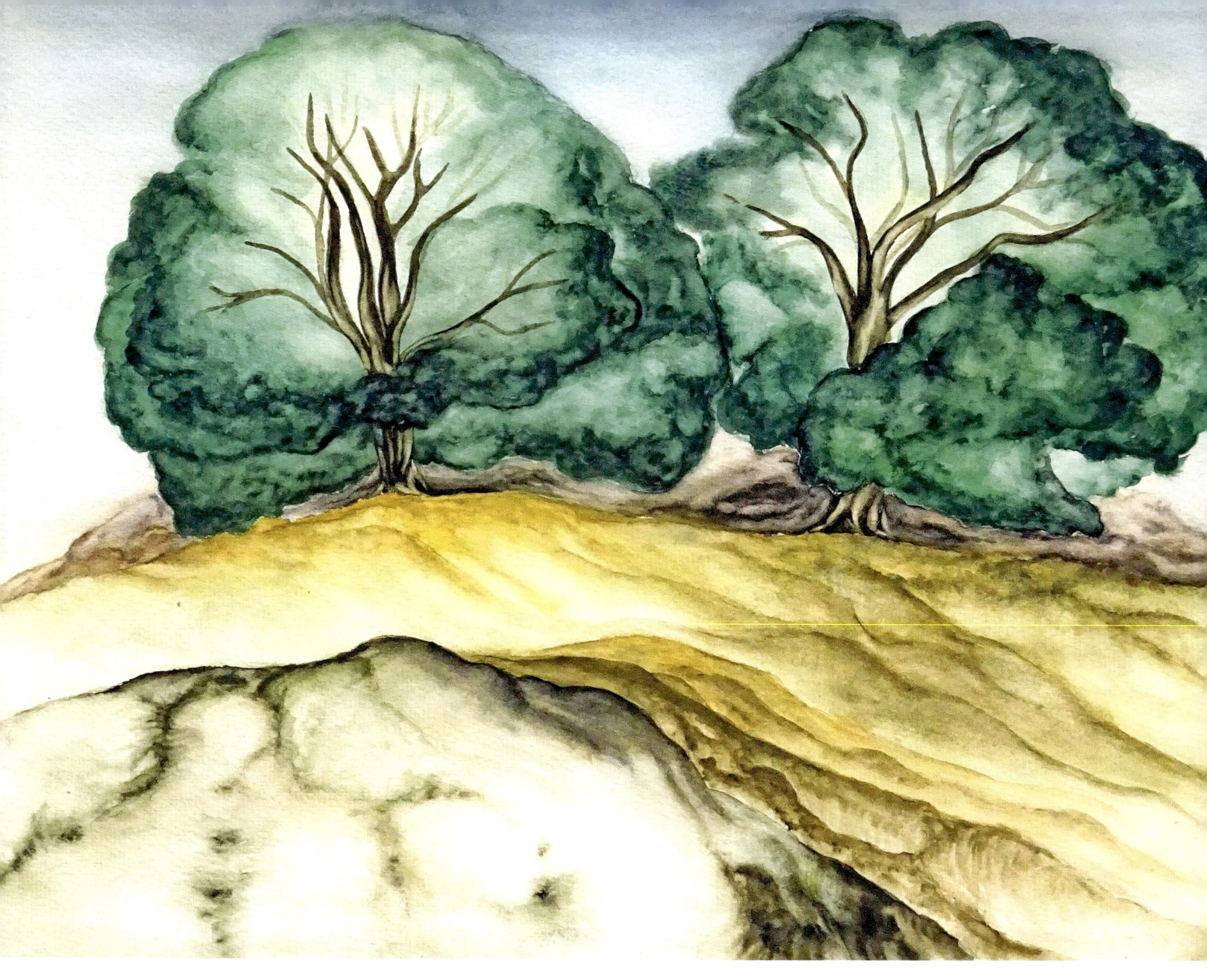

Katrin Jelitzki, 15 Jahre.
Zwei Eichen auf dem Koppelsberg,
Aquarell, 1984

JUGEND FORSCHT, PFLEGT UND GESTALTET

Wenn wir mit etwa 14 Jahren in die AG „Zeichnen und Malen II" kommen, finden wir etwas vor, was ‚Wali', Gilbert Waligora, unser Arbeitsgemeinschaftsleiter, „ganzheitliche Erziehung" nennt.

Also es läuft etwa so:
wandern, malen, sich wundern,
fragen, sich orientieren,
wissen, das heißt oft schockiert sein,
Wut im Bauch haben,
die Welt umkrempeln wollen,
arbeiten, verändern und wieder:
Wandern, malen, sich wundern …

Das alles geschieht nach dem Motto, es kommt nicht darauf an, die Welt abzumalen, sondern sie zu verändern. …"

Iris Berndt, 17 Jahre
(aus einem Diskussionsbeitrag auf dem II. Zentralen Treffen der Gesellschaft für Natur und Umwelt in Heiligendamm, 1985)

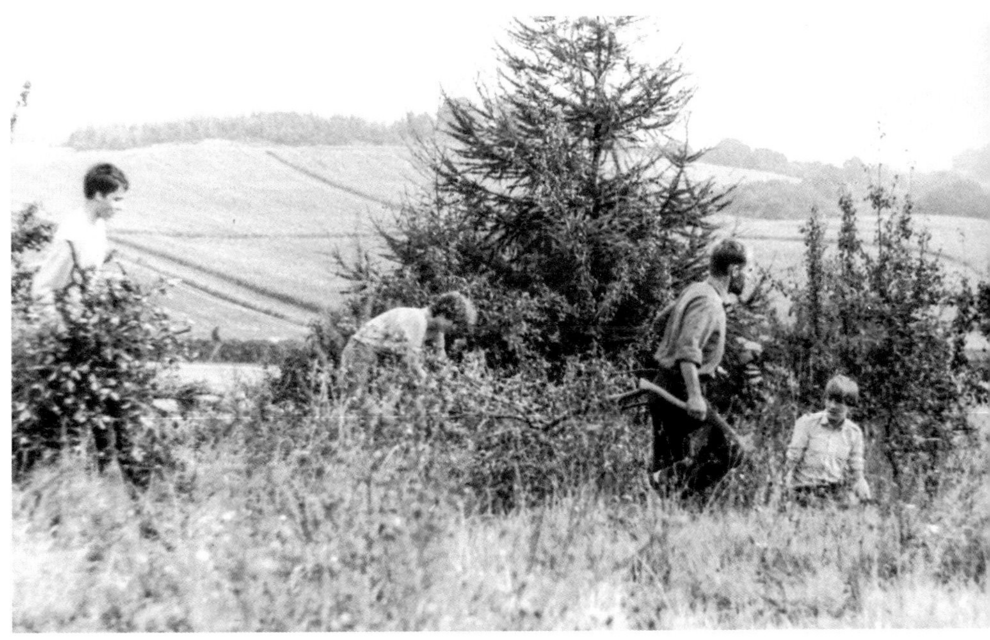

Entbuschen des Rummelsberges am Parsteiner See für seine wertvollen Wiesen voller Steppenblumen

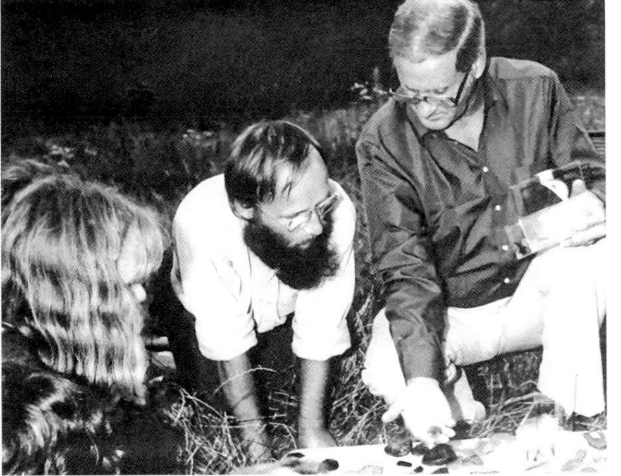

Gespräch mit dem Kreisbodendenkmalpfleger Dr. Achterberg über Feuersteine, 1984. Fotos: Thomas Schwarz

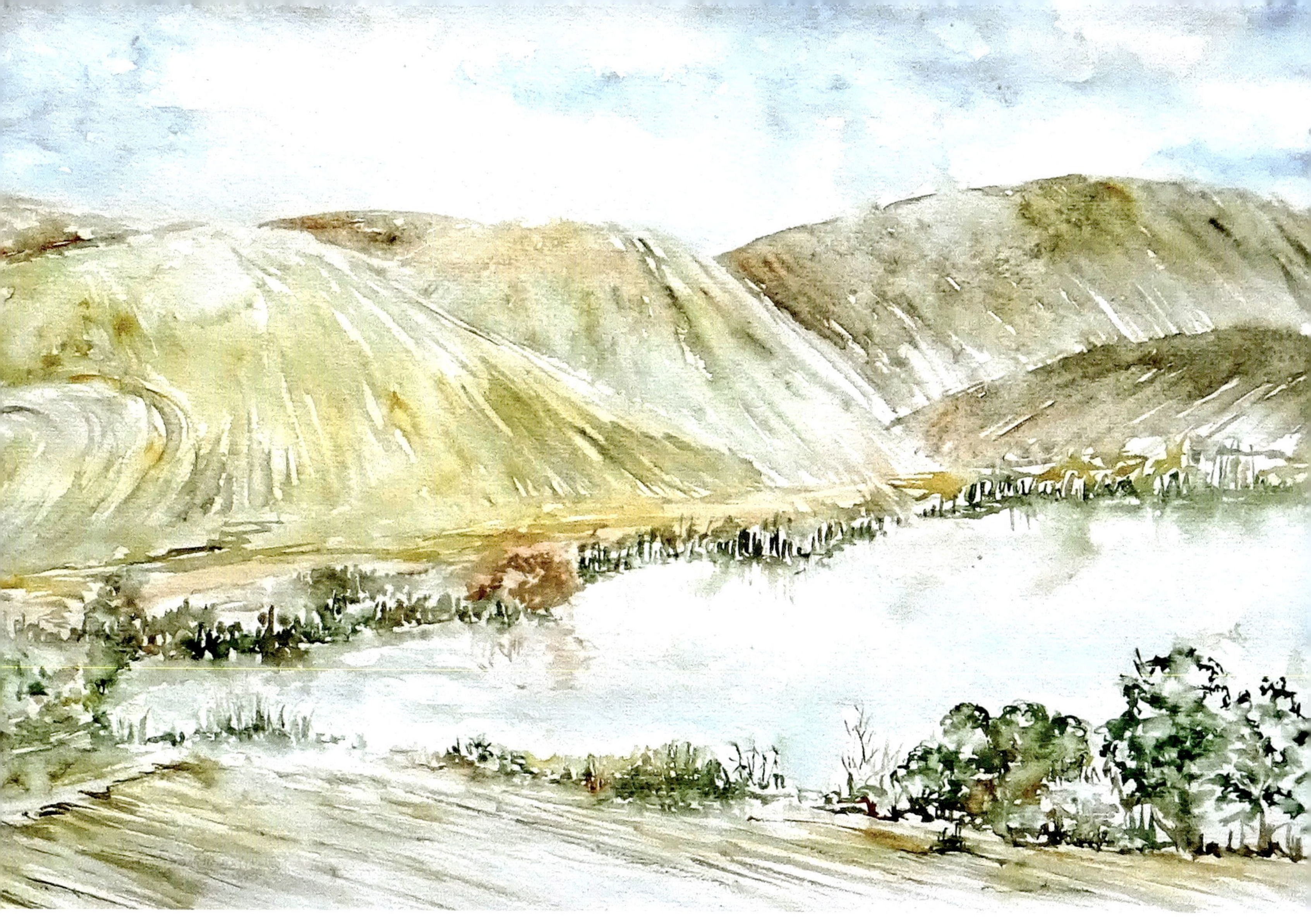

Dominique Krössin,
15 Jahre.
Der Pehlitzsee mit
kahlen Hügeln,
Aquarell, 1883

WAHRHEIT ODER LÜGE?

Gilbert Waligora ging es immer um tiefes Eindringen in vertraute Landschaften. Die Ferienlager des Pionierhauses über zwei, drei Wochen waren dafür ideal. Schon bald erkannten die Jugendlichen, dass es zur Lüge werden kann, wenn man einfach nur abmalt.

Einer aquarellierte den Weesensee bei Brodowin. Blau spiegelte sich der Himmel im Wasser.

Da blieb ein Wanderer stehen, man kam ins Gespräch. Es war der berühmte Naturschutzexperte Professor Michael Succow. Er erzählte, dass der See durch intensive Fischhaltung und Peking-Enten-Aufzucht abgestorben ist. So schön blau-schimmernd war er also eine Leiche und das Bild Schönfärberei.

Oder die hügeligen Ackerkuppen um Brodowin. Sie waren häufig kahl wie Glatzen. Statt quer pflügte die LPG hangabwärts, jeder Regen spülte fruchtbare Bodenkrume davon.

Der Kleine Rummelsberg war mit Lärchen bewachsen. Die Jugendlichen erfuhren, dass die in den 1960er Jahren zur Aufforstung gepflanzt wurden. Eigentlich aber wuchsen an den ganzjährig trockenen Hängen wertvolle bunte Steppenblumen. Sie hatten keine Chance.

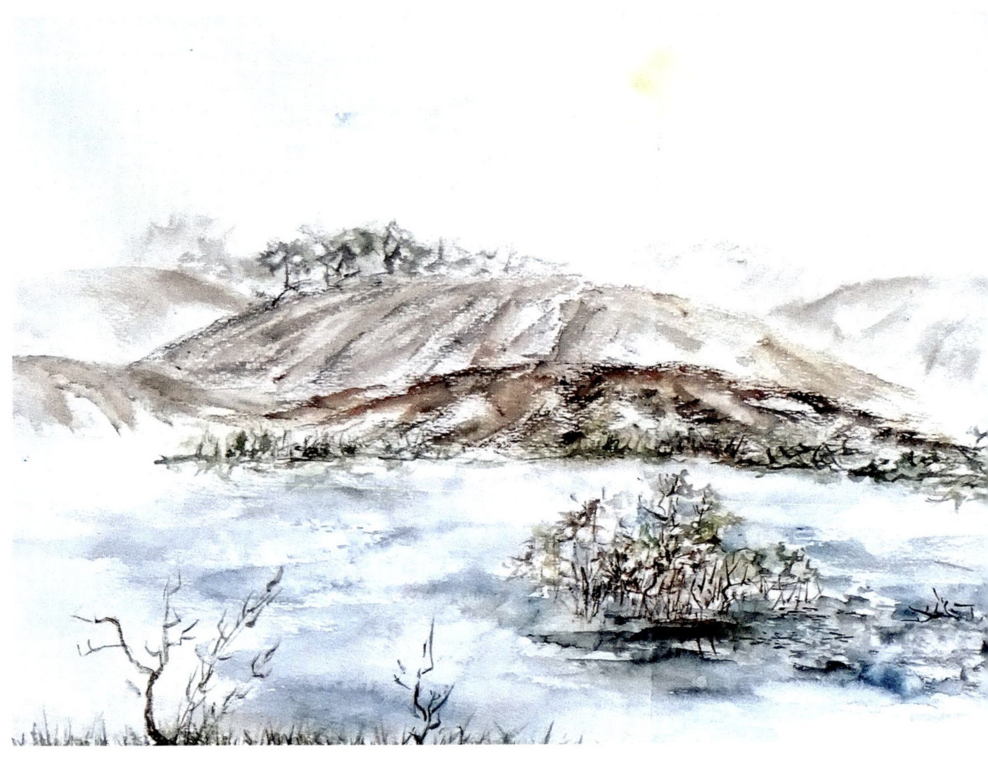

Vera Thomas, 16 Jahre. Der Pehlitzsee, Aquarell, 1983

Es ging also nicht nur um Licht und Farbe!
Wollen wir eine schöne Landschaft malen, dann müssen wir sie schaffen! Wollen wir uns in schöner Landschaft erholen, dann müssen wir sie gestalten.

Aus einer Rede vor jungen Naturschützern

VERLORENE SCHÄTZE

Der Koppelsberg hinter Brodowin. Dieser Ort voller Geschichte reizte viele der Jugendlichen zur Darstellung. Vom Pehlitzwerder trennt ihn nur die Kleine Pehlitzlaake. Der Berg hat seinen Namen von der dort ehemals befindlichen Koppel, die das Wachsen von Wald verhinderte und zwei schönen großen Eichen jahrhundertelanges freies Wachstum ermöglichte. Noch bis in die Mitte des

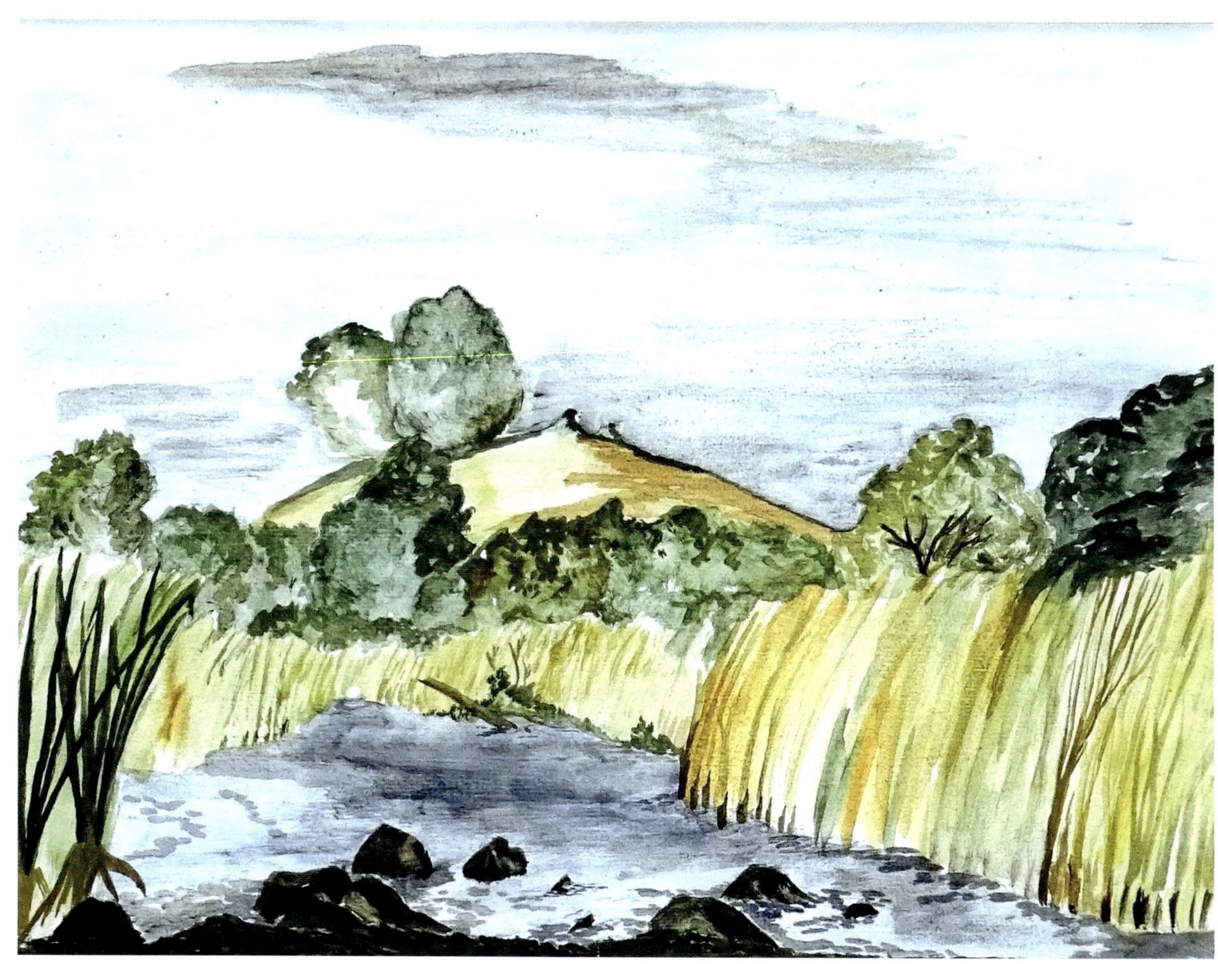

Rainer Schwarz, 16 Jahre. Der Koppelsberg, Öl auf Papier, 1983

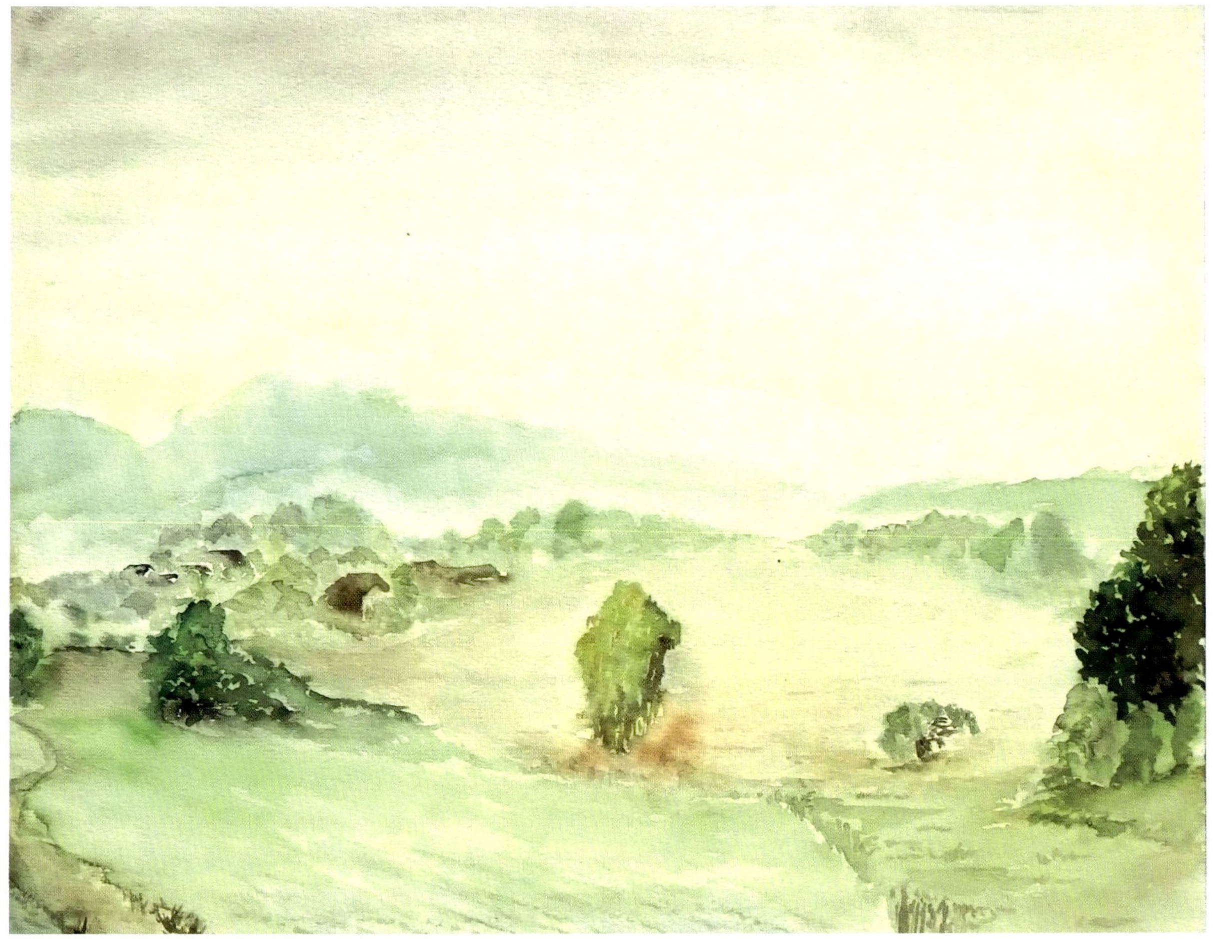

Rainer Schwarz, 18 Jahre. Choriner Landschaft, Aquarell, 1986

19. Jahrhunderts befanden sich auf dem Berg Großsteingräber. Auch der Dresdner romantische Maler Adrian Ludwig Richter soll sie gezeichnet haben. Die Steine wurden Ende des 19. Jahrhunderts zum Pflastern der Straße verwendet, die aus dem Dorf hinaus führt.

Rainer Schwarz

EIN WANDERWEG ENTSTEHT

Nach jedem Sommerkonzert im Kloster Chorin zerstörten Autoabgase und Motorgeheul die von Musik erfüllte Luft. Da kam uns die Idee, für alle Menschen, die ähnlich fühlen, einen kleinen Wanderweg zum Bahnhof vorzuschlagen. Die Revierförster Discher und Döbert halfen uns.

Gilbert Waligora.

Im Sommer 1986 begann die Gruppe einen 5 Kilometer langen Weg, der am Bahnhof Chorin-Kloster anfängt, mit Bäumen zu verjüngen und zu gestalten. Der Leiter des Forstbotanischen Gartens Eberswalde Dr. Jürgen Endtmann half mit einigen Exemplaren einer seltenen Birkenart. Die Jugendlichen setzten sie im Wechsel mit Ebereschen und freuten sich auf das leuchtende Rot der Beeren vor dem Gelbgrün der Blätter im Herbst. Aus Buchen und Eichen pflanzten sie ein Tor, das eines Tages den eigenen Kindern Schatten geben soll.

Es gab Schäden durch Maschinen. Schafe eines betrunkenen Schäfers zerfraßen viele Bäumchen. Unbekannte zerschnitten ein Dutzend.

Der Weg wurde ihr Pflegekind bis weit in die 90er Jahre nach der Wende und von jeder neuen Waligora-Generation ergänzt und gepflegt.

Sie zogen auch selbständig junge Bäume heran und fuhren an heißen Sommertagen mit der Bahn von Berlin allein eine ganze Stunde hinaus, nur um sie zu gießen. Zum 10-jährigen Bestehen 1996 gab es eine Wanderung mit vielen ehemaligen

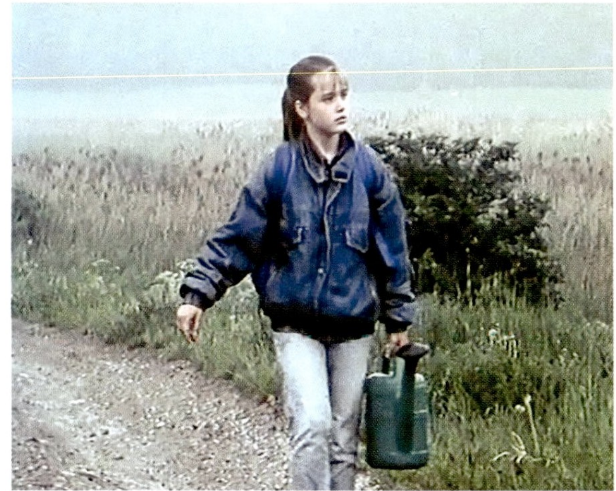

Eva kam im Sommer 1990 an Wochenenden extra aus Berlin zum Gießen. Fotos: Werner Peter

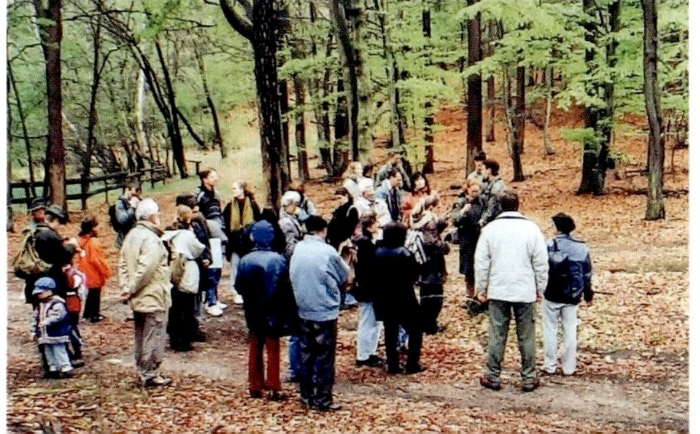

Geburtstagswanderung 10 Jahre Wanderweg, Mit Ausstellung im Kloster. Foto: Gilbert Waligora, 1996

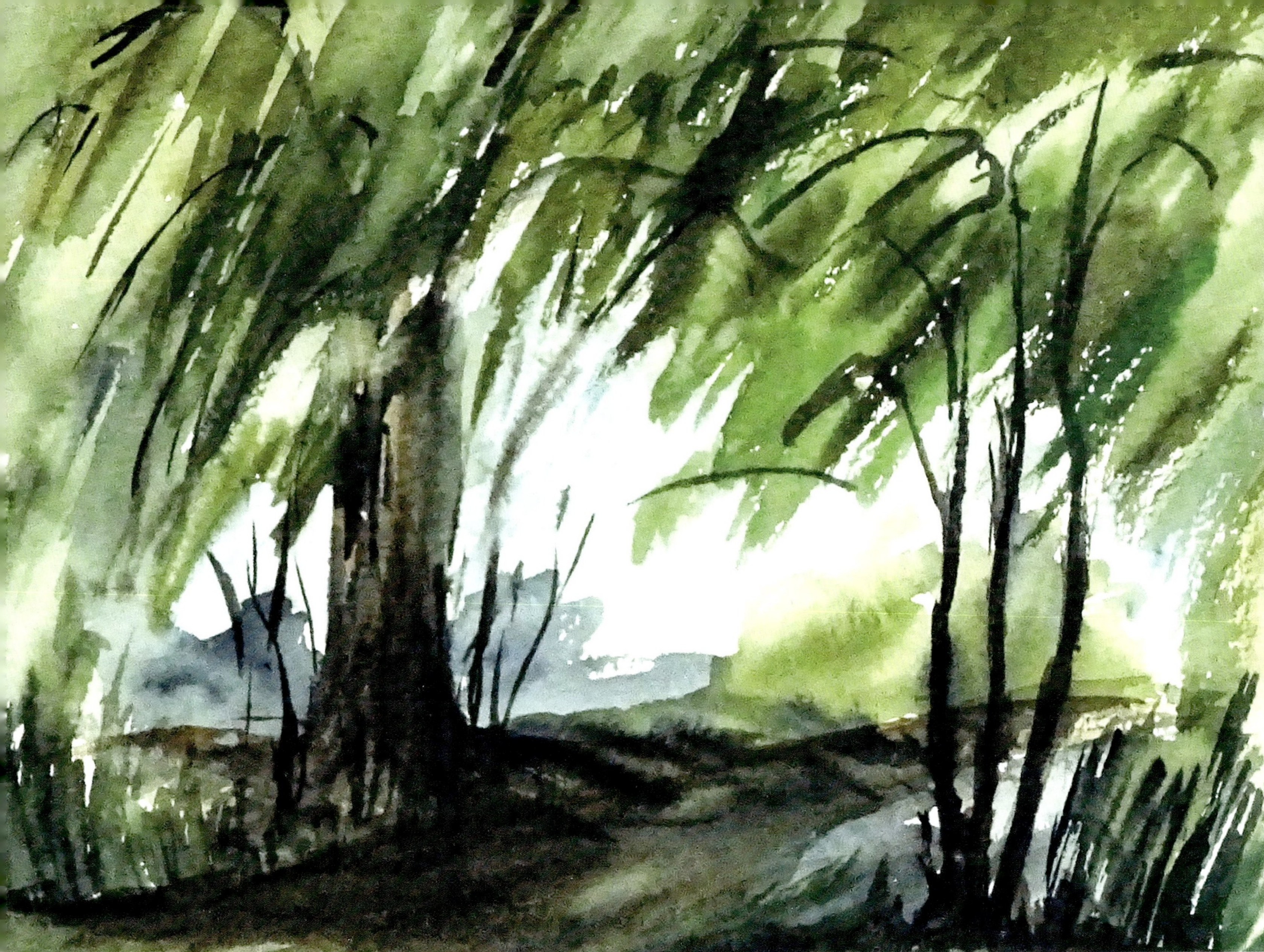

Walikindern und dem ersten Leiter des Biosphärenreservates Dr. Eberhard Henne.

Vier hohe Stämme, Ahorn und Eiche. Die kräftigen Äste streben zueinander, bilden ein kühlendes Gewölbe. Die Sonne blinzelt hindurch, malt Kringel auf die rauhe Borke, daran ein Wanderer rastend lehnt und träumt. Ich habe sie gepflanzt, vier zarte Stämmchen, Ahorn und Eiche.

Mareike Schulz

Mareike Schulz, 17 Jahre. Träumend unter Bäumen, Aquarell, 1986

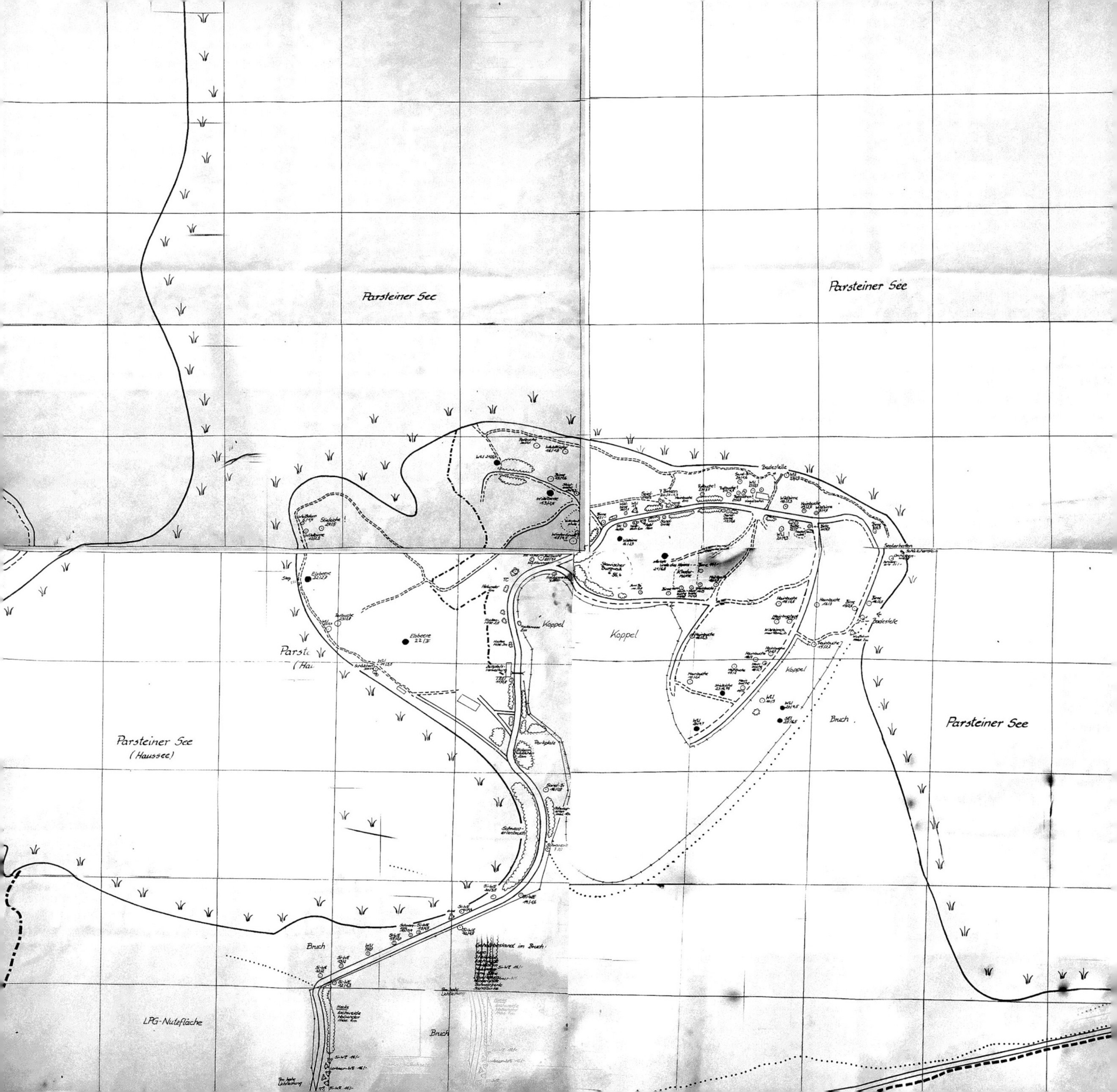

Parsteiner See
Parsteiner See
Parsteiner See
Parsteiner See
(Haussee)
Koppel
Koppel
Koppel
Badestelle
Bruch
Bruch
Bruch
LPG-Nutzfläche

KARTIEREN EINER LANDSCHAFT

1986 erhielten die Jugendlichen vom Kreisverband Eberswalde des Kulturbundes einen gesellschaftlichen Auftrag:

„Erfassen, Kartieren und Bewerten der Wege im Raum Brodowin außerhalb der Waldungen, unter besonderer Berücksichtigung ökologischer und landschaftsästhetischer Aspekte sowie der Planung einzurichtender Wanderwege“.

Welch eine anspruchsvolle komplexe Aufgabe, die die Anerkennung ihrer bisherigen Arbeit spiegelt! Hatten sie doch bislang nur einzelne Bereiche erforscht.

Die Jugendlichen wohnten mit Gilbert drei Wochen in Brodowin und lernten wissenschaftlich arbeiten. Sie vergrößerten mühevoll zeichnerisch Messtischblätter, bestimmten mit Büchern und Experten alle Baumarten an den Wegen in einem Gebiet von fast 13 Quadratkilometern im Brodowiner Gebiet. Sie maßen mit selbstgebauten hölzernen Winkeln nach dem Strahlensatz die Höhe und mit einfachen Knotenstricken den Umfang aller Bäume. Es waren mehrere hundert.

Das alles wurde in ein umfangreiches Werk von 70 selbst gezeichneten Karten eingetragen, in Fotos dokumentiert und in Aquarellen und Texten künstlerisch bewertet. Darunter war auch der Pehlitzwerder. Aus ihrer Beschäftigung mit den besonderen archäologischen und kulturhistorischen Denkmalen erwuchs dann 1987 ein brisanter Vorschlag zur „Ergänzung des Landschaftspflegeplanes Choriner Endmoränenbogen“.

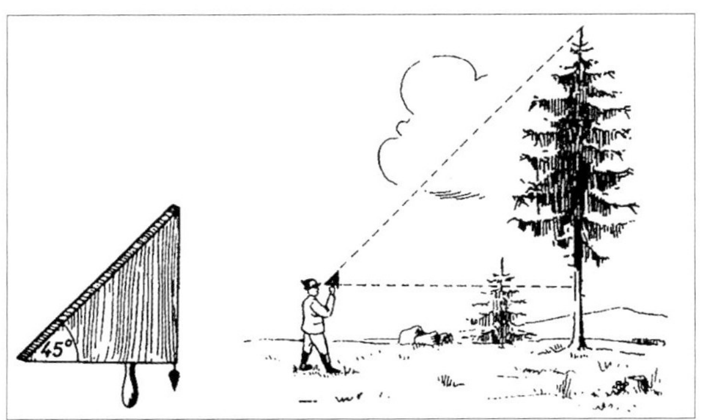

Im Mittelpunkt stand ein stärkerer Umgebungsschutz und größere Rücksicht für die Denkmale auf dem Zeltplatz! Eine Provokation.

Von Fachleuten erhielten sie Unterstützung. Von den Zeltlern hartnäckigen Widerstand. Trotzdem wurden einige Schutzzonen erweitert.

Als 1990 das Biosphärenreservat Schorfheide-Chorin gegründet wurde, gehörte diese Arbeit der Jugendlichen um Gilbert Waligora zu den Bausteinen, die die gut vorbereiteten DDR-Naturschutzexperten in ihren Schreibtischen hatten.

◁ *Bonitierungskarte*

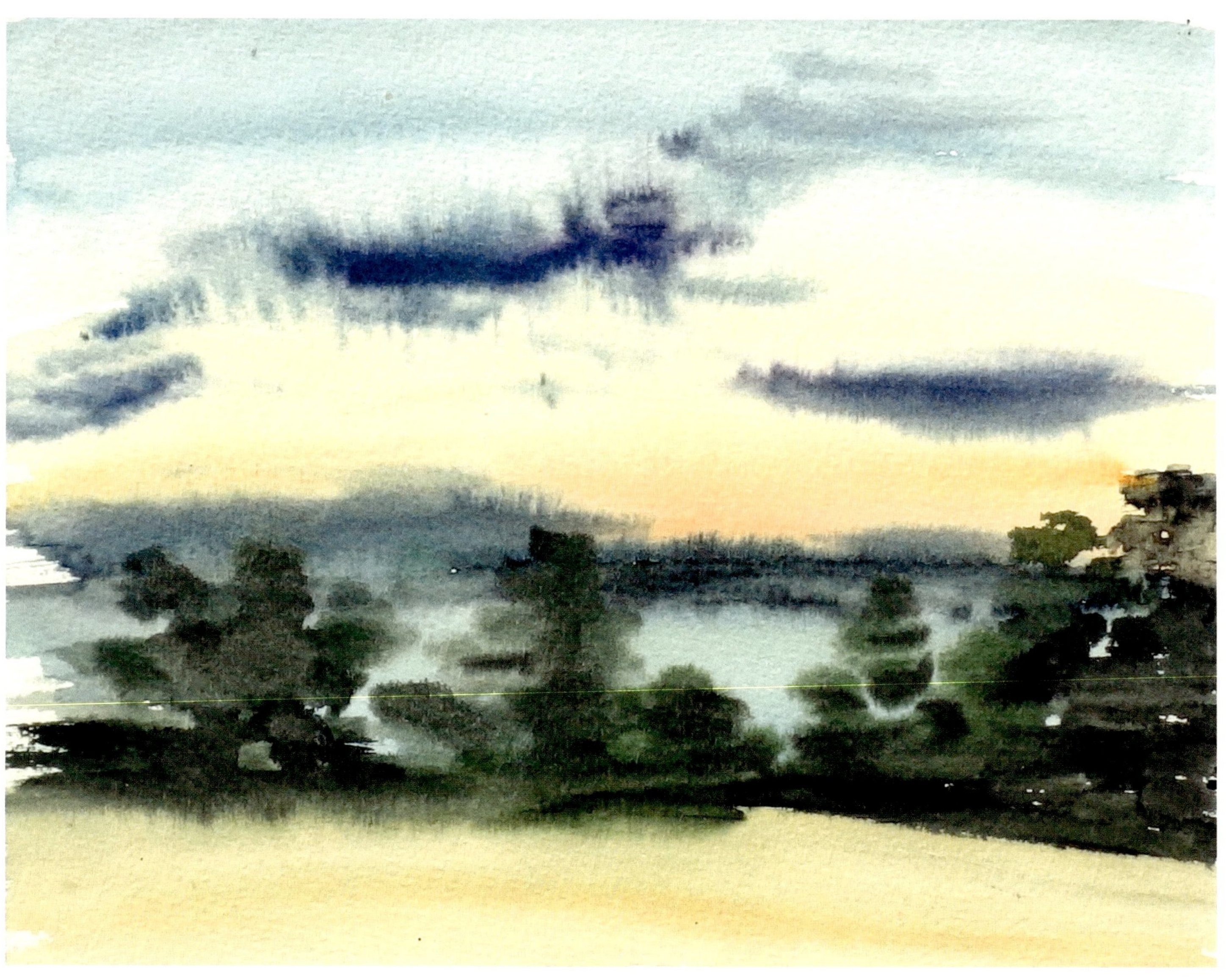

Martin Haymann, 17 Jahre. Blick vom Koppelsberg auf den Pehlitzwerder, Aquarell, 1986

Wir stiegen auf den Koppelsberg und schauten lange auf den Pehlitzwerder. Es war einer jener lauen Sommerabende, der unvergesslich bleibt. Ein Jahr mit Beobachtungen, Zeichnungen, Literaturstudium liegt hinter uns. Der Pehlitzwerder faszinierte uns sofort. Die Halbinsel ist in ihrer schönen Durchdringung von Natur und Geschichte einmalig. Sie bedarf unserer Behutsamkeit und eines erweiterten Umgebungsschutzes ihrer Denkmale. Der Entwurf des Landschaftspflegeplanes ist ein erster Schritt. Wir werden unsere Vorschläge bringen. Was jetzt geschieht, geschieht uns.

Martin Haymann

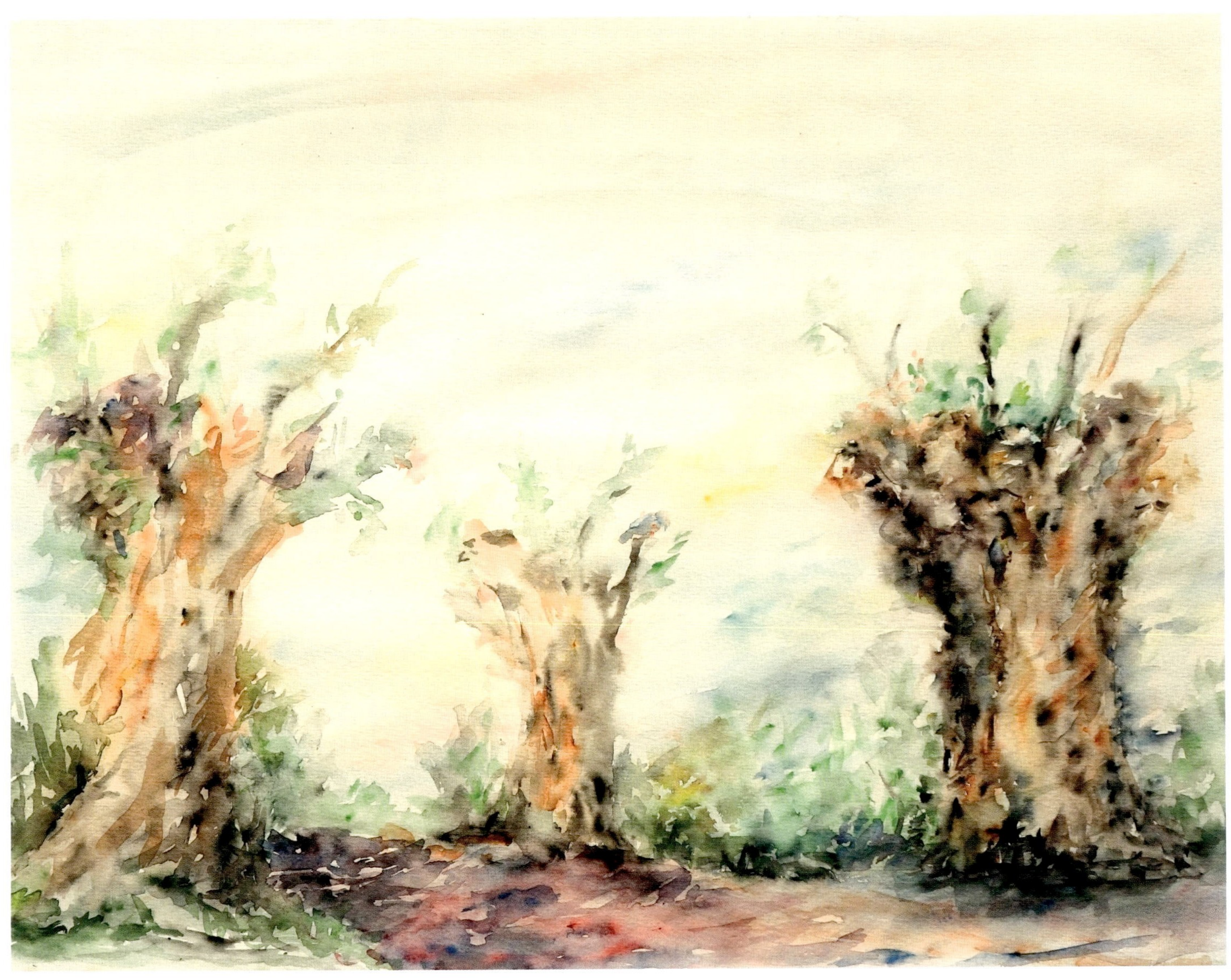

Ich liege am Wegrand im Gras, lasse mit geschlossenen Augen Herrn Fontane des Weges ziehen. Und ich male mir aus, wie mein Sohn vielleicht den Weg sehen wird, wenn ich ihn hier führe. Aus dem luftigen Grün der alten Kopfweiden wird fröhliches Gezwitscher dringen. Eine Hornisse wird aus ihrem Loch summen. Die Stecklinge, die wir einst pflanzten, werden schon kräftige Weiden sein. Ja handeln müssen wir heute, sie pflegen. Damit sie nicht wieder kaputt gehen, liebe Brodowiner! Sondern später noch erzählen, wie sie Natur und Kultur vereinigen.

Tobias Knaute

Tobias Knaute,
17 Jahre.
Kopfweiden am Weg nach Brodowin,
Aquarell,
1987

Drei Eichen standen
am Kloster.
Dann wurde Sand
entnommen,
der Regen wusch die
Wurzeln frei,
eine verlor ihren Halt.
Hat das kein Mensch
bedacht?
Erschüttert stehe ich
davor.

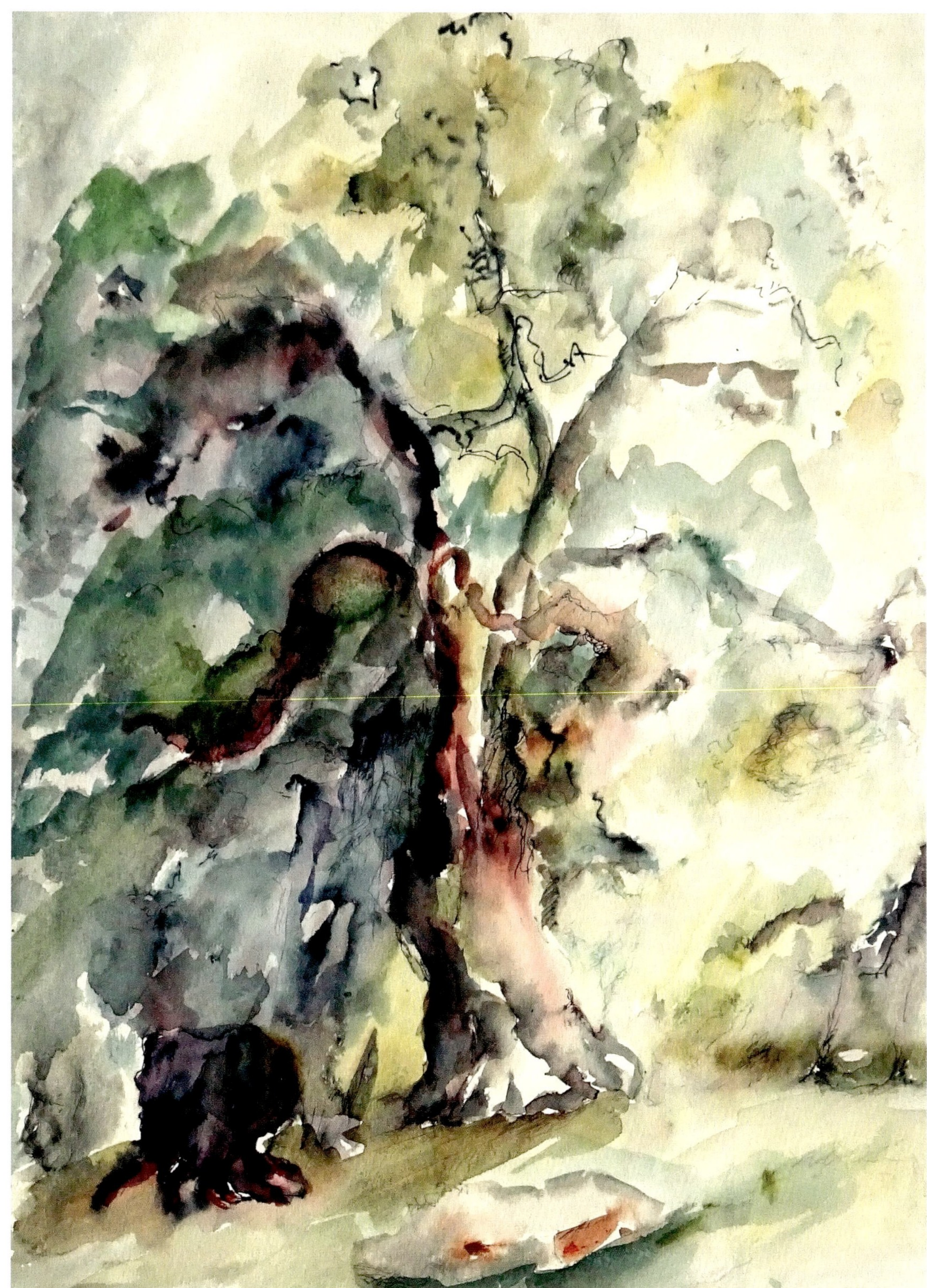

Iris Berndt, 17 Jahre.
Wut, Aquarell, 1985

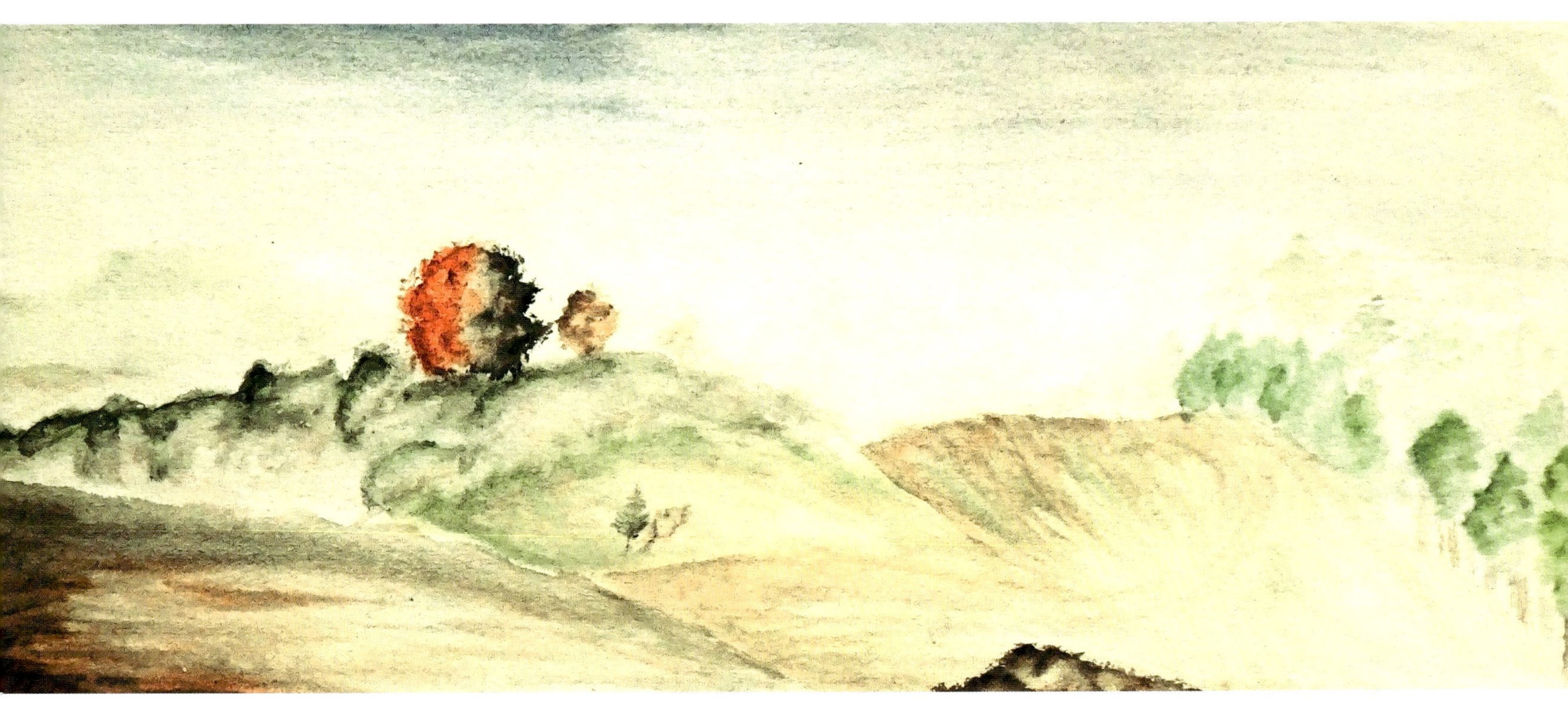

Gleicht der Baum nicht einer feurigen Kugel? Er ist die auffallendste Gestalt und komponiert mit den anderen Farbklängen der Landschaft ein ganzes Konzert. Kann ein Spaziergänger dort vorbei gehen, ohne sich an ihm zu erfreuen, ohne dass sein Herz sich erwärmt? Als wir unseren Wanderweg in Chorin gestalteten, achtete ich darauf, diesen Ausblick zu erhalten.

Andreas Braun

Andreas Braun, 15 Jahre.
Feuriger Baum, Aquarell, 1985

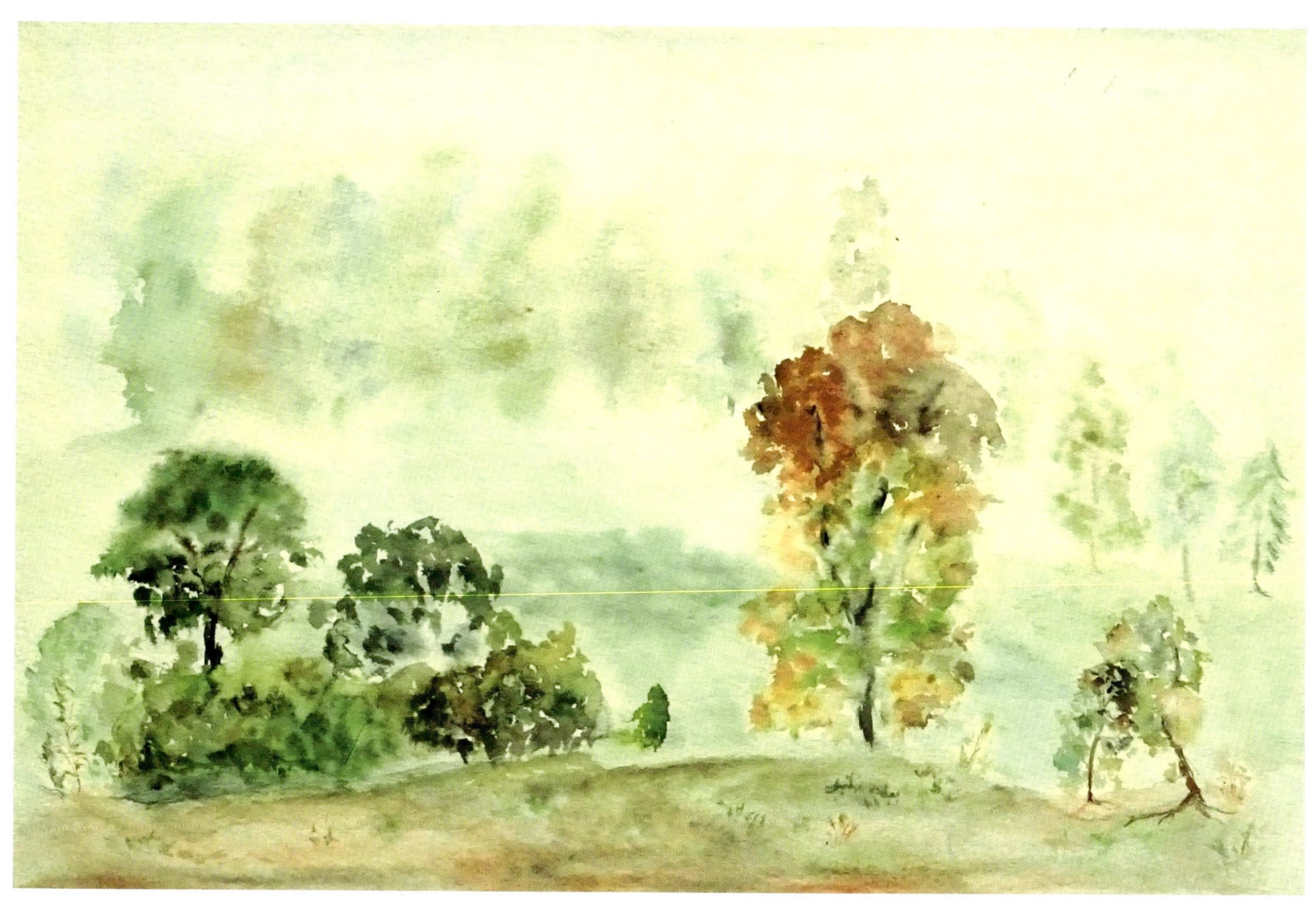

Nicole Thiem, 14 Jahre. Herbstbaum, Aquarell, 1986

Ich erinnere mich, wie er in den anderen Jahreszeiten aussah. Ist es nicht, als erscheine der ganze Herbst in diesem einen Baum? „Oh wie vergänglich, wie kurzlebig ist doch alles Schöne auf Erden. Es kommt wie ein Wunder und flieht wie das Glück."

Ernst Thälmann, Briefe aus dem Gefängnis an seine Angehörigen, Dietz Verlag, Berlin, 1965

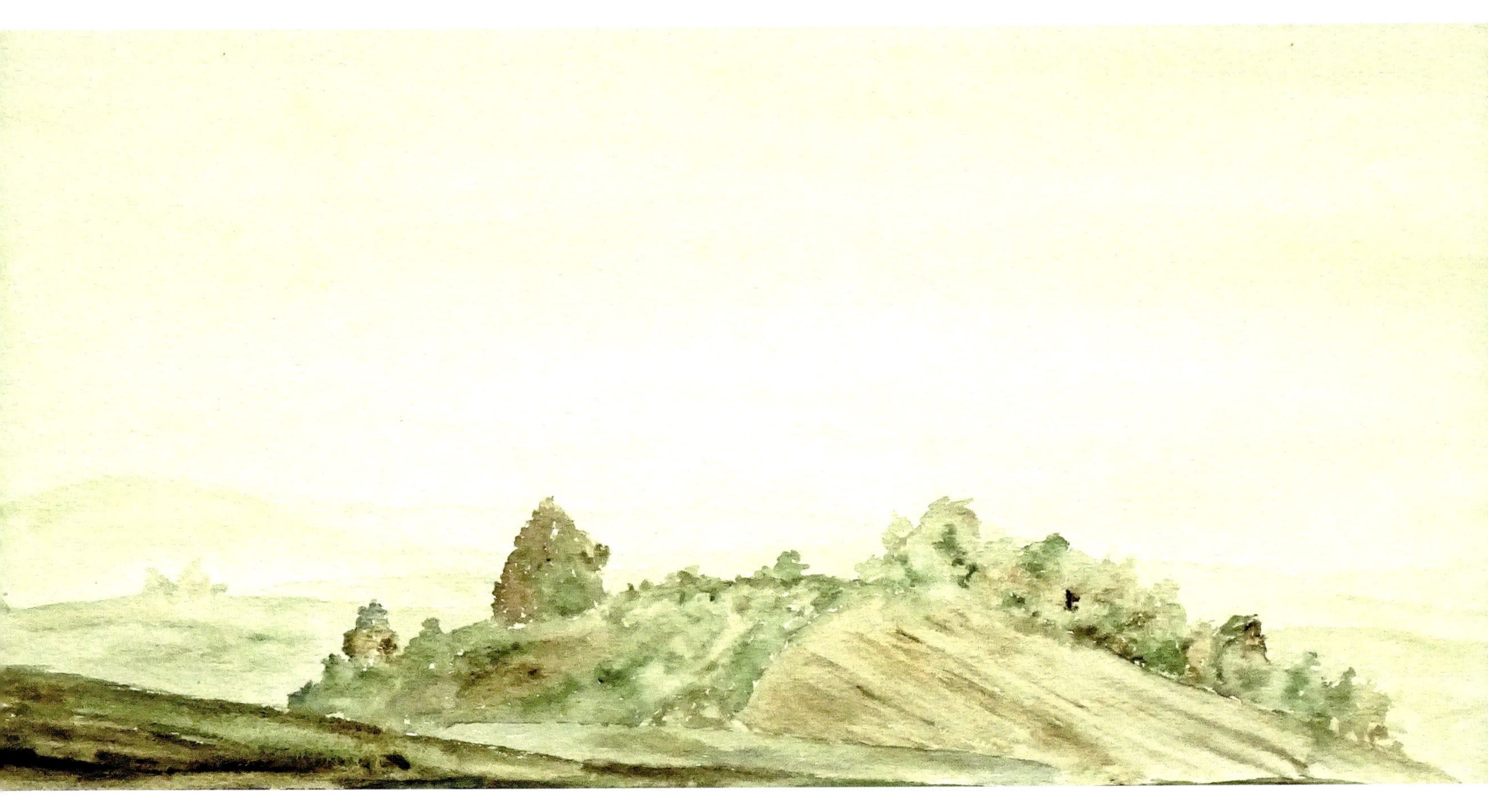

Kühl, nass und kalt war es heute geworden. Die Welt sah wie verhangen aus. Dunst stieg vom Boden, der warm noch war vom Tage. Kälte kroch mir in die Kleidung. Und dennoch: Schön ist die Natur auch an einem solchen Tag, wenn die Vögel leiser singen, das farbige Laub auf dem Weg leuchtet.

Ulf Zumpe

Ulf Zumpe, 15 Jahre. Verhangener Tag, Aquarell, 1986

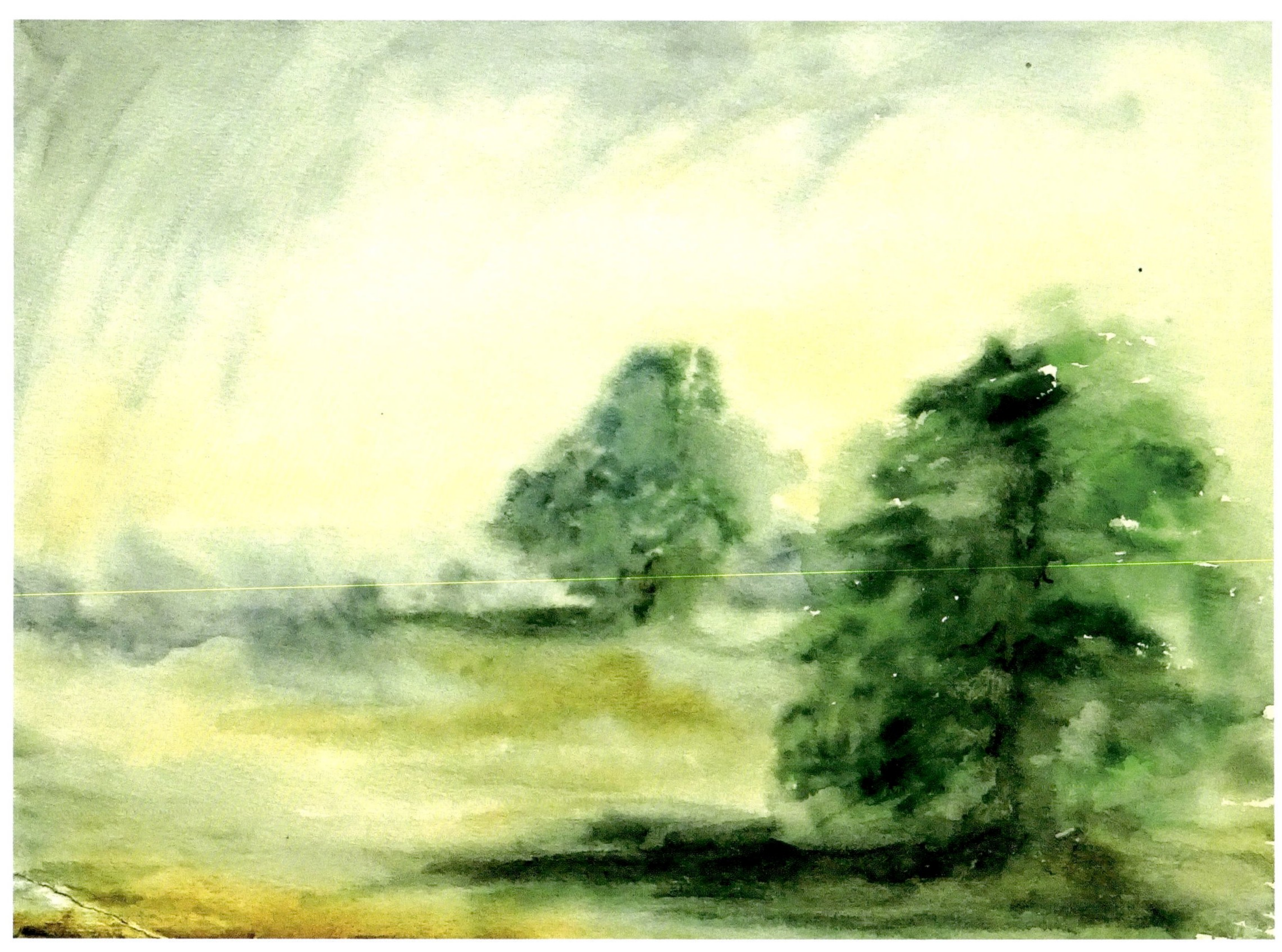

Maraike Schulz, 17 Jahre. Regentag, Aquarell, 1986

Lustig kribbelt Regen in meinem Gesicht, alles atmet auf, so auch ich. Komisch, in der Stadt will ich bei Regen nicht aus dem Haus.

Mareike Schulz

„Wenn der Sturm sie packt, verschließt die Birke sich. Der zarten Berührung des Regens aber gewährt sie ihren geheimsten Duft."

Toyotama Tsuno

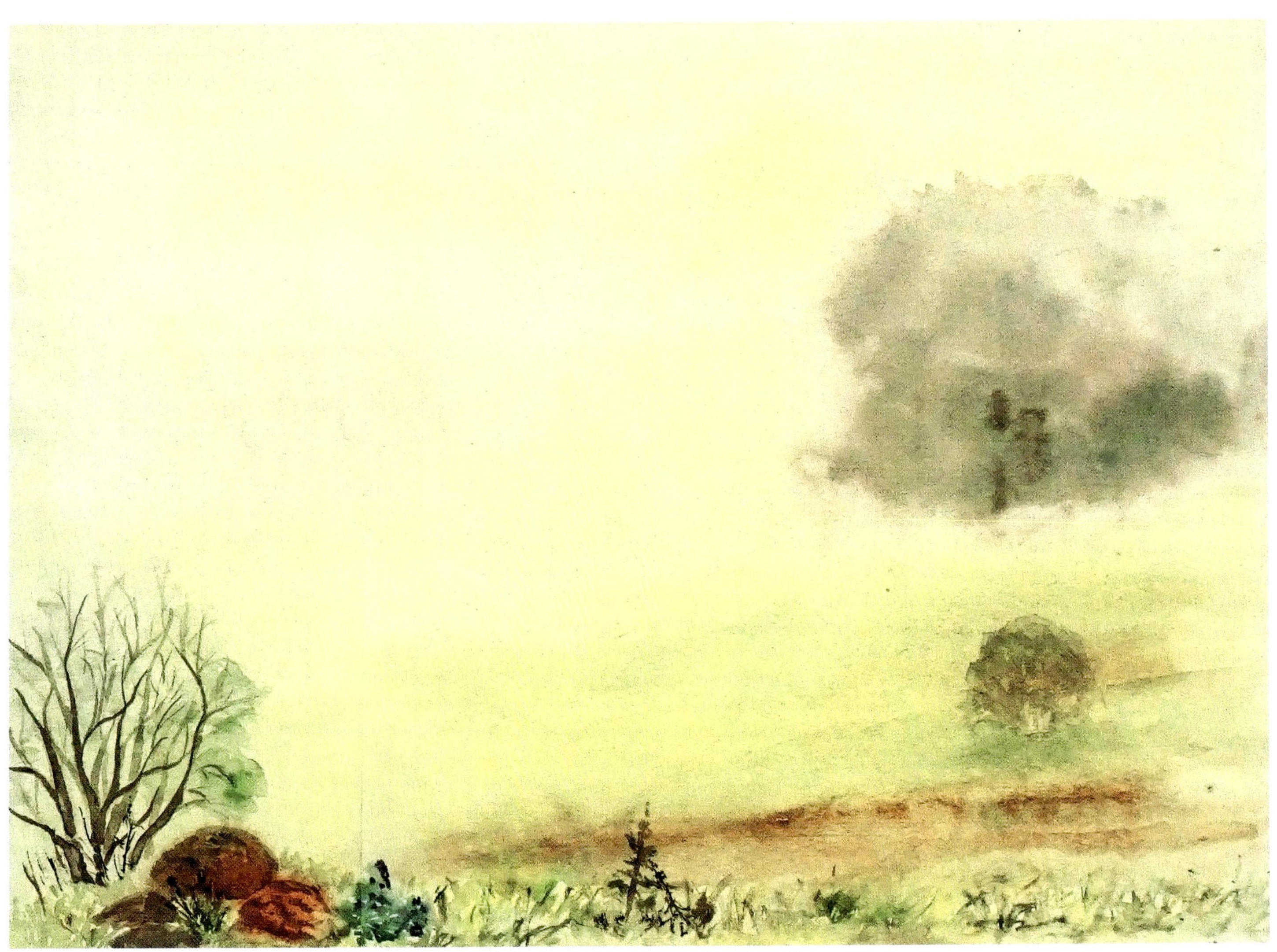

Heraus gequält habe ich mich aus meinem molligen Bett, wollte den Morgennebel erleben. Ich dachte, er ist unangenehm kalt und feucht.

Doch als ich ihn durchschritt, vergaß ich alles, und in mir war ein Glücksgefühl. Ich kann das gar nicht beschreiben. Du musst es selbst erleben. Steh auf!

Daniela Hinz

Daniela Hinz, 13 Jahre. Morgennebel, Aquarell, 1986

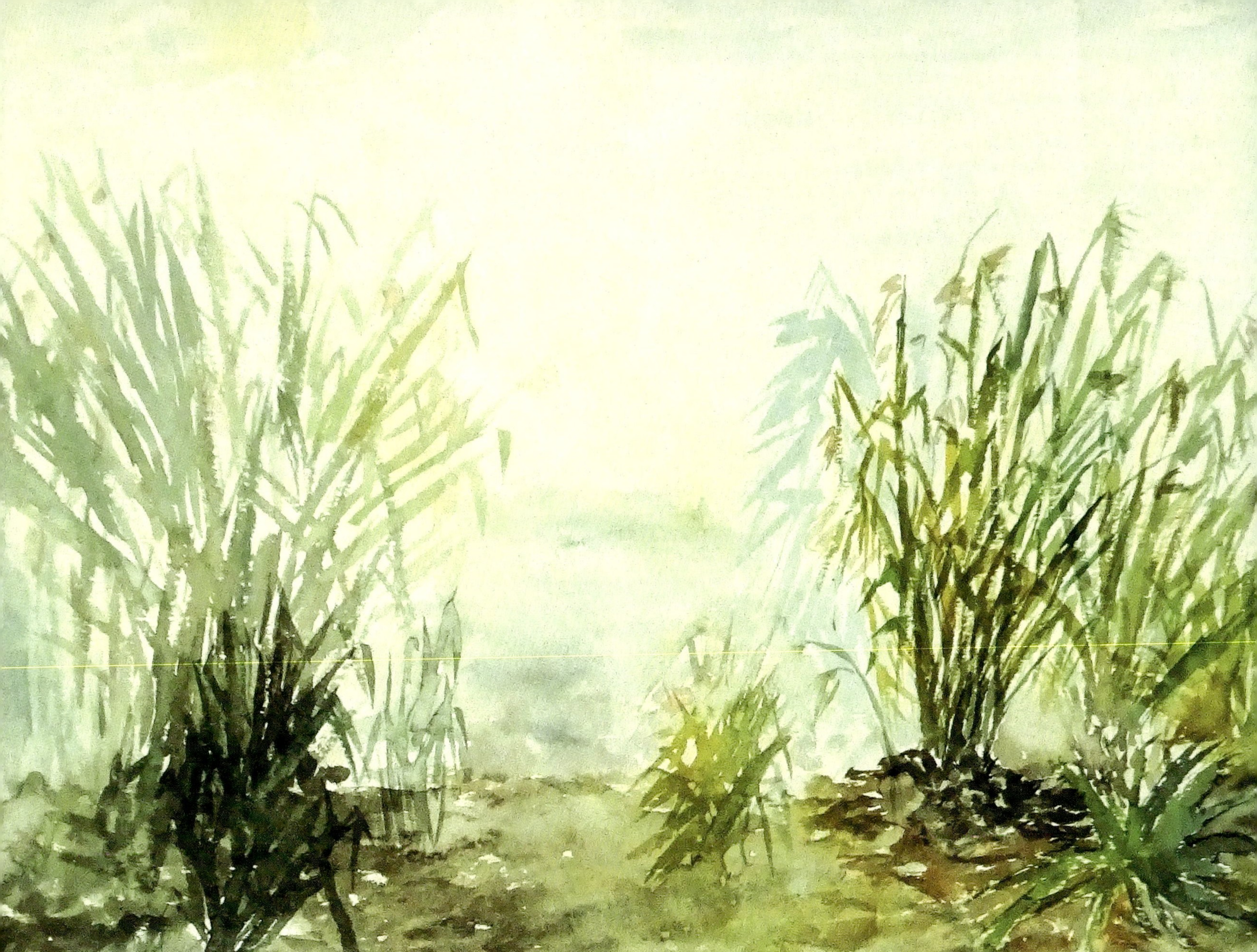

Jeanette Grabow, 15 Jahre. Fliehender Sommer im Schilf, Aquarell, 1986

Ruhig ist es geworden. Die Singvögel sind schon in den fernen Süden aufgebrochen. Nur selten durchbricht das Geschnatter einer Ente, die im Schilf Schutz sucht, die Stille. Die Sonnenstrahlen haben die Wärme des Sommers verloren. Ein Zug hält am Bahnhof, wo der Wanderweg beginnt. Und reißt mich aus den Erinnerungen.

Jeanette Grabow

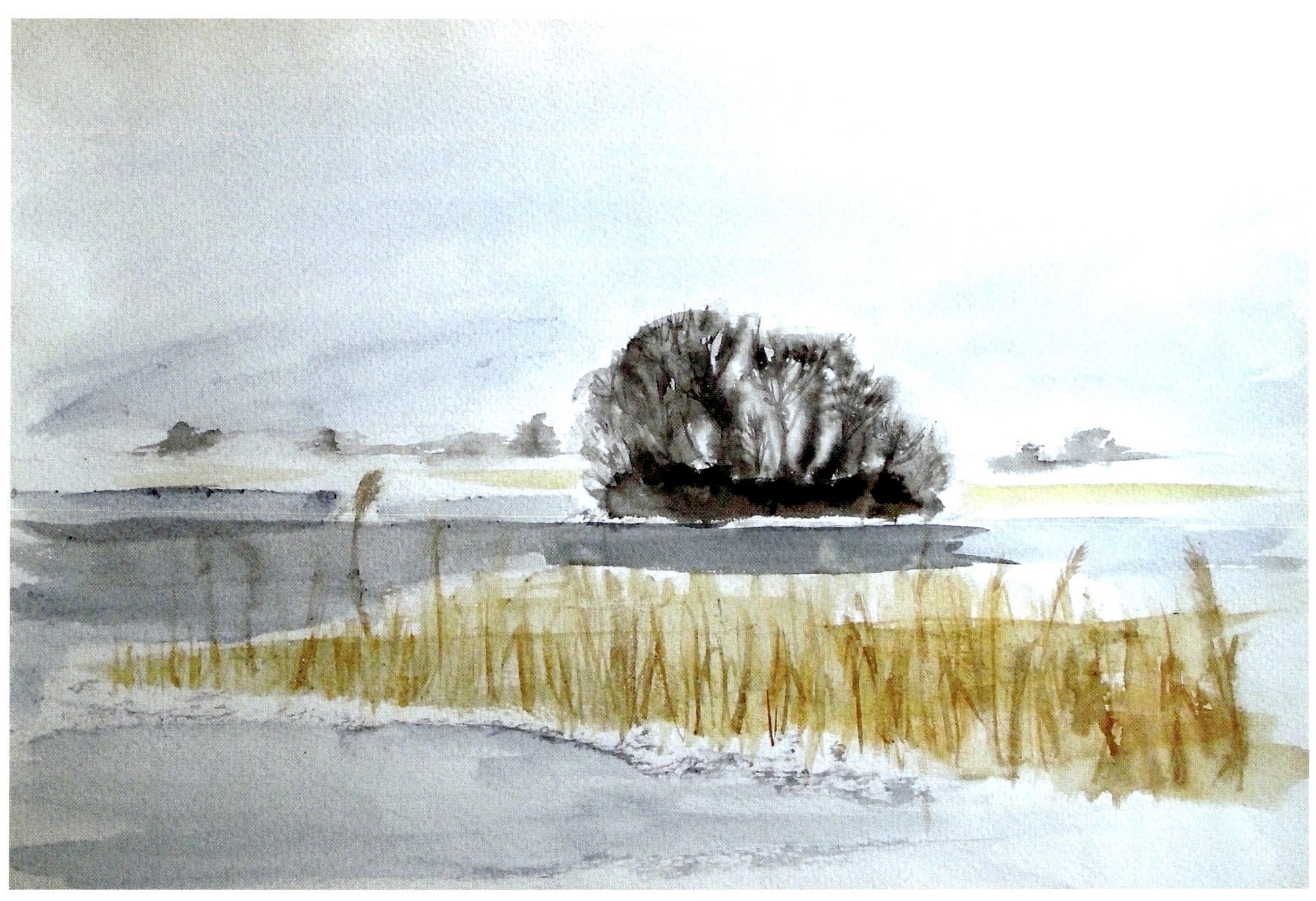

Wir waren im Ferienlager Pehlitz. Trotz der Kälte zog es mich zum Malen nach draußen, und ich wanderte an einem trüben Nachmittag übers schneebedeckte Feld zum Parsteiner See hinunter. Es war wunderbar so allein. Der wässrige Pinselstrich gefror auf dem Papier und bildete kleine Eiskristalle. Wie eine kostbare Beute trug ich das Bild vorsichtig nach Hause. Bis heute bin ich Wali sehr dankbar, dass er uns allein hat losziehen lassen. So konnten wir wirklich intensive Naturerlebnisse mit dem Malen verbinden.

Barbara Bremer

Barbara Bremer, 17 Jahre. Winter am Parsteiner See, Aquarell, 1986, privat

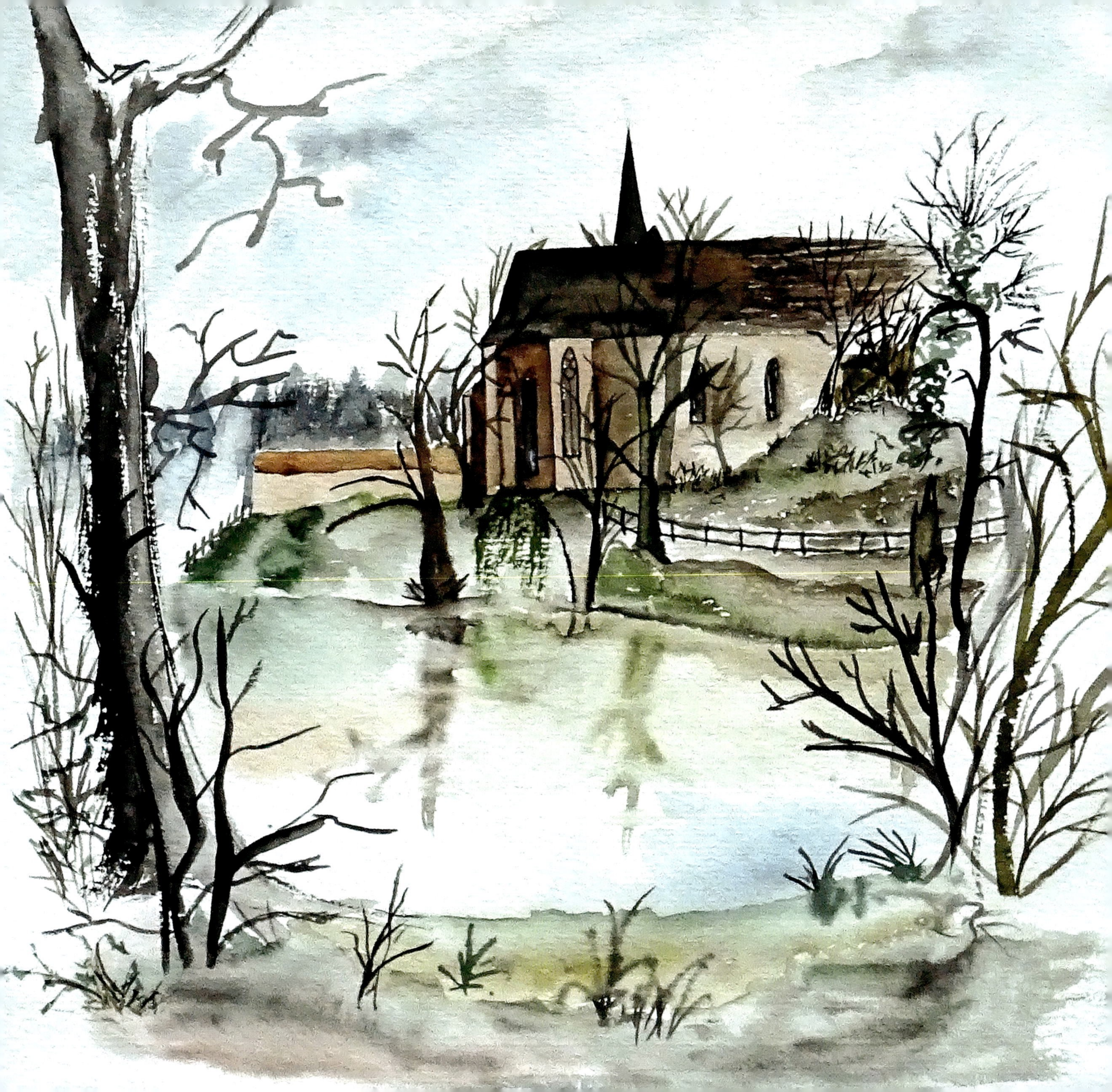

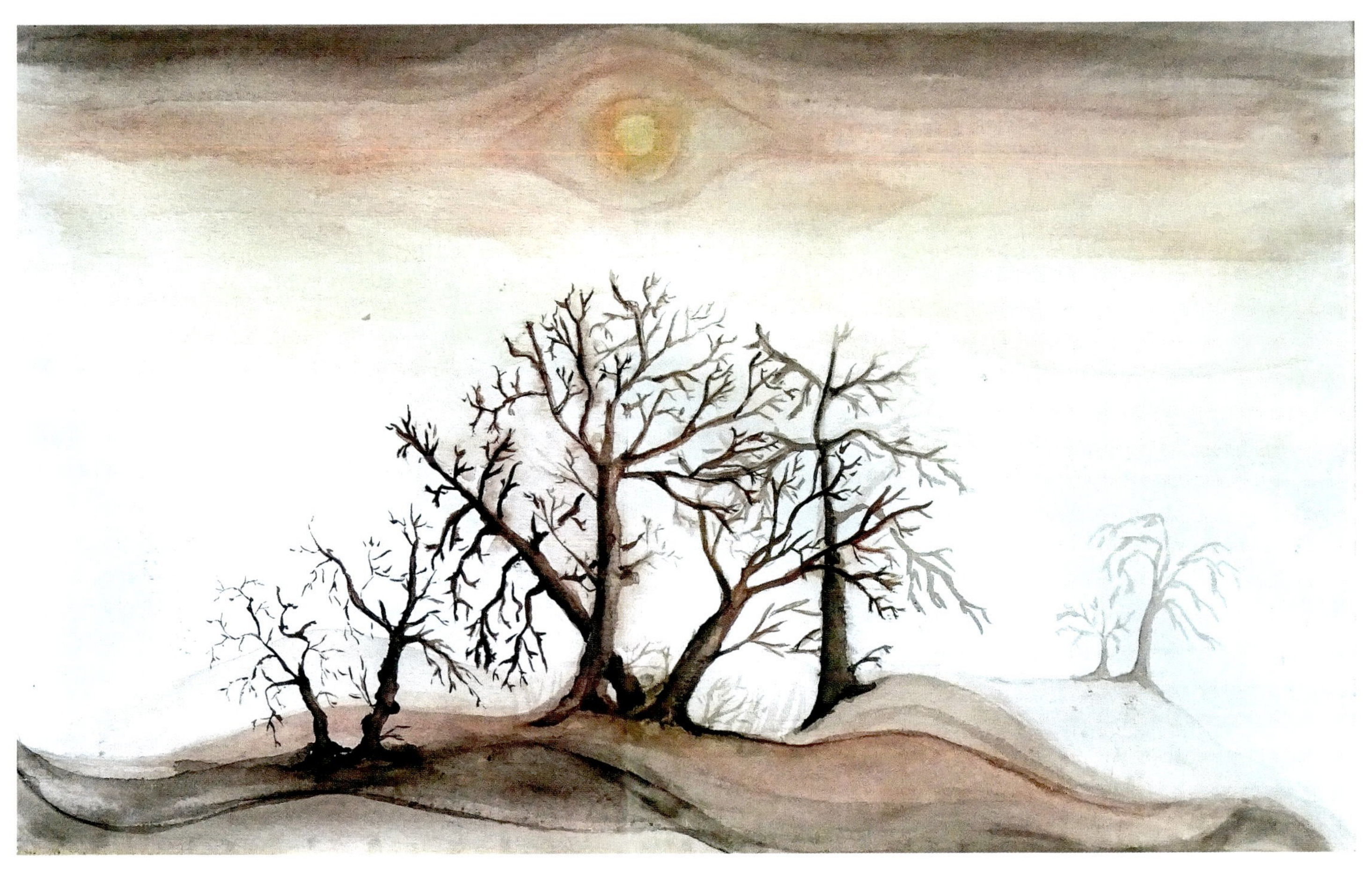

Kitty Wahls, 15 Jahre. Baumgruppe, Aquarell, 1985

◁ *Babette Ponndorf, 16 Jahre. Blick über den Amtssee auf Kloster Chorin, Aquarell, 1985*

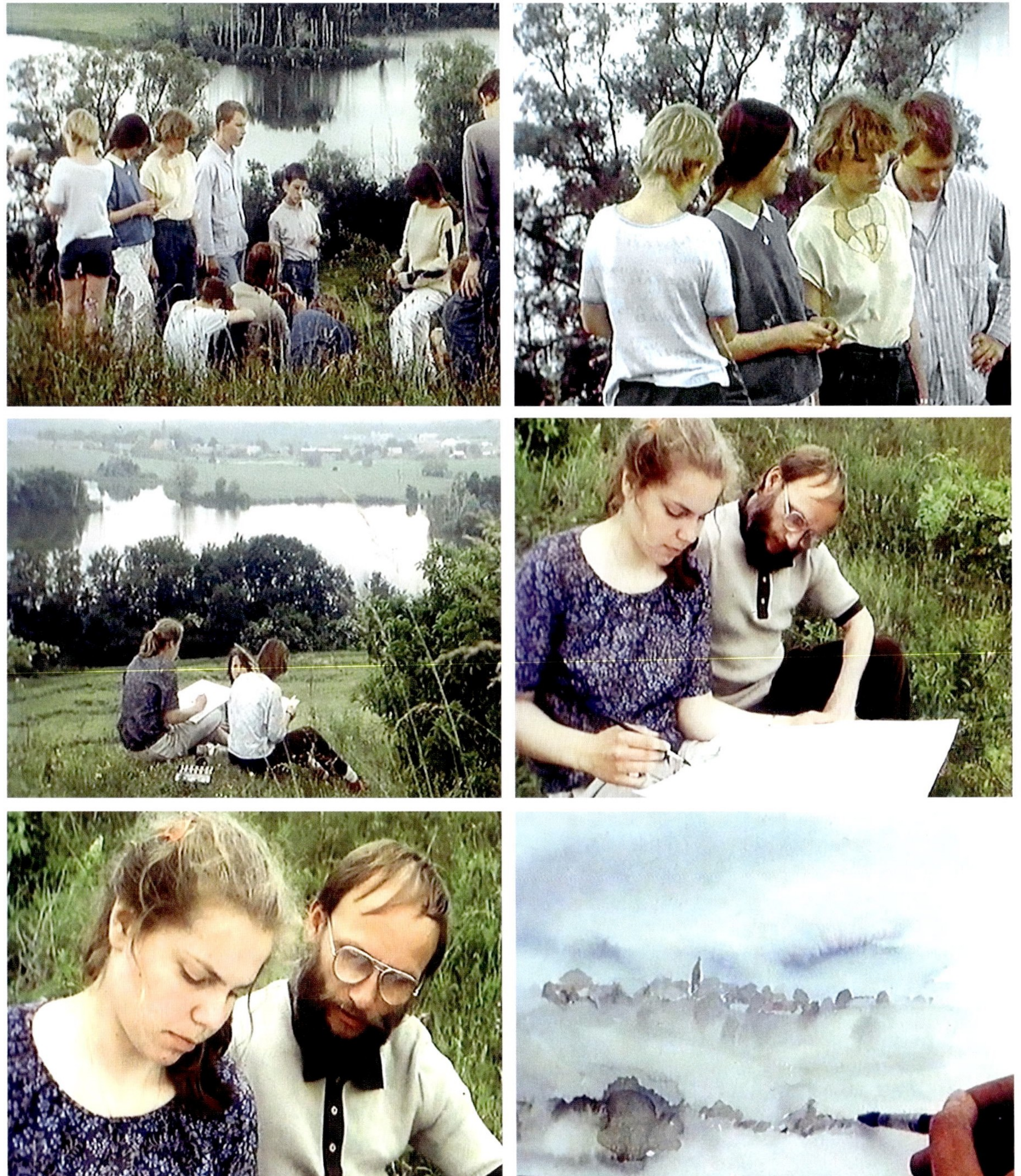

Ausflug auf den Rummelsberg. Fotos: Werner Peter, 1987

EXKURSION ZUM RUMMELSBERG

Als wir im Sommer 1987 das Dorf Brodowin vom Rummelsberg aus malten, war ich schon drei Jahre bei „Wali" und hatte an einigen der zweiwöchigen Sommerferienlager teilgenommen. Ich bin wirklich nicht begabt und erinnere mich an viel innere Qual, weil ich nicht verstand, was Wali meinte: „Male die Wolke, wie sie entstanden ist."

Oder: „In jedem Gegenstand ist immer auch die Farbe des Himmels" Oder: „Die Farben des Tuschkastens sind nur Irreführungen."

Aber dieses Rätselhafte hat mich herausgefordert, ich wollte unbedingt dahinter kommen und bin dabei geblieben, auch gegen Widerstände. Am Rande von Brodowin waren wir auch mal im Ferienlager. Es war eigentlich ein langweiliges Dorf, der breite Anger, die Gehöfte hinter großen geschlossen Toren, am LPG-Eingang die täglichen Planerfüllungszahlen der Milchproduktion.

Aber an diesem Tag vom Rummelsberg aus, wie es da so hingeduckt lag hinter dem See, mit seiner Stüler-Kirche, Wali für uns Flöte spielte, er sich mal still auch neben mich setzte, da fand ich es schön.

Das Dorf mit Landschaft und Himmel erschienen mir eins, dem Alltag enthoben.

Da habe ich losgetuscht. Diesmal störte mich nichts, ich war ganz hingegeben an mein geradezu zärtliches Gefühl für das Dorf da unten. Wir haben dann noch zwei Stunden Büsche gerodet.

Auf dem trockenen, sonnigen Berg wachsen bunte Steppenpflanzen. Die haben hier ihre nordöstlichste Ausbreitung und brauchen viel Sonne. Eine Rarität für jeden Naturliebhaber.

Was wir noch nicht ahnten: Dass Walis Rauswurf aus dem Pionierhaus bevorstand.

Iris Berndt,
Kunsthistorikerin, Potsdam

Parkplatz am Kloster, um 1985. Foto: Iris Berndt

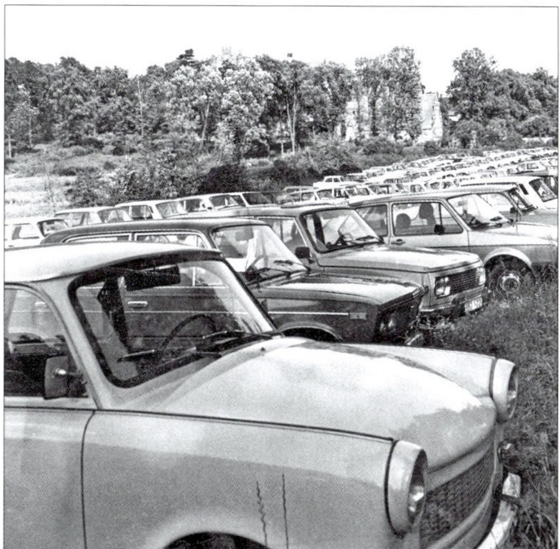

Ance Ihmann, 15 Jahre. Bäume, Aquarell, 1985

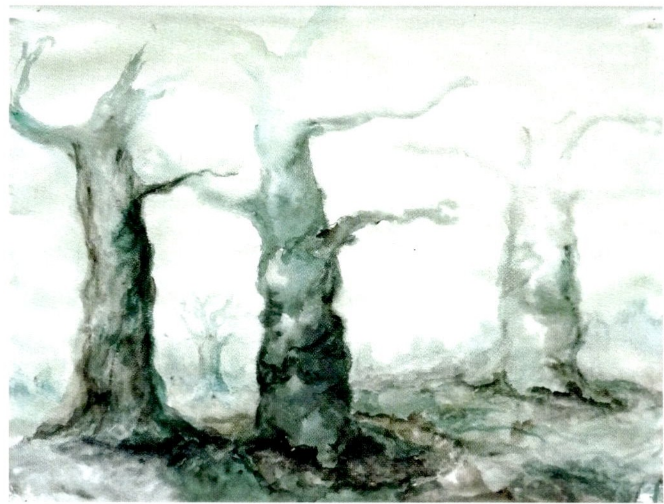

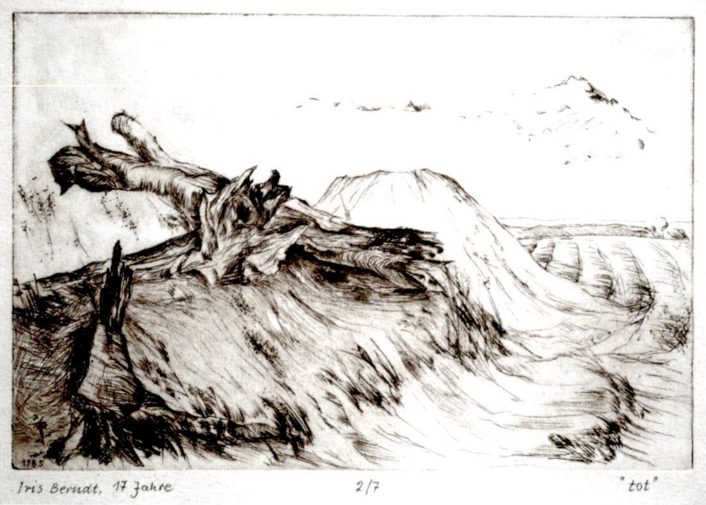

Iris Berndt, 17 Jahre. Toter Baum, Radierung, 1986

Franz Werfel, „Der Spiegelmensch", verwendet in der 4. Fontane-Ausstellung, 1986

„Ja ich durchschaue das Geschwätz.
Wenn abgefeimte prahlen,
daß sie wollen,
und doch nur Kugeln sind,
die abwärts rollen
zu Schlaf und Fraß ins
möglichst Angenehme.
Es herrscht zuletzt das
Endgültig-Bequeme!"

Franz Werfel

(aus Dramen, Berlin/Weimar 1973)

FRISTLOSE KÜNDIGUNG

Die 750-Jahr-Feier Berlins 1987 mit der Einweihung der wiedererbauten Nikolaikirche und dem schönen Wohnviertel ringsum brachte neue Themen zum Zeichnen. Zugleich versetzten Michael Gorbatschow und die kirchlichen Umweltgruppen das verkrustete DDR-Politbüro in Panik zwischen Angst und Lockerungen.

Die 1980 gegründete „Gesellschaft für Natur und Umwelt" im Kulturbund der DDR durfte im Mai 1987 endlich zu einer „1. Zentralen Delegiertenkonferenz" in den Dresdener Kulturpalast einladen. Ein Großereignis für die zeitweise 60 000 Mitglieder. Gaben sie doch mit ihrer engagierten Freizeitarbeit in 1600 Fachgruppen dem ehrenamtlichen DDR-Natur- und Umweltschutz hohe Kompetenz.

Zu den Gästen gehörten Bauern, kritische Künstler und Schriftsteller wie Lia Pirskawetz und Reimar Gilsenbach. Vorn im Präsidium saß auch Umweltminister Hans Reichelt, dem man persönliches Bemühen aber vor allem auferlegte Behinderungspolitik nachsagte. Interessiert ging er in der Pause durch die im Foyer aufgebaute 5. Fontane-Ausstellung. Iris Berndt aus dem Zirkel hielt im Saal auch eine bewegende Rede, schilderte Zauber wie Ärger beim Landschaft-Erforschen.

Der Beifall der Wissenschaftler war überraschend. So ahnte keiner Böses, als nach dem Sommer Martina Schreiber, die neue Direktorin des Pionierhauses, Gilbert Waligora fragte, ob er eine große Ausstellung über alle fünf Etagen des galerieartigen Treppenhauses machen würde. Auch die Jugendlichen waren begeistert.

In kurzer Zeit hingen viele der seit 1983 geschaffenen Tafeln, schönen wie kritischen Aquarelle, Fotos und Texte. Auch zum Zeltplatz Pehlitzwerder. Doch schon nach drei Tagen wurde alles wieder abgebaut. War es eine Falle?

Die Wut einiger Herren vom Zeltplatz kochte bis zum FDJ-Zentralrat. Gilbert Waligora sei ungeeignet für die kommunistische Erziehung der Kinder. Ab sofort würde, so die Direktorin „nur noch gemalt, was wir bestimmen". Der Bezirksschulrat ließ Fahrten der Jugendlichen zum Zeltplatz Pehlitzwerder verbieten, weil er für ihre „physische Sicherheit" nicht garantieren konnte.

Tage später überreichte der Pförtner Gilbert Waligora in einem offenen Umschlag kommentarlos ein Schreiben. Er habe innerhalb von drei Tagen den Schlüssel abzugeben. Die Kündigung nach 23 verdienstvollen Jahren!

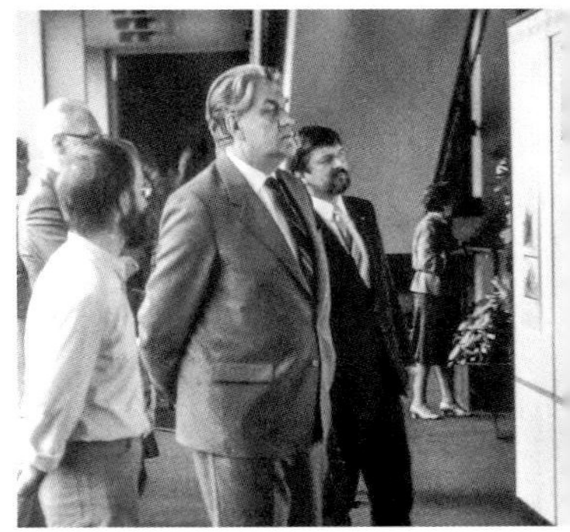

Umweltminister Hans Reichelt besichtigt während der Dresdner Konferenz 1987 mit Gilbert Waligora die Ausstellung. Foto: privat

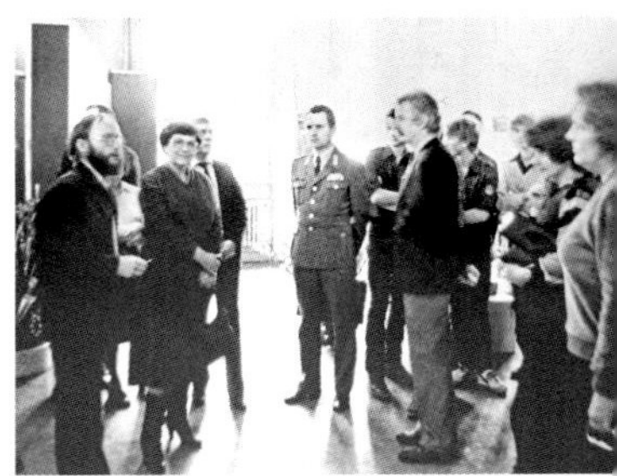

Ausstellungeröffnung im Pionierhaus. Foto: privat

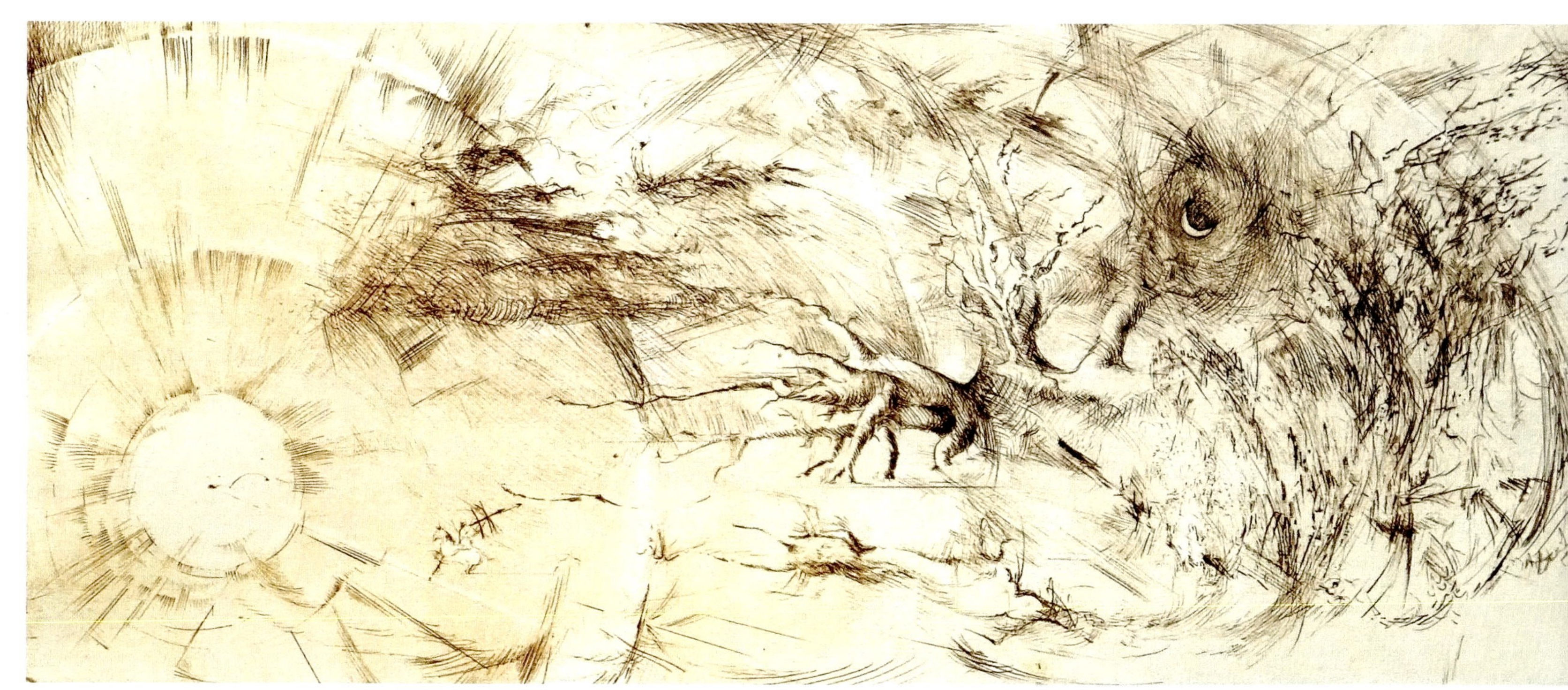

Gilbert Waligora,
Ohne Titel,
Radierung, 1989,
privat

ENDE UND ANFANG

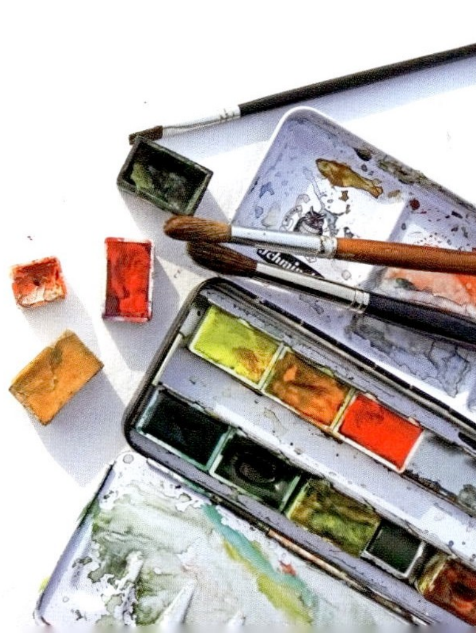

WOHIN MIT DEN KINDERN?

Arbeitslos in der DDR. Eine erfolgreiche Kindergruppe, die quasi aufgelöst wird. Das gab es offiziell eigentlich gar nicht.

Ohne Erklärung hatte sich Gilbert Waligora von den Kindern und Eltern verabschieden müssen. Deren Eingaben an Umweltminister Hans Reichelt und Bildungsministerin Margot Honecker blieben unbeantwortet.

Es war ein tiefer, kränkender Einschnitt, aber nicht das Ende. Die Mehrheit der Kinder traf sich fortan privat mit Gilbert Waligora. Er suchte sofort eine neue Wirkungsstätte, fand sie nach einem halben Jahr im Kulturhaus des VEB Elektrokohle Lichtenberg. Und auch sonst hing der „Jugendzirkel für Grafik, Malerei und Umweltpflege" längst nicht mehr nur am großen Berliner Pionierhaus.

Denn da war ja noch die Gesellschaft für Natur und Umwelt im Kulturbund mit ihren vielen Jugendgruppen. Als „Junge Naturforscher", Ornithologen, Entomologen oder Mitglieder von Arbeitsgemeinschaften für „Natur und Heimat" leisteten sie wie die Älteren wertvolle praktische Naturschutzarbeit, pflegten den Austausch mit Wissenschaftlern, bald auch mit Künstlern. Gilbert Waligora hatte ja sehr früh über die Eberswalder Gruppe Kontakt gesucht. Bereits 1983 und 1985 hatte sich seine Gruppe in Dresden und in Heiligendamm mit Ausstellungen, Referaten an Zentralen Jugendtreffen beteiligt. Dort berichteten sie von ihren Sommererkundungen in der Schorfheide, von ihren Vorschlägen zur „Ergänzung des Landschaftspflegeplanes Schorfheide-Chorin" Aber auch über wichtige Naturschutzfragen in den noch unberührten schönen Landschaften im Odertal. Mit eigenen Bildern, Grafiken und Texten gestalteten sie Hefte der Gesellschaft für Natur und Umwelt zu diesen Jugendtreffen

Als Ende 1987 in Hohnstein bei Dresden ein weiteres stattfand, verschwiegen sie nicht ihre Wut über die Kündigung im Pionierhaus.

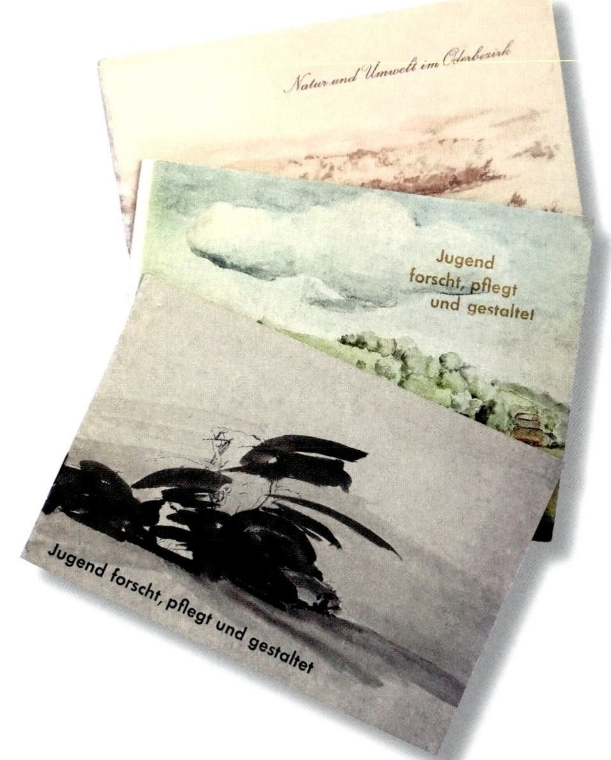

▷ *Gestaltete Hefte für die Gesellschaft für Natur und Umwelt, 1985–1988*

EMPFINDSAMKEIT

Liebe Freunde,
entsinnt Ihr Euch noch Eurer frühesten Entdeckungen? Ich war klein. Käfer krabbelten und meine Augen folgten ihnen in den samtweichen Kelch der Schwertlilie. Welch Farbenrausch fand ich da in einer einzigen Blüte. Eine Welt! Und Licht, das mich trunken machte. Solche Erlebnisse liegen wohl lange tief in uns.

Später kletterte ich auf einen Baum, mitten im elterlichen Garten. Der Nachbar schnitt gerade rechtwinklig seine Hecken, damit sie Einblicke von außen verwehren. Komm auf meinen Birnbaum, dachte ich, da geht der Blick über die privaten Parzellen in die Welt! Ich lief hinaus und wollte die Welt erfahren.

Dann kam ich in die Schule, lernte sehr viel aus Büchern, tagelang, wochenlang, monatelang. In geschlossenen Räumen. Meine Sehnsucht hing im Pappelbaum vor dem Fenster.

Eine ganz andere Lebensform erfahre ich für einige Wochen in den Sommerlagern unserer Arbeitsgemeinschaft mit Gilbert Waligora, wo sich alles wieder zusammenfügt: Nach gemeinsamem Baden im morgendlichen See verabschieden wir uns für Stunden zu unseren selbstgewählten Aufgaben.

Mich zieht es auf unseren Rummelsberg, wo sich in der Frühwärme die Düfte von Dost, Thymian, Wiesensalbei und anderen Kräutern der buntblumigen Wiesensteppe entfalten. Barbara und Kaja suchen hier Kulturgeschichtliches. Tobias beschäftigt sich mit den vernachlässigten Kopfweiden.

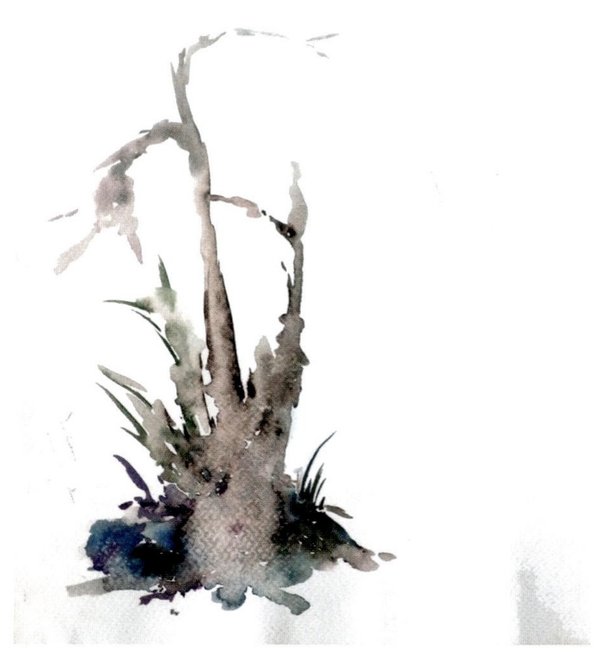

Ulrike Jährling ,
15 Jahre.
Kleine Baumstudie,
Aquarell, 1991

Erfüllt kehren wir mittags ins Lager zurück.

Hier in der Natur überprüfen wir zwangsläufig unsere in komfortablen Haushalten entwickelten Bedürfnisse. Ich staune, worauf ich alles verzichten kann.

Am Nachmittag halten wir stumme Zwiesprache mit der Natur. Wir malen. Zeit der Besinnung.

Liebe Freunde,
erhaltet Euch auch die Empfindsamkeit. Man hat uns schon vorgeworfen, sie mache lebensuntauglich. Oder da kämen die Weltprobleme ja auf den Küchentisch. Na klar, da gehören sie auch hin. Verschweigen ist kein Naturschutz.

Unsere Arbeit am Pionierhaus in Berlin wurde jäh unterbrochen, darf nicht fortgeführt werden. Wir verstehen das nicht. Ich fühle mich ohnmächtig.

Iris Berndt, 19 Jahre, aus einer Rede auf dem 3. Zentralen Treffen der Jugendlichen der Gesellschaft für Natur und Umwelt im Kulturbund der DDR, Hohnstein, Dezember 1987.

AUSSTELLUNG ÜBER LIEPE

Die auf enge Fachthemen fixierten Jugendgruppen der Gesellschaft für Natur und Umwelt empfanden die poetischen wie kritischen Gedanken und die künstlerische Sicht der Walikinder als Bereicherung. Sie bedankten sich für die neuen Einblicke.

Darüber schrieb der Vorsitzende der Gesellschaft für Natur und Umwelt, Rolf Caspar, im Heft „Jugend forscht, pflegt und gestaltet", das nach dem III. Jugendtreffen in Hohnstein entstand:

In so manches junge Leben wird hier zum ersten Mal so eindringlich und so wahrhaftig Poesie und Gefühlskultur getreten sein, dem Forschen, Pflegen und Gestalten eine neue Dimension ausbreitend.

Diese Jugendlichen haben – mit kritischem Selbstbewusstsein – etwas verstanden vom Wert der ökologischen Kultur für künftiges menschliches Dasein.

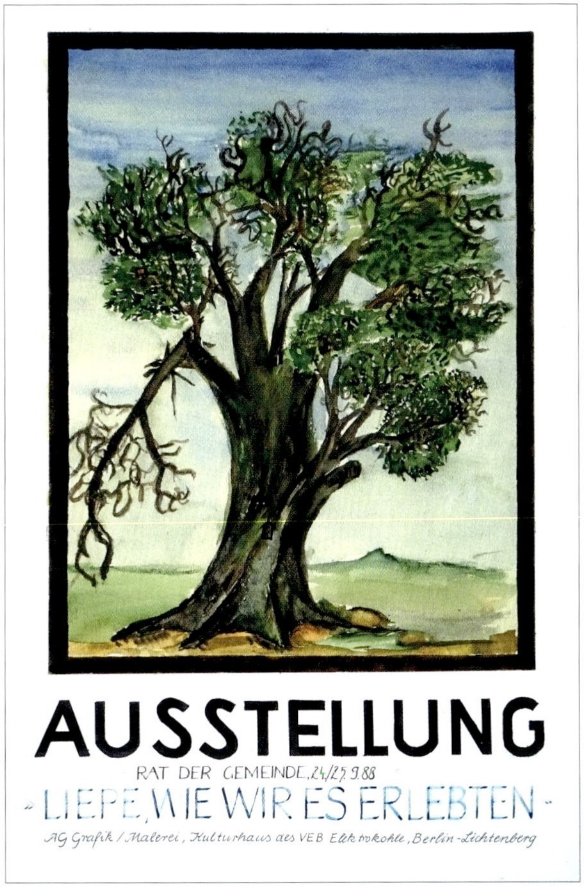

Die einzige Bedingung für das neue Zuhause im Kulturhaus des VEB Elektrokohle Berlin-Lichtenberg war, dass Gilbert Waligora auch einen Zirkel für Erwachsene übernehmen musste. Das tat er gern. Die Jugendlichen beschlossen, in ihrer Lieblingslandschaft rings um Chorin weiter zu machen und eine neue Ausstellung zu gestalten.

Im Mittelpunkt stand das Dorf Liepe anlässlich seiner 750-Jahr-Feier. Also die Geschichte, die Menschen und auch Probleme, die die Kinder sahen: Weshalb lag der Raum für das aus den Gärten aufgekaufte Obst neben dem Lager für Chemikalien? Wieso wurde der baufällige Feuerwehrturm im Dorf nicht abgerissen? Warum fanden sie den Wetterhahn, eigentlich ein Wetterkarpfen, achtlos un-

Plakat zur Ausstellung, 1988

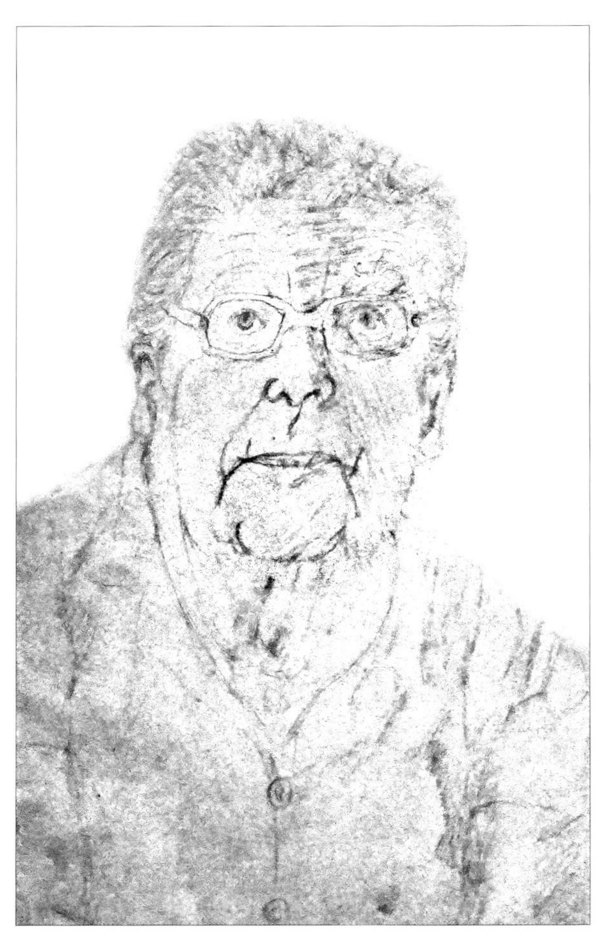

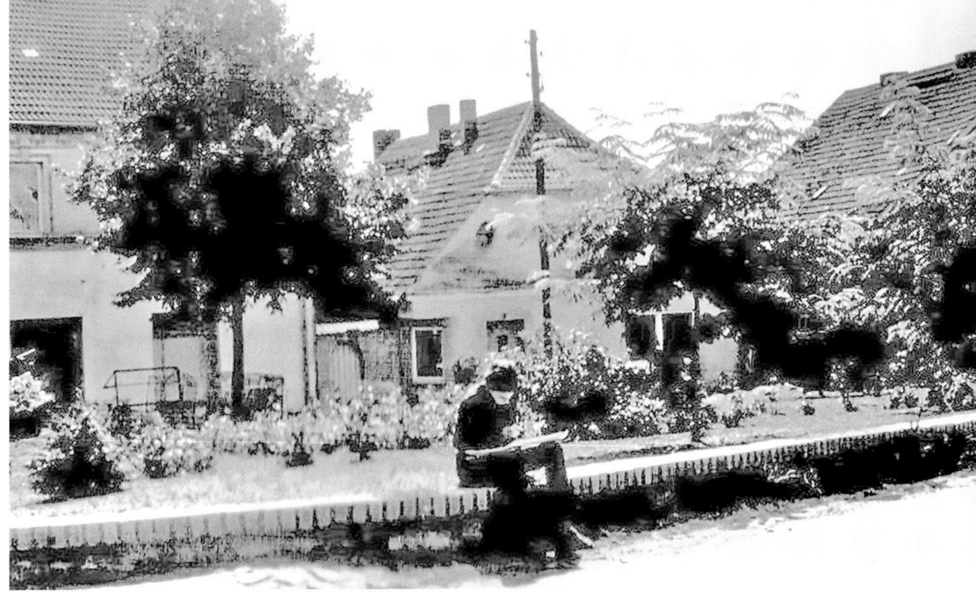

ten neben der Kirche? Weshalb schwammen auf dem Finowkanal weiße Flocken?

Wieder wurde man hellhörig, wollte die Ausstellung verhindern. Doch der Bürgermeister schrieb einen guten Text zum Geleit. Und an nur einem Septemberwochenende 1988 kamen 300 Besucher. „Macht weiter so!", hieß es.

Malen in Liepe, 1988. Foto: David Furmanek

Alexander Martynow, 10 Jahre. Helene Tersch, Die alte Gemeindeschwester von Liepe, Bleistift, 1988

Jens Pietschmann,
15 Jahre.
Ansicht Liepe,
lavierte Zeichnung,
1988

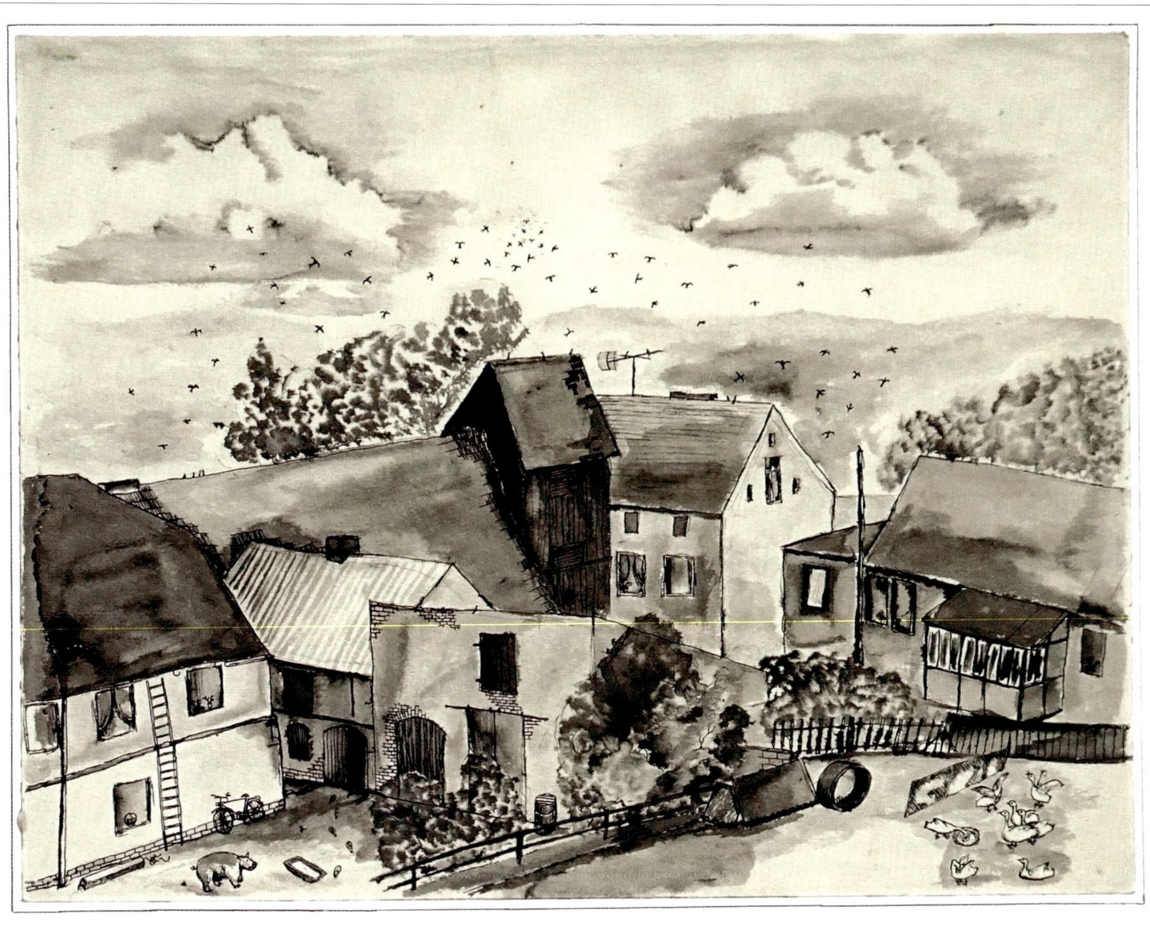

Von diesem hochgelegenden Standpunkt schaue ich auf das Zentrum von Liepe. Ich sehe wie schön dieser Ort ist und im Geiste stelle ich mir ihn noch schöner vor. Es ist ein neuer Bürgermeister gekommen, dessen jugendlicher Elan aber nicht alle Probleme über Nacht zu lösen vermag. Unter dieser elanvollen Führung sollten alle Lieper gemeinsam beraten und klug planen um die angehäuften Probleme Schritt für Schritt abzubauen. So kann man gemeinsam dafür sorgen, daß die vielen guten Ideen verwirklicht werden und neue Einfälle hinzukommen um so Liepe in ein grünendes und blühendes Dorf zu verwandeln.

Jens Pietschmann, 15 Jahre

▷ *Sebastian Bürkner,*
13 Jahre.
Verfallener Hof in Liepe,
Aquarell, 1988

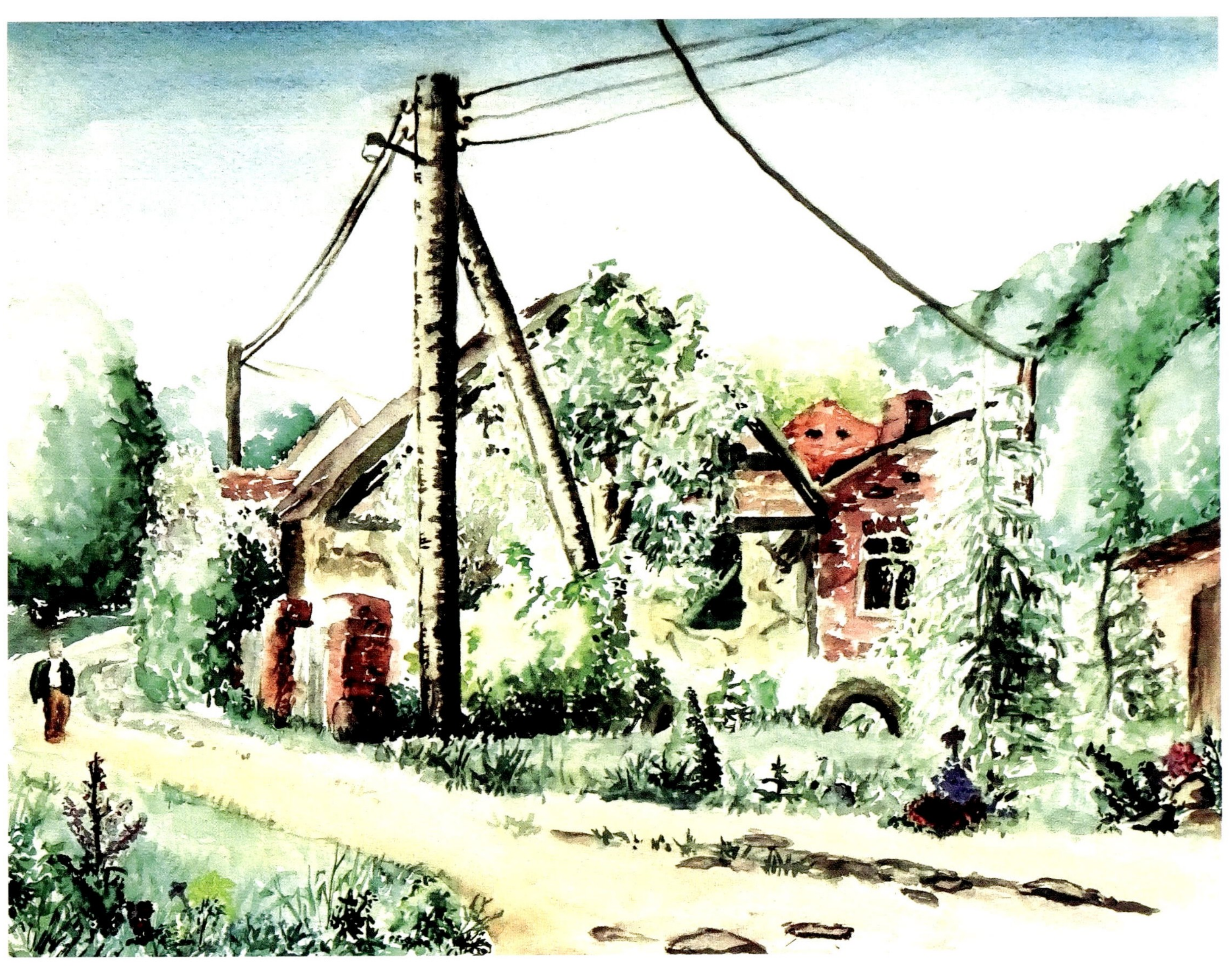

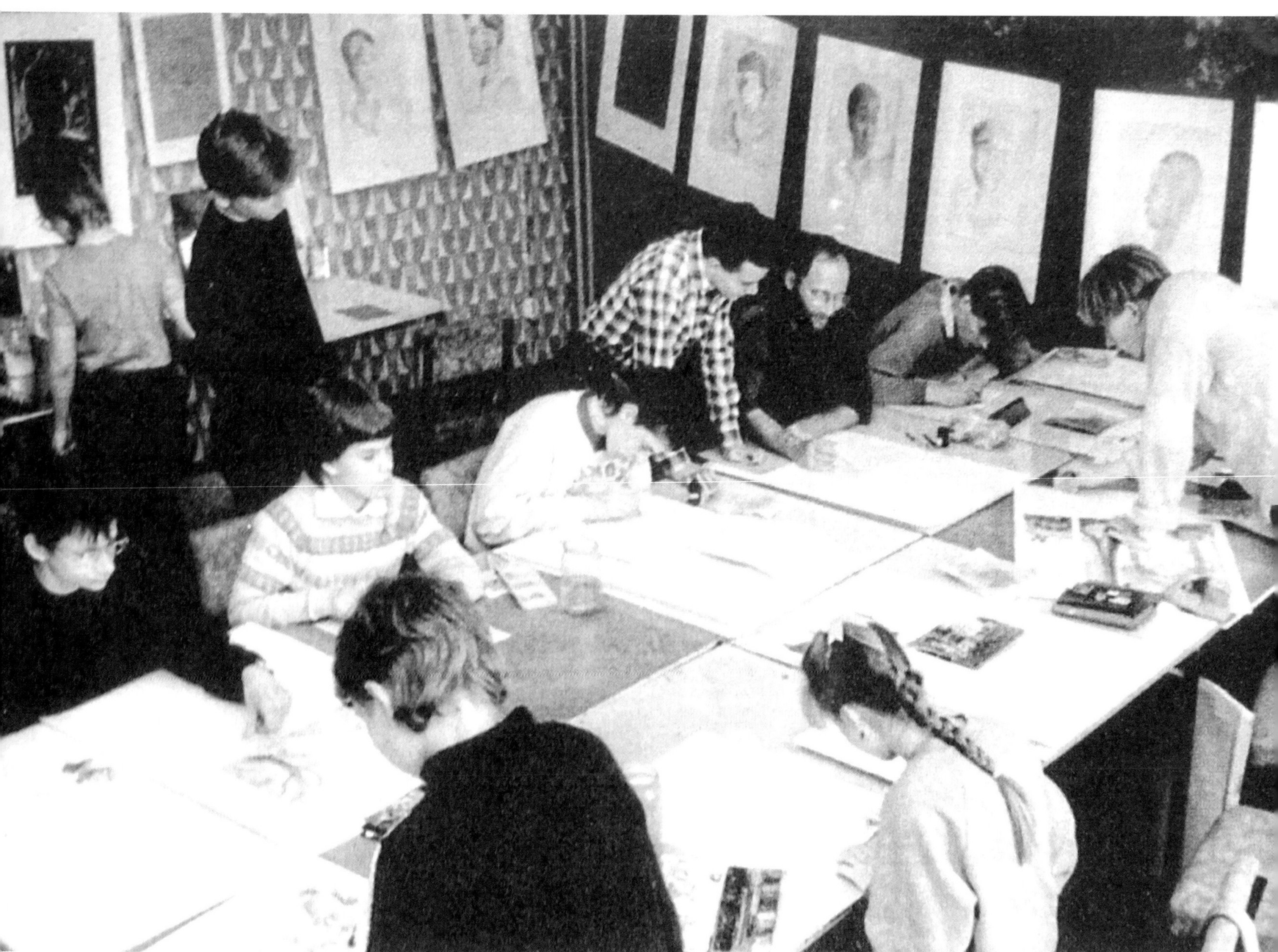

DIE WENDE

Am 4. November 1989 eilte auch Gilbert Waligora zum Alexanderplatz. Dort hatten sich hunderttausende Menschen zur größten nicht staatlich gelenkten Demonstration in der DDR-Geschichte versammelt. Er hörte die Mahnungen der Künstler, fand sich in seiner Arbeit, Jugendlichen Mut, Herz und Verstand zu öffnen, bestätigt.

Der Mauerfall brachte ein Ende ständiger ideologischer Kontrolle der Pädagogen. Aber auch das Aus der Pionierhäuser, der kostenlosen Arbeitsgemeinschaften und Ferienlager. Jahr für Jahr waren sie bis dahin zum beliebten Internationalen Sommerlager in die Pionierrepublik am Werbellinsee gefahren. Die hieß nun „Kinderland", ab 1992 „Europäische Jugenderholungs- und Begegnungsstätte". Sie wurde ab 2004 nach Trägerwechseln privatisiert, liebevoll modernisiert, aber auch teuer. Nicht alle Eltern hatten das nötige Geld dafür.

In den Kinderlandwochen 1990 /1991 zeichneten sie noch unbekümmert Porträts von Jugendlichen aus anderen Ländern, saßen an Ausstellungen und kauften aus dem Erlös eigener Scherenschnitte Schulmaterial für Kinder aus Tschernobyl und Mocambique. Ringsum gab es herrlichen Wald mit vielen Altbäumen.

Da kam bei ihren Wanderungen plötzlich ein neuer Wunsch auf: *„Wali, wir wollen Wald malen",* sagten einige. *„Aber was ist eigentlich Wald?"* fragten andere *„Viele Bäume oder mehr?" „Seht genau hin."* sagte Gilbert Waligora.

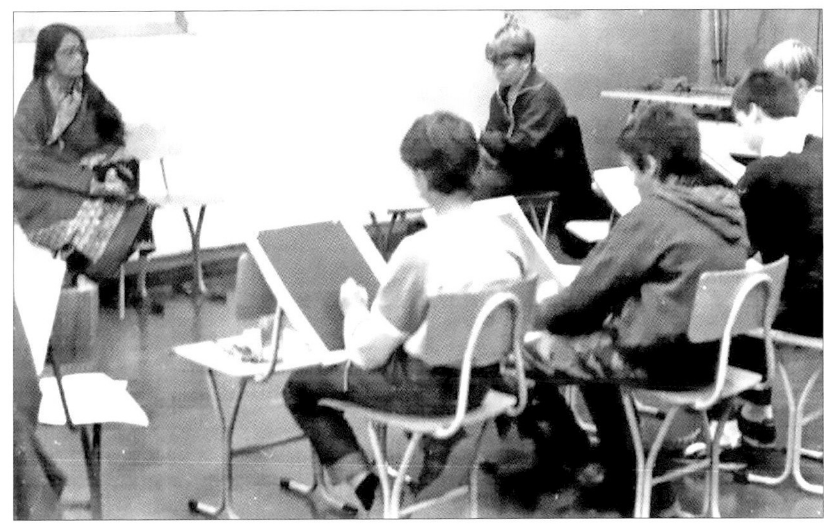

Erst Pionierrepublik dann Kinderland, Porträtzeichnen, 1990. Fotos: David Furmanek

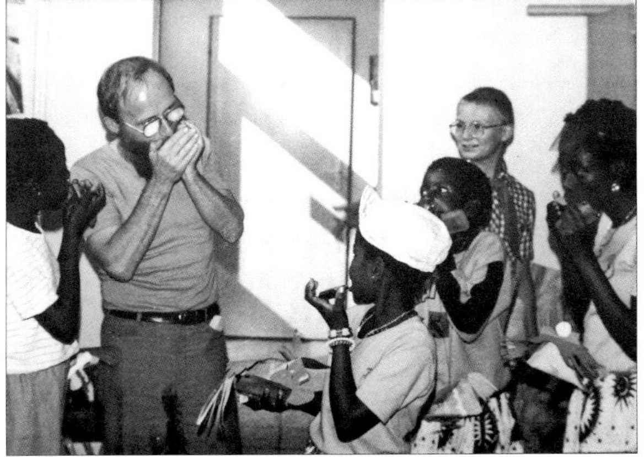

◁ Kinderland 1990, Heute Europäische Jugenderholungs- und Begegnungsstätte (EJB), Vorbereitung einer Ausstellung. Foto: David Furmanek.

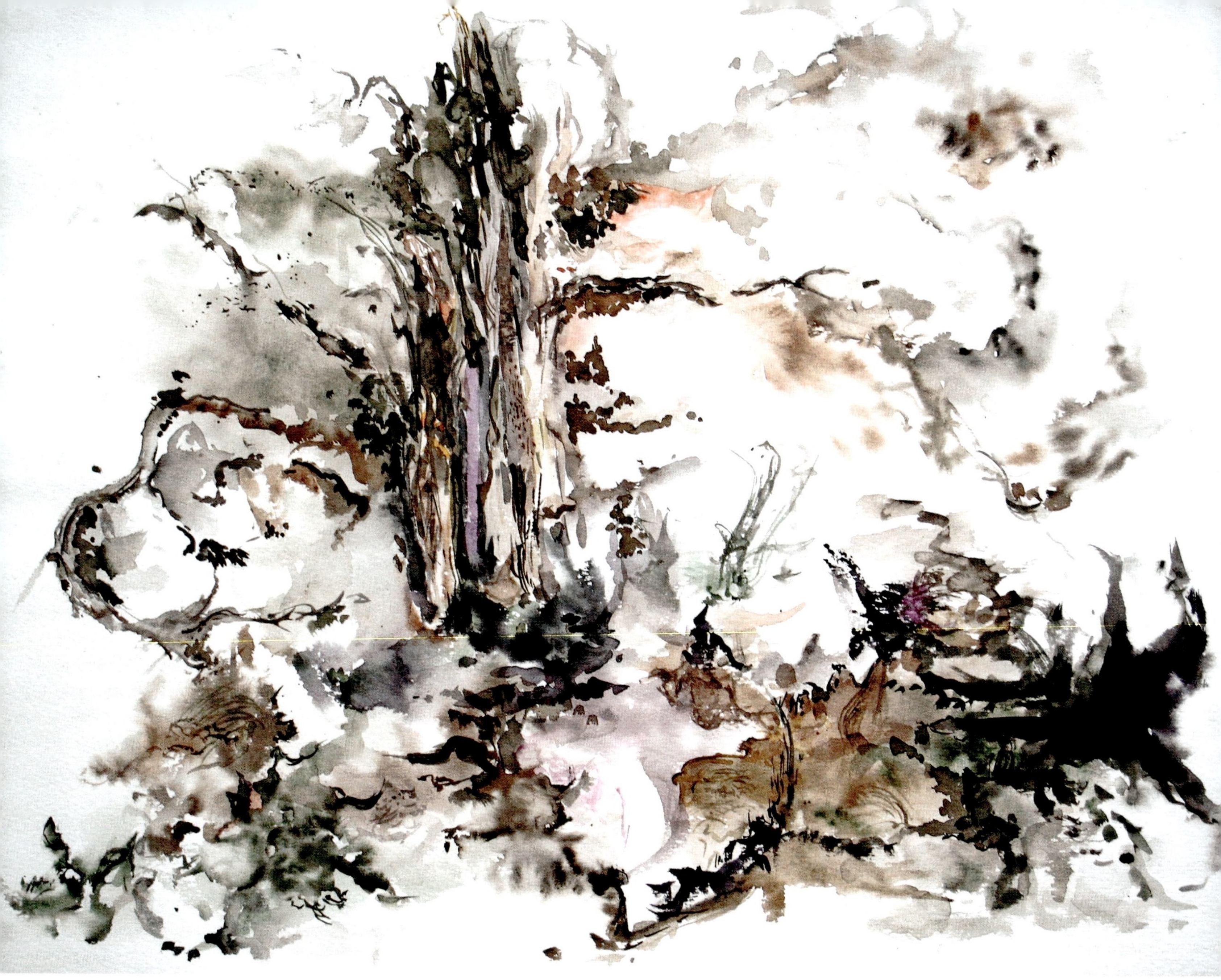

Alexander Martinow, 13 Jahre.
Abendgesang, Nach einer Nachtwanderung,
Aquarell, 1991

KANN MAN WERDEN UND VERGEHEN MALEN?

Im Wald lebte alles. Es war zu sehen, zu riechen, zu hören, zu fühlen. Und der Wald atmete.

Konnte man das darstellen? Eine duftende Blume malen, das gelang schon lange. Aber der Wald war ein riesiger Organismus im Werden und Vergehen. Und in seiner Vielfalt nicht fassbar. Vergehen oder Gerüche kann man doch nicht malen. Nein?

Wir überlegten. Wir gestalteten mit Formen und Farben. Können Formen vergehen? Können Farben vergehen. Es fing ein lustiges Experimentieren an.

Ich erschrak. Die Übungen wurden plötzlich abstrakt, auch roh und laut. Aber das war nur folgerichtig. War es ein guter Weg? Alles Organische war zunächst verschwunden. Abwarten! Da zeigte mir ein ruhiger, größerer Junge seine zarte Pinselzeichnung. Wir fanden dazu die Worte: „Stilles Vergehen um ein altes Spinnweb".

Kann man Wald wirklich begreifen? Seine Prozesse malen? Sein Wachsen und Vergehen? Am Tag? Am Abend? Nachts? Ich ahnte, eine Wanderung in die Nacht hinein und wieder heraus, müsste die erhoffte Klarheit bringen. Ich wagte es. Wir gingen mit der Dämmerung los und blieben bis zum Morgen. Der Wald wurde mit der Dunkelheit weiter und wesenhafter, die Sinne der Kinder aber öffneten sich. Aufkommende Ängste verscheuchten wir leise singend oder innehaltend und horchend. Alexander malte dann „Abendklang im Wald". Stefan fragte: „Hörst Du das Knistern der Ameisen?" Die Kinder erlebten den allgegenwärtigen Wandel und das Zusammenspiel alles Lebenden.

Gilbert Waligora

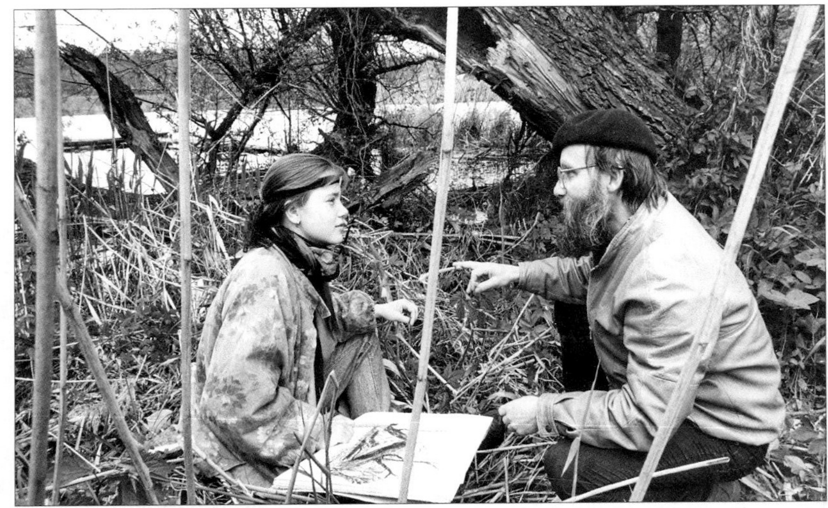

Austausch mit Eva beim Malen an der Blumberger Mühle, 1991. Foto: ND Fieguth

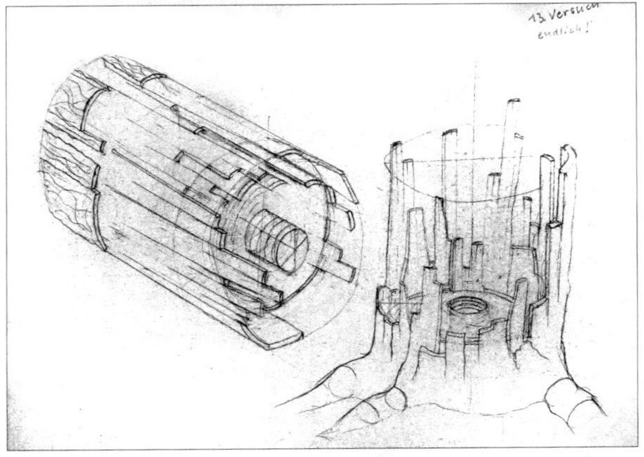

Robert Klemm, 15 Jahre. Gebrochener Baum, geometrische Studie, Bleistift, 1991

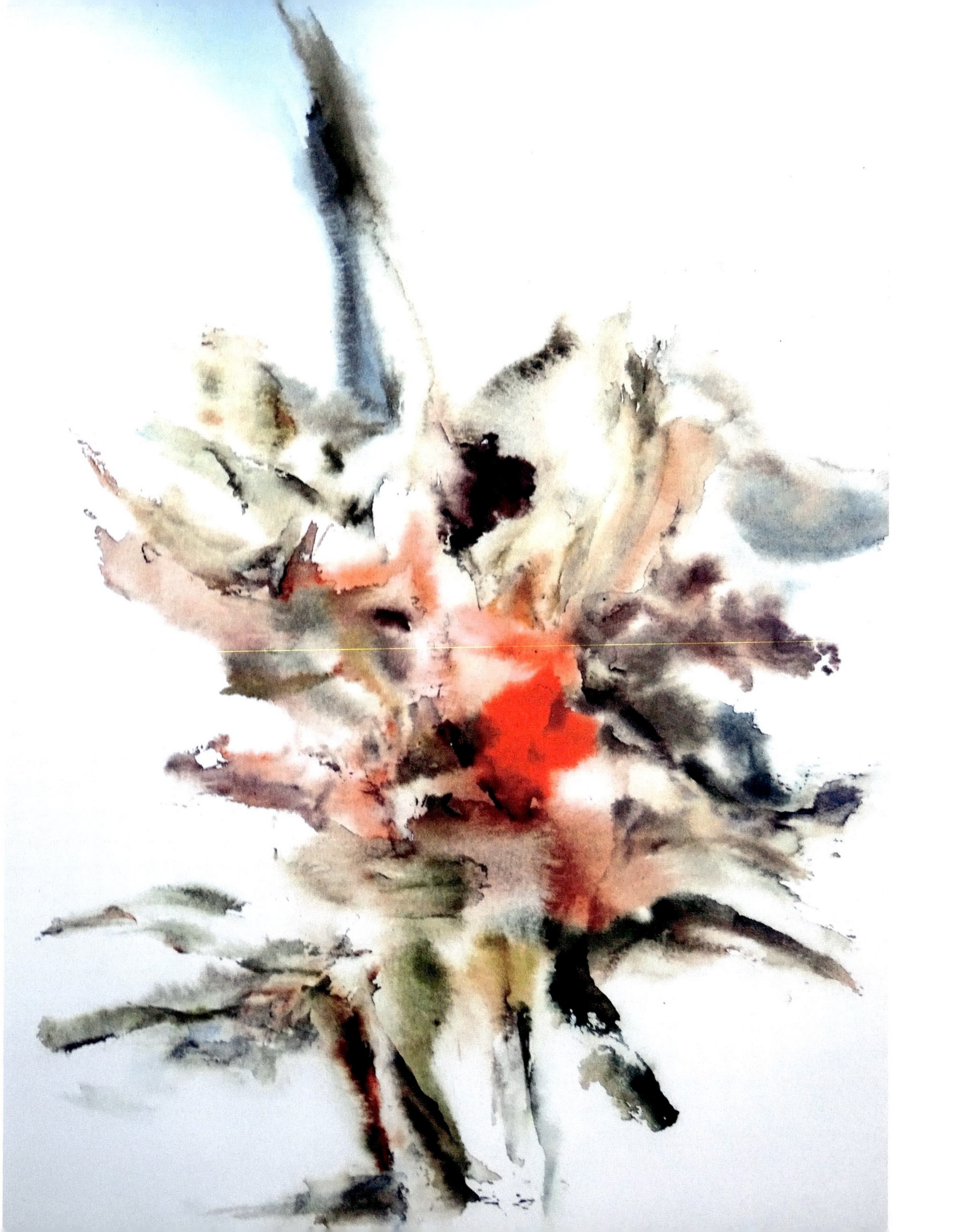

Hendryk John,
19 Jahre.
Vergehen einer Farbe,
Aquarell, 1993

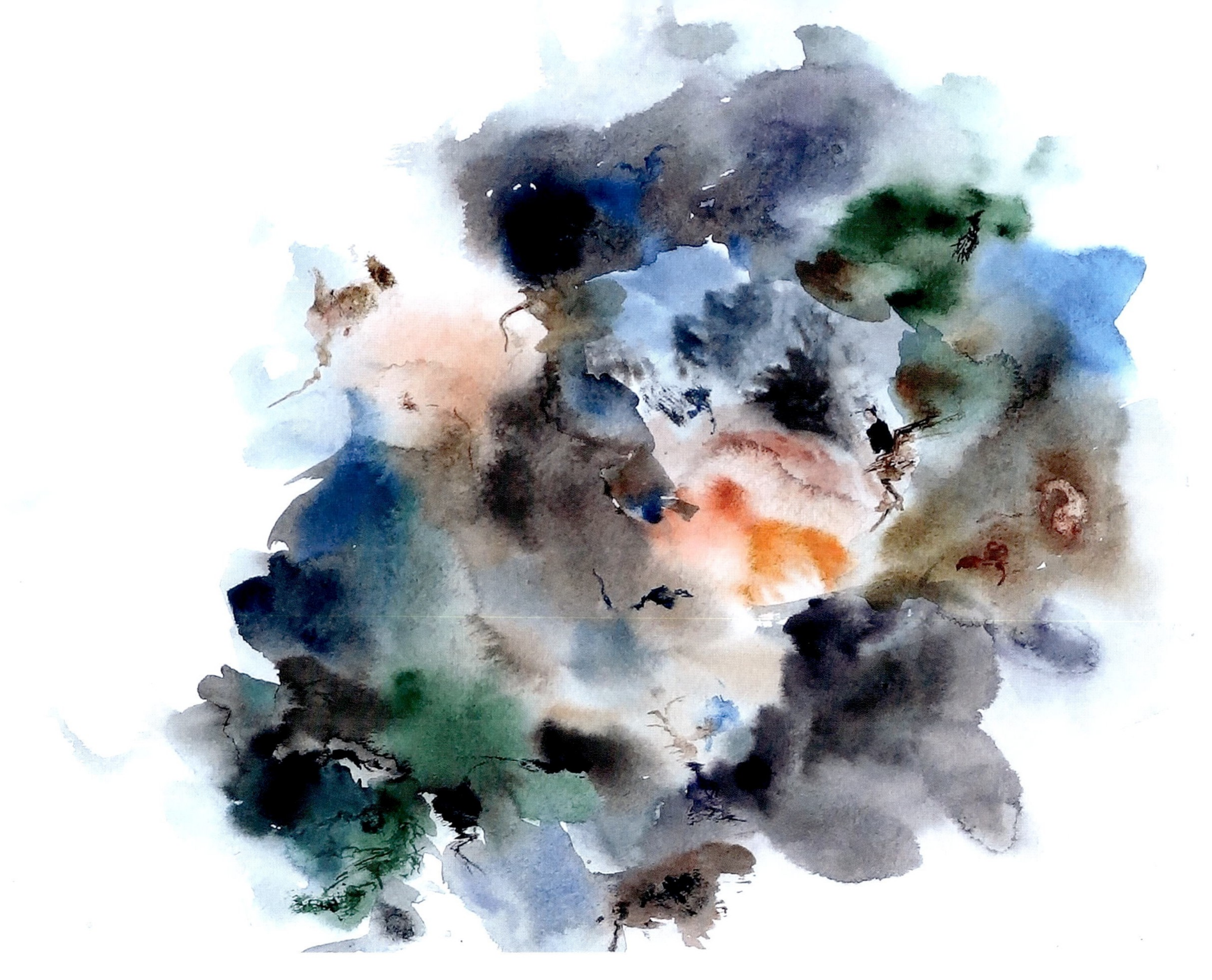

Sabine Greschner,
17 Jahre.
Sechster Versuch,
das Vergehen im Wald
zu malen,
Aquarell, 1993

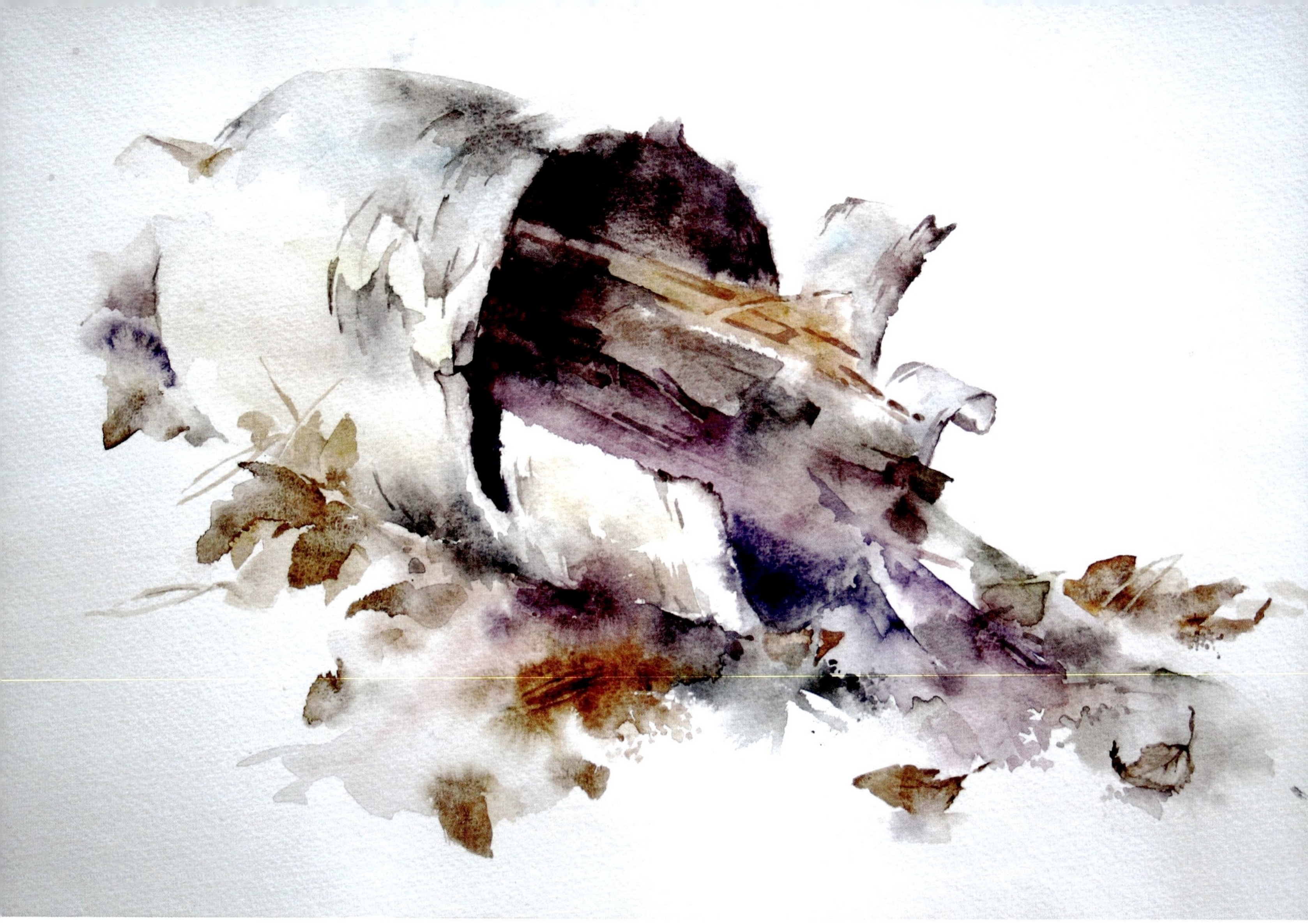

Tobias Giese, 17 Jahre. Ein Stück zerfallender Birke, Aquarell, 2005

Es waren heiße Tage. Der Birkenbruch war zerfasert und zerbröselt und faulte in der Nässe. Sollte man das malen? Die Farben müssten dann den Betrachter spüren lassen, was meine Hand im Moder fühlt. Wir fragten uns: „Sind Zersetzungsprozesse malenswert?" Das provoziert ja auch die Frage: „Was haben wir für ein Verhältnis zu Krankheit?"

Tobias Giese

Welche künstlerischen Probleme ergeben sich nun tatsächlich, wenn das Vergehen im Wald dargestellt werden soll? Was lässt sich mit dem Zeichenstift und was mit Aquarellfarbe ausdrücken? Wieviel Geduld ist nötig? Wieviel biologisches Wissen?

Tobias Giese zum Beispiel beobachtete, wie die Bäume fallen, zerfallen, modern und vermodern zu krümeligem Humus. Oft bröckelt zuerst die Rinde von den Bäumen und die Stämme stehen noch im Boden. Nicht so bei der Birke.

Tobias fand die Rinde wie eine Röhre da liegen, mit letzten, von vielen Bodentierchen zersetzten Holzresten darin. Sie war sehr widerstandsfähig. Deshalb konnte er sich vorstellen, dass Menschen früherer Völker Birkenrinde wie Papier verwendeten und Nachrichten darauf schrieben. Sie waren geschickte Handwerker und fertigten daraus sogar Schuhe und Trinkbecher. Tobias stülpte sich die Rindenröhren zum Spaß auch mal wie ein Ritter über Arme und Beine.

Für Gilbert Waligora waren solche genauen Studien schöne Beispiele dafür, dass auch komplexe Prozesse darstellbar sind. Dass sich bei Kindern und Jugendlichen Erlebnisfähigkeit, Beobachtungsvermögen, Vorstellungskraft, komplexes Sehen und Denken wecken lassen.

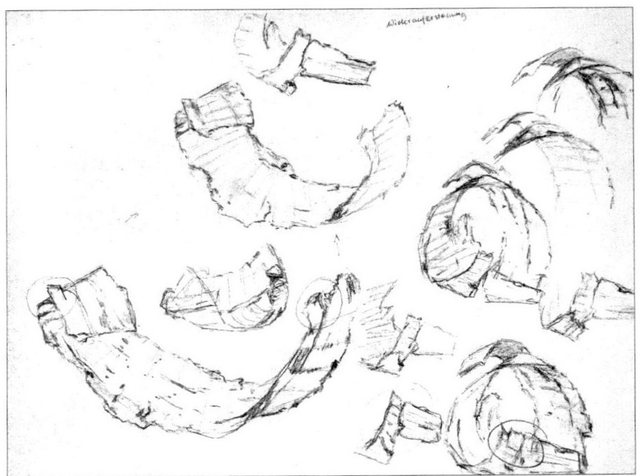

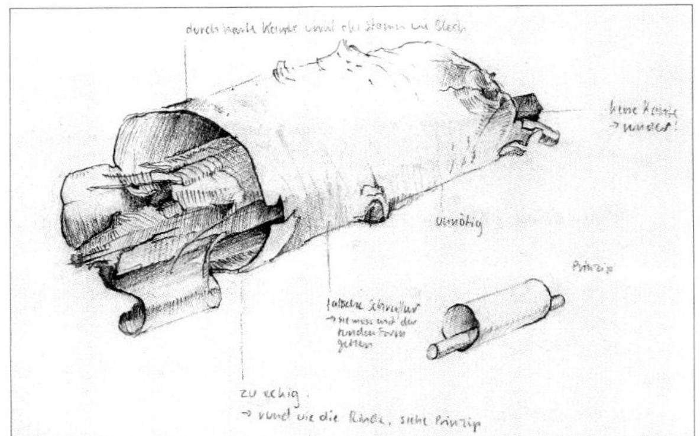

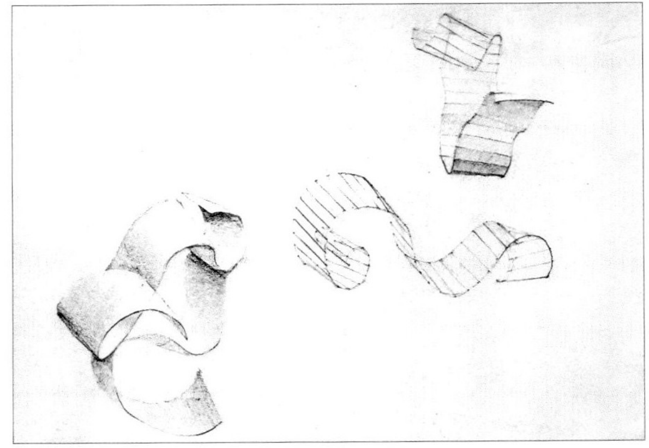

(v. o.)
Wickie Bollensdorf, 17 Jahre. Birkenrinde, Bleistift, 2005

Tobias Giese, 17 Jahre. Ein Stück zerfallender Birke, Bleistift, 2005

Tobias Giese, 17 Jahre. Verdrehte Birkenrinde, Bleistift, 2005

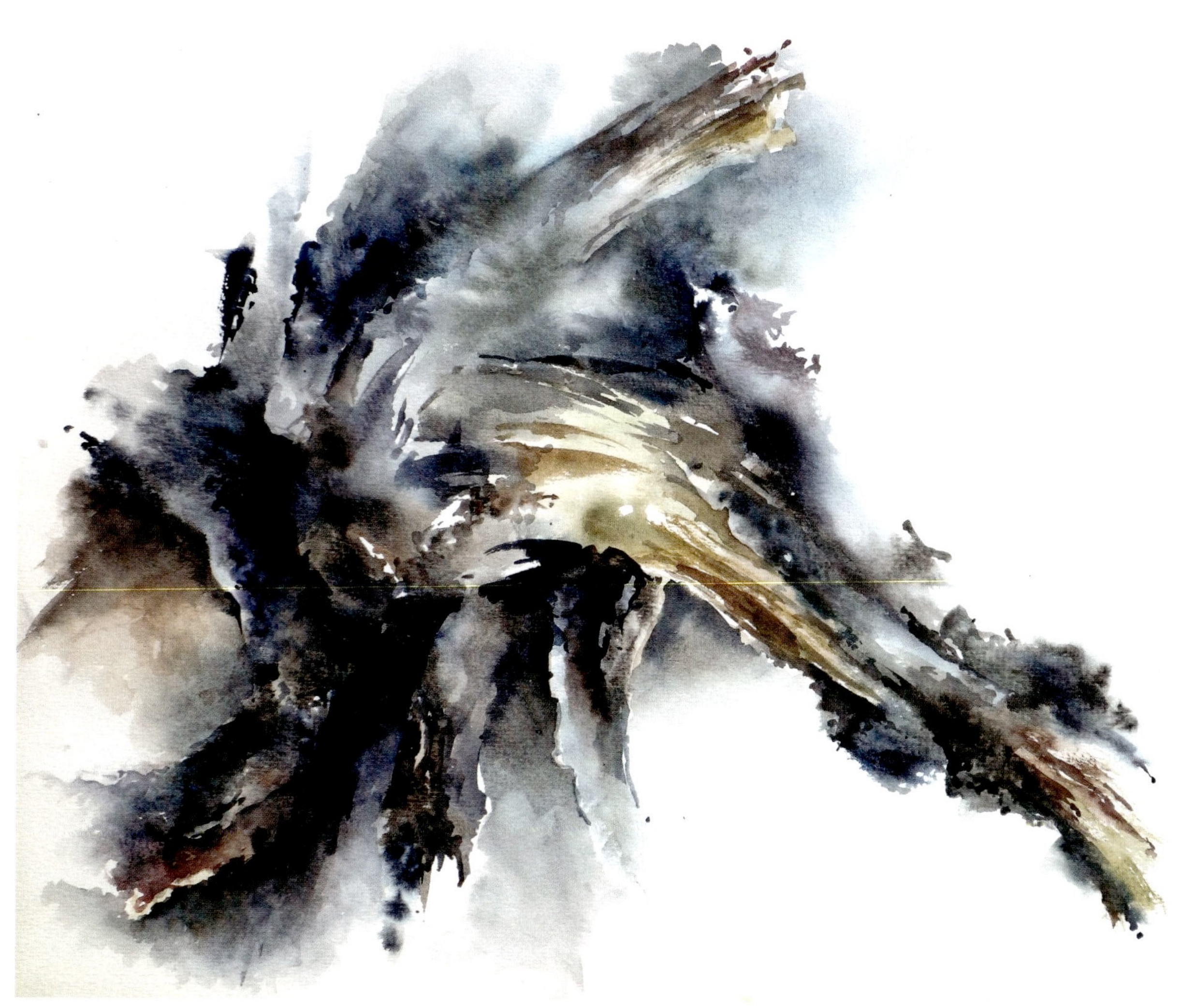

Andrej Loll, 16 Jahre. Moderndes Holz, dritter Versuch, Aquarell, 1991

Der Boden ist feucht, und es kostet einige Überwindung, die Hand hinein zu stecken, um das modernde Holz frei zu legen.

Andrej Loll

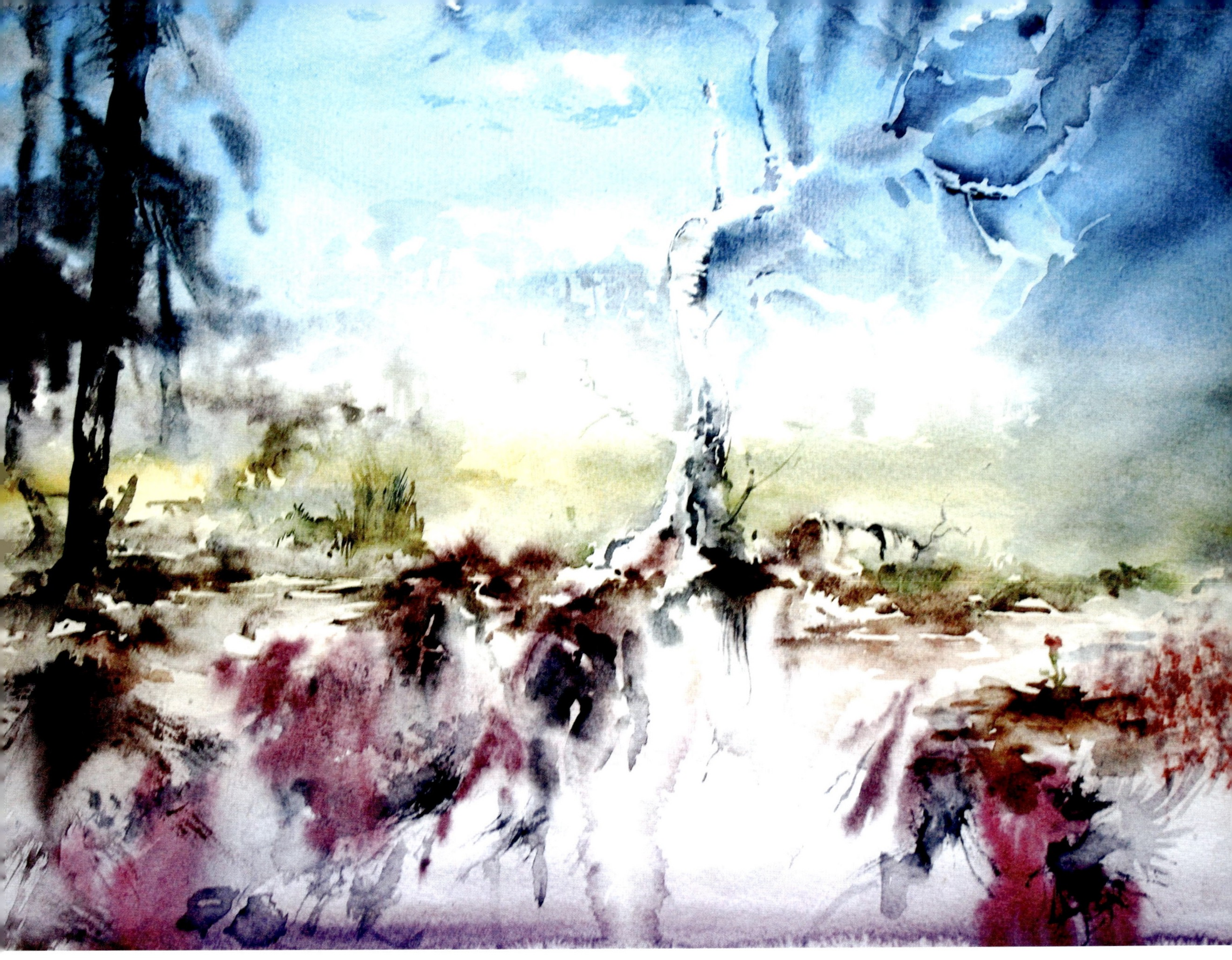

Tobias Giese, 16 Jahre. Auftauender Frostboden, Aquarell, 2004, privat

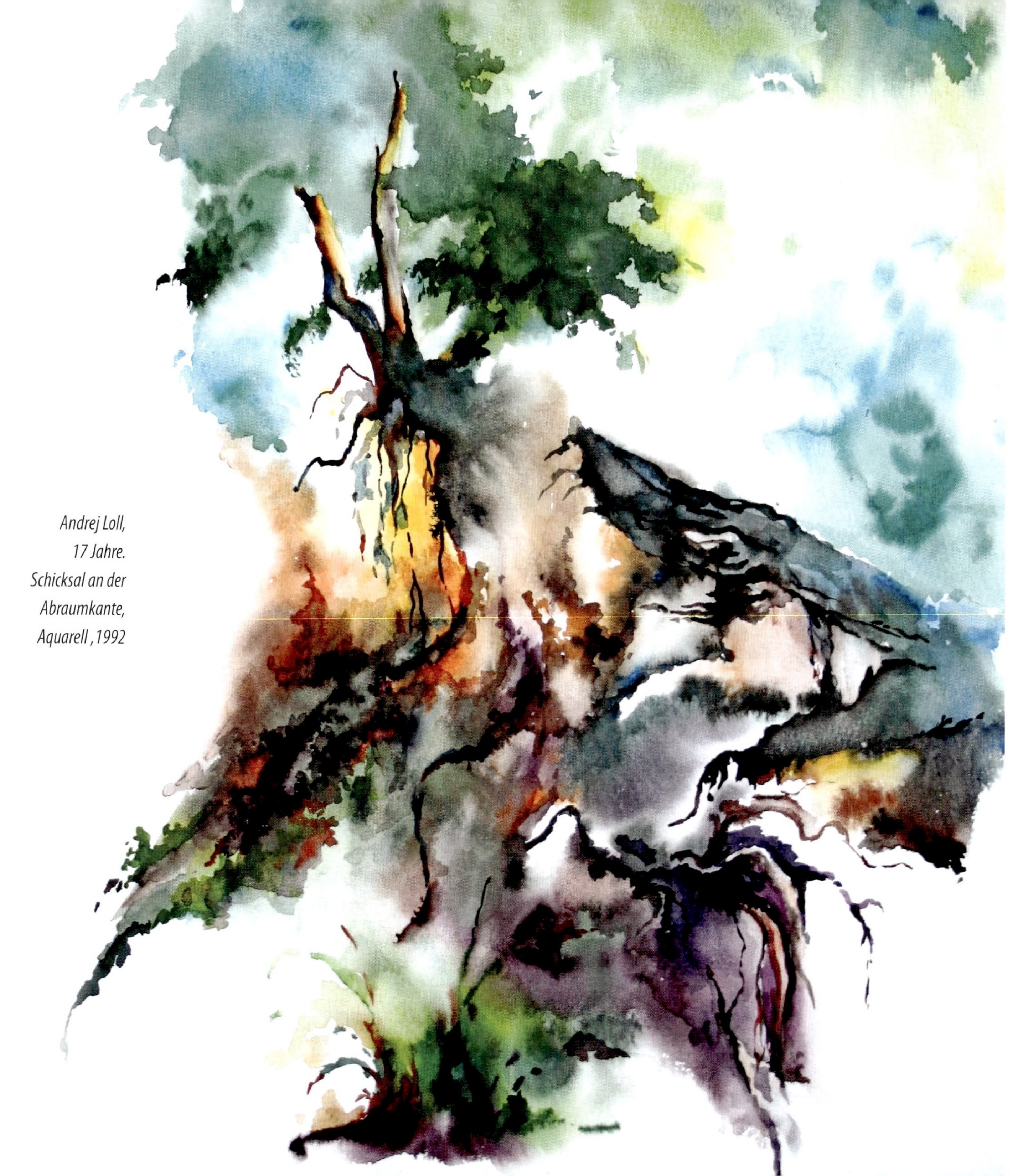

Andrej Loll,
17 Jahre.
Schicksal an der
Abraumkante,
Aquarell ,1992

EIN BAUMSCHICKSAL

Das Aquarell von Andrej Loll ist langsam gewachsen und deshalb so besonders. Ein Baum an einer Abraumkante. Wie lange kann er sich noch halten, ohne zu stürzen?

Andrej hat mitgefühlt, tief empfunden, nicht abgemalt. Der Baum ist kein „Ding", nein, ein Lebewesen, das abzurutschen droht, nicht existieren kann ohne Erde, Wasser, Luft, Licht.

Sand wurde entnommen, der Boden aufgerissen, lebenswichtige Wurzeln liegen frei. Feuchtigkeit steigt aus diesem Organismus zum Himmel. Vielleicht riecht die Luft nach gutem Humus.

Aus dem Weiß des Papiers und einzelnen Farbklecksen lässt Andrej intuitiv ein komplexes Geschehen wachsen. Alles ist in Bewegung, bleibt irgendwie geheimnisvoll. Wie etwa das gelbe Leuchten unter dem Stamm. Die frei gelassenen Stellen heben das Geschehen deutlicher hervor.

Vielleicht geschieht in der Nachbarschaft Ähnliches? Andrej folgt mit dem Pinsel keinem Plan, eher seinen Gefühlen. Es entsteht ein ungewöhnliches, schönes Bild.

Aus Farbverläufen und Andeutungen lässt er einen ganzen Konflikt sichtbar werden: Auch ein mächtiger Baum kann durch Rücksichtslosigkeit sterben.

Gilbert Waligora

GROSSE KALENDER UND AUSSTELLUNGEN

Gilbert Waligora im Gespräch mit Matthias Platzeck (links) und Dr. Eberhard Henne. Foto: privat

Es gab genug Themen für große Baumausstellungen, die sie ab 1990 gestalteten. Aber es war auch eine wechselvolle Nachwendezeit. Ihr Träger, das Kulturhaus des VEB Elektrokohle Berlin, wurde wie viele Einrichtungen der DDR-Betriebe schon 1990 „abgewickelt".

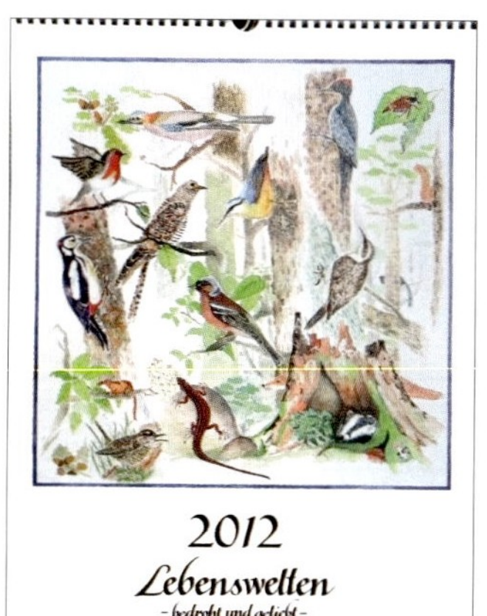

Kalender 2012, Titelbild von Oliver Hoffmann, Aquarell

Erneut war die Enttäuschung groß. Doch Gilbert Waligora suchte noch einmal energisch nach einem Ersatz und wurde belohnt. Seine Jugendlichen kamen unter dem Thema „Grafik, Malerei, Umweltpflege" in der Volkshochschule Berlin-Lichtenberg unter. Als Weiterbildungskurs, aber nicht mehr als Arbeitsgemeinschaft. Nun musste auch bezahlt werden. Die Zeit kostenloser Räume und Materialien für Freizeitzirkel war endgültig vorbei.

Immerhin hatte Waligoras Gruppe nur die halbe Gebühr zu entrichten und konnte 15 Jahre bleiben. Erst 2005 wurde der Kurs eingespart.

Besonders hilfreich war in den 1990er Jahren die Verbindung mit den ostdeutschen Naturschützern. Die arbeiteten enthusiastisch am Ausbau der vielen Nationalparkprogramm-Gebiete. Dies war in solcher Dimension einmalig.

Das Biosphärenreservat Schorfheide-Chorin nahm die Jugendgruppe schon 1990 als Mitglied auf. Der Leiter, Dr. Eberhard Henne, schlug vor, einen Kalender zu machen über das UNESCO-Programm „Mensch und Biosphäre". In geduldiger Handarbeit schafften sie für 1991 60 Exemplare, bedankten sich damit bei ersten Förderern. Schon ab 1992 erschien ein professionell gedruckter großer Kalender, herausgegeben vom Biosphärenreservat Schorfheide-Chorin, unterstützt von der Bundesstiftung Umwelt, vom Umwelt- und Bildungsministerium Brandenburg, dem Naturschutzbund Deutschland NABU. Der Berliner Förderverein für Öffentlichkeitsarbeit im Natur- und Umweltschutz FÖN e.V., in dem die Jugendgruppe „Grafik, Malerei, Umweltpflege" neben einem Kreis vom Umweltschriftstellern ebenfalls Mitglied wurde, beantragte fortan Jahr für Jahr Fördermittel beim Brandenburger Umweltministerium. Für neue Projekte, Ausstellungen und sogar für neue Ferienlager. Vor allem in der Lieblingslandschaft um Chorin. Der

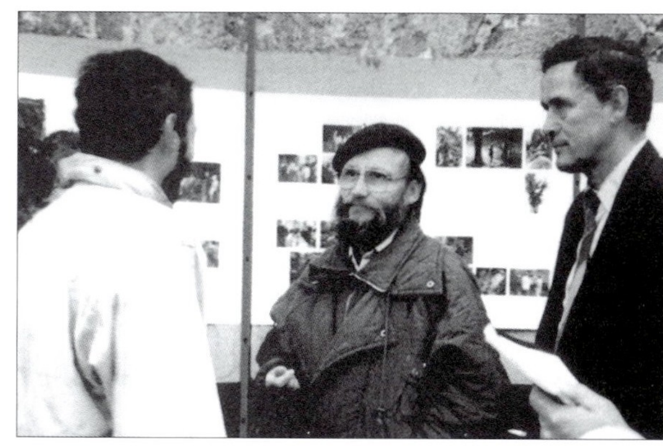

junge Umweltminister Matthias Platzeck unterstützte die Verbände und solche Initiativen großzügig.

Damit war es möglich, weiter zu machen, die Kinder nicht herumirren zu lassen. In den Nachwendewirren Gilbert Waligoras Hauptziel.

Der Verein FÖN e.V. half auch beim Vertrieb und bei der Öffentlichkeitsarbeit für den Kalender. Die Mühe lohnte sich. Denn Jahr für Jahr wurden gemeinsam mit Fachleuten Themen und Probleme aus Landschaft, Naturschutz und Kulturgeschichte künstlerisch umgesetzt. Über die eiszeitliche Prägung der Landschaft, über Schutzgebiete wie das Odertal oder über Luft- und Wasserfragen.

1997 illustrierten die Jugendlichen feinfühlig Episoden aus dem Roman „Die Heiden von Kummerow" von Ehm Welk. Schon 1990 hatte Gilbert Waligora gemeinsam mit ehemaligen Schülern als Basis für solche größeren Projekte den „künstlerisch-ökologischen Arbeitskreis FORMICA" gegründet. Ab 2005 übernahm dieser die Kalender. In ihm arbeiteten ehemalige Schüler, später nur noch Erwachsene. Auch einstige Lehrgangsteilnehmer aus der Volkshochschule.

Ging es bis 2010 immer wieder um wissenschaftliche Fragen im vertrauten Biosphärenreservat, gab es dann auch viele andere Themen. So entstand ein Kalender über Island und 2011 einer über die schönsten Buchenwälder Deutschlands. Seit 2012 wurden immer wieder Fragen „bedrohter Lebenswelten" aufgegriffen.

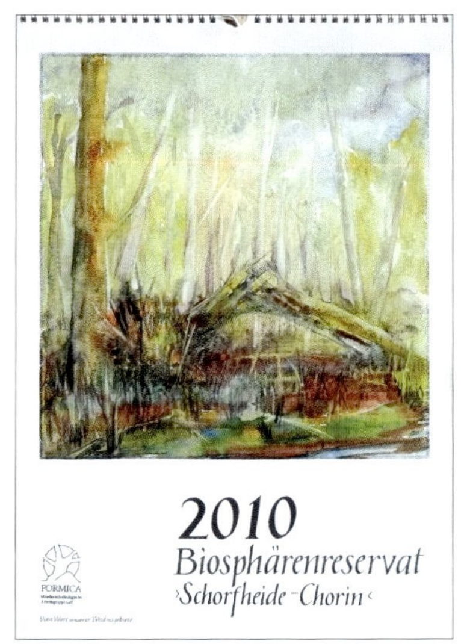

Kalender 2010, Titelbild von Jochen Czepa, Aquarell

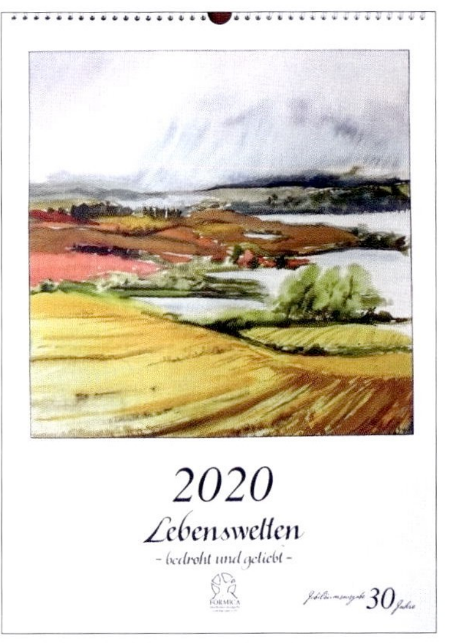

Kalender 2020, Titelbild von Daniela Hinz, Aquarell

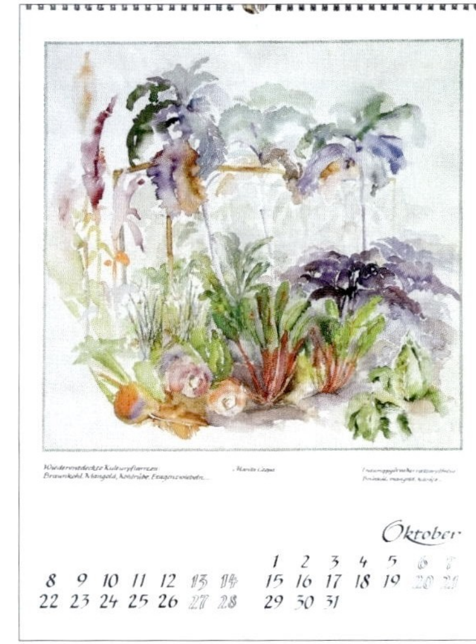

Kalender 2007, Bild von Marita Czepa, Aquarell

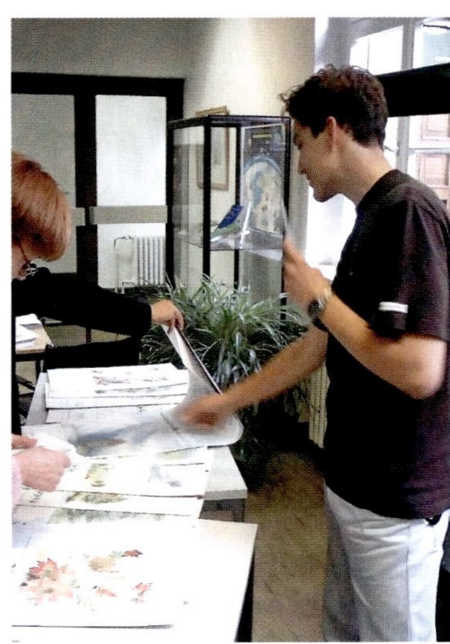

Ausstellung mit neuen Kalenderentwürfen im Umweltbundesamt, 2003

Künftig wollen die FORMICA-Mitglieder wieder mehr Kinderbilder aufnehmen. Vor allem aus dem beliebten Ferienlager des Kunstvereins Templin, das 1991 der Waligoraschüler Matthias Schilling gründete. Jahr für Jahr gibt es dort Kurse zu Umweltthemen, Musik, Malerei und Schreiben usw.

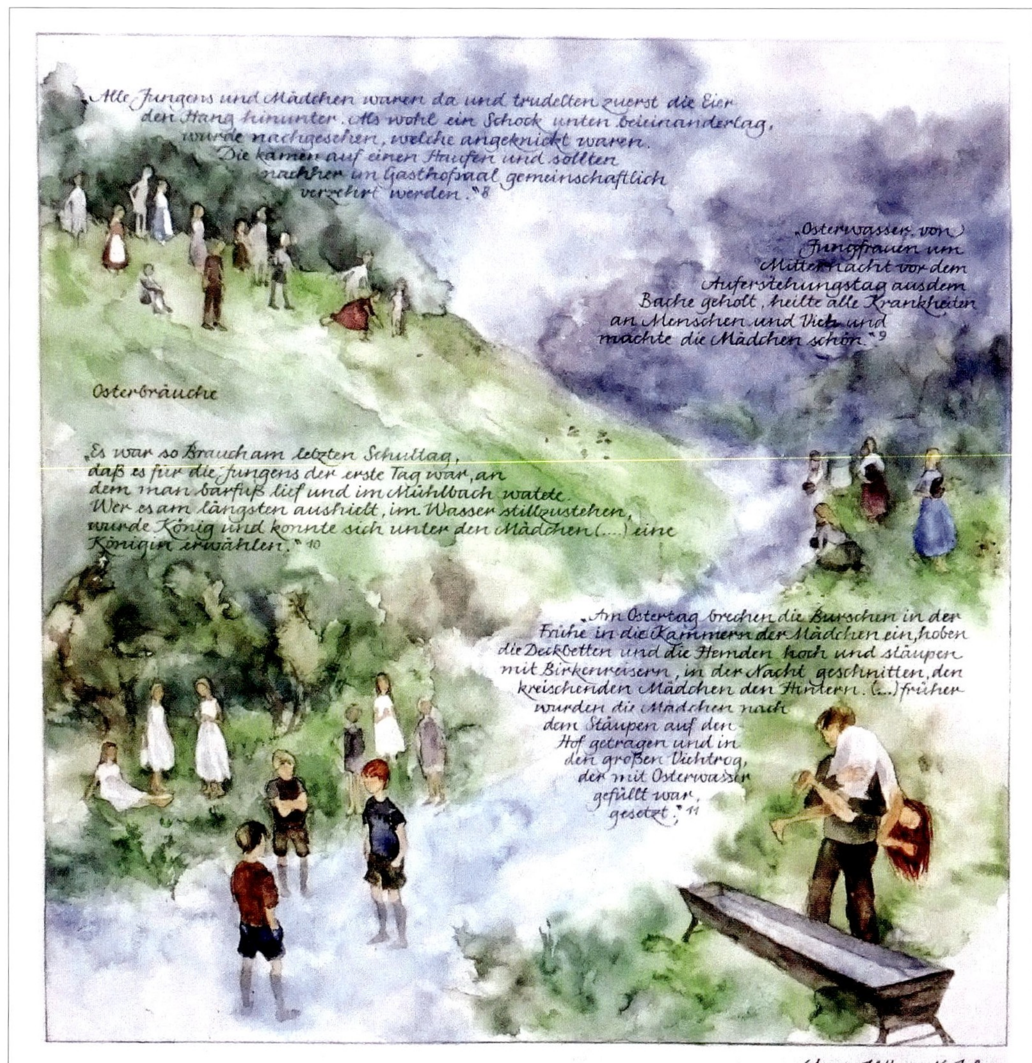

Anne Jüttner, 16 Jahre. Zu Ehm Welk, „Mein Land", Aquarell, Kalender 1997

▷ Gilbert Waligora, Eiszeitsteine am Feldrand, Aquarell, Kalender 2010

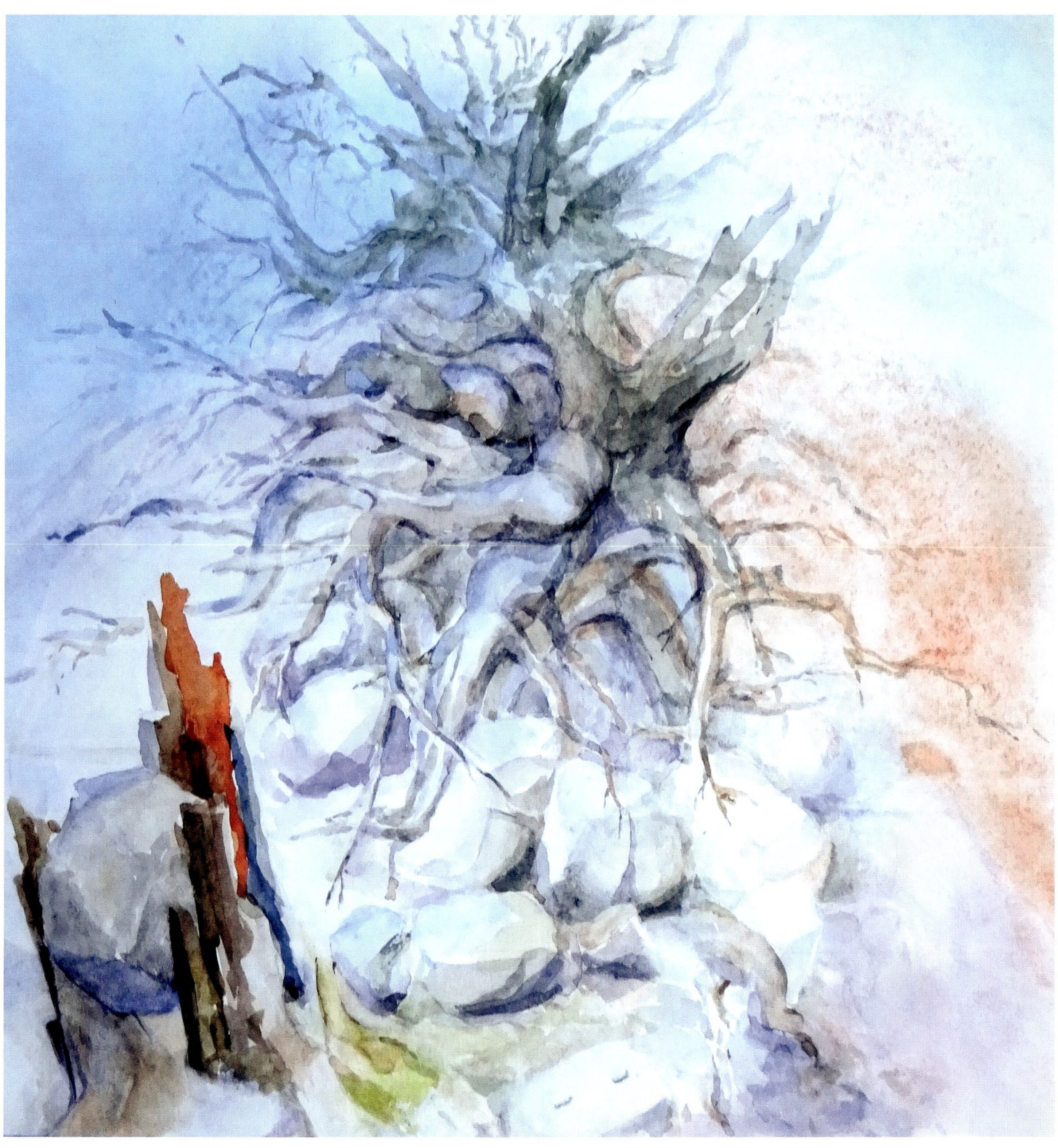

Gilbert Waligora, Teufelskute am Olbergweg, Aquarell, Kalender 2009

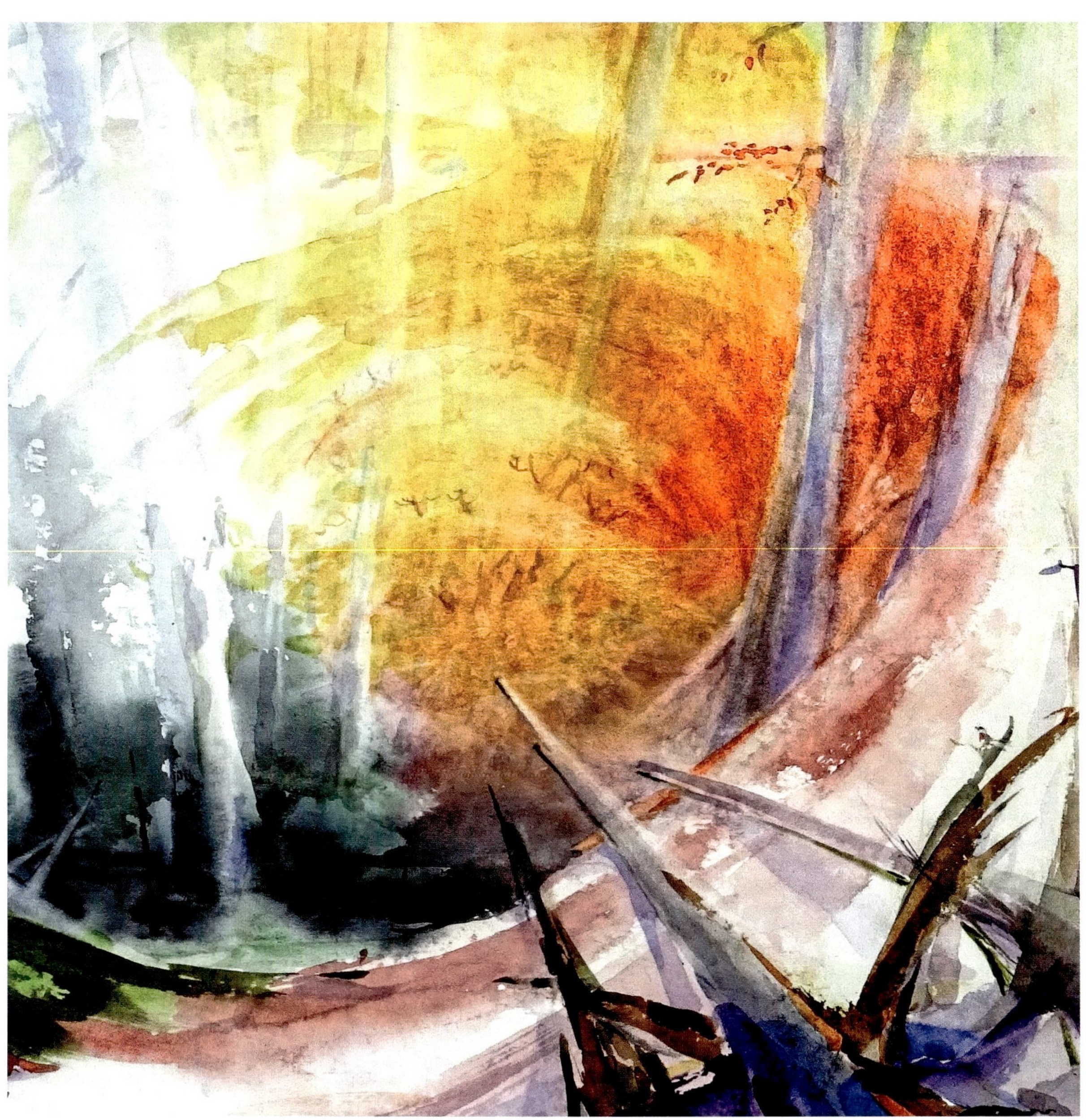

Neben den Kalendern gab es Jahr für Jahr von der Jugendgruppe gemeinsam mit FORMICA auch große Ausstellungen in verschiedenen Städten, Kirchen, auch im Umweltministerium und im Umweltbundesamt. Obwohl nach der Wiedervereinigung viele Eltern Existenzsorgen und wenig Interesse an Zirkelarbeit hatten, beteiligten sich die Jugendlichen, die geblieben waren, die neuen Mitglieder und auch „Ehemalige“ mit großer Leidenschaft.

Nach den zahlreichen Konflikten auf dem Pehlitzwerder in den letzten Jahren der DDR freuten sich alle besonders, als nach 1992 in Brodowin der Wunsch nach einer Dauerausstellung aufkam: „Von der Eiszeit zum Ökodorf“. Die Dokumentation einer Dorfgeschichte über einen solch langen Zeitraum hatte es bisher noch nie gegeben. Die Ausstellung im „Informationszentrum Haus Pehlitzwerder“ weckte bei den beteiligten Jugendlichen und FORMICA-Mitgliedern immer neue Ideen, wurde künstlerisch einzigartig. Mit raumgreifenden Installationen und Dioramen. Bis 1995 wuchs sie immer weiter, war dort aber leider nur bis 2005 zu sehen. Behandelt wurden die Eiszeitgeschichte, die Siedlungs- und Kulturgeschichte, die Landwirtschaft und Fischerei sowie, als Besonderheit, die Entwicklung Brodowins während der DDR-Zeit und damit auch die Wurzeln der „Ökodorf-Idee“. Diese Aufgabe machte nicht nur den Jugendlichen viel Spaß.

Wissenschaftler, wie die Pollenanalytikerin Frau Prof. Lange und die Historikerin Frau Dr. Kirsch unterstützten mit Hingabe. Der Choriner Museumspädagoge Manfred Krause schrieb alle Texte, der Berliner Grafiker Wolfram Bremer brachte sie mit künstlerischer Handschrift zu Papier.

Andrej Loll und auch Steffen Faust, ehemalige Waligora-Schüler, malten dutzende Pflanzenaquarelle.

Holger Barthel, der schon Design studierte und Matthias Schilling, seit 1988 freischaffender Maler, erdachten puppenspielartige, räumliche Lebensbilder.

Das pädagogische Konzept von Gilbert Waligora zeigte sich auch in diesen Jahren politischer Wechsel einfach, einleuchtend und wirksam: Jeder versuchte auf seine Art zu begreifen, was er vor sich sah und wuchs daran. Lernte Natur kennen, ihre Prozesse begreifen, Sensibilität für die Vielfalt und Verletzlichkeit zu entwickeln.

Die Kunst mit ihrer Jahrhunderte alten Wechselbeziehung zur Natur half den Jugendlichen, dies zu spiegeln, die Ganzheiten im Auge zu behalten und mit dem Dargestellten auch eigene Demut vor der Schöpfung zu entwickeln.

So wie sie einst die Romantiker hatten, denen wir in großem Maße Landschaftsliebe und damit auch frühe Naturschutzideen verdanken.

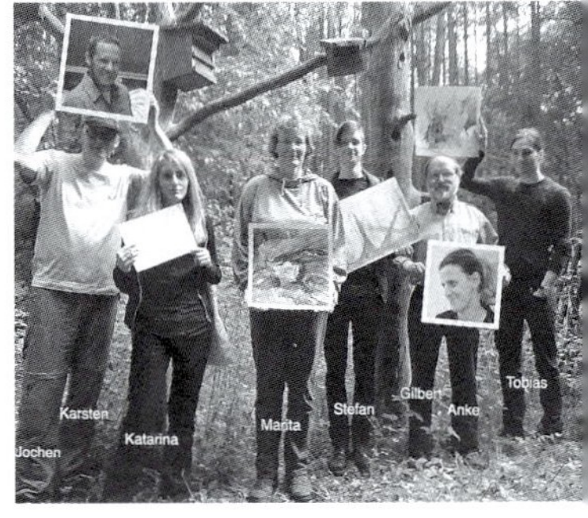

Die Gruppe FORMICA, 2009

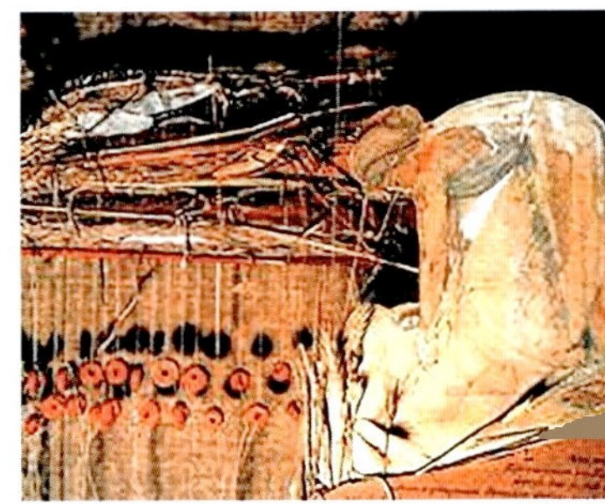

Ausstellung „Von der Eiszeit zum Ökodorf“ Foto: Ökodorfverein Brodowin

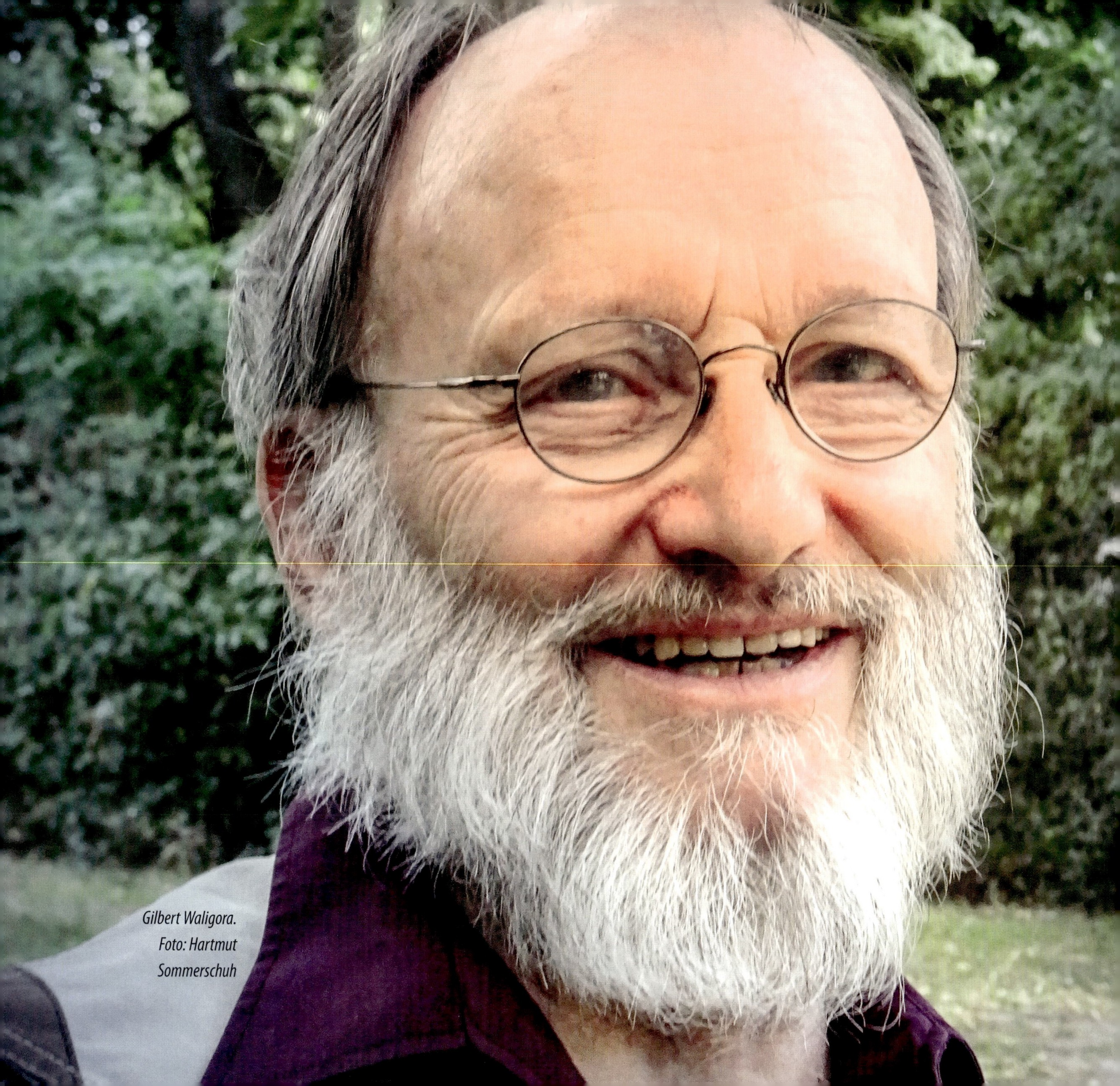

Gilbert Waligora.
Foto: Hartmut
Sommerschuh

SCHÜLER ERINNERN SICH

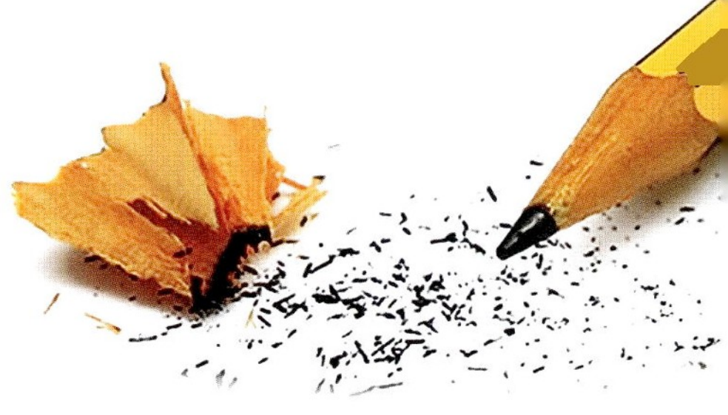

GERDA RAIDT, ILLUSTRATORIN, LEIPZIG

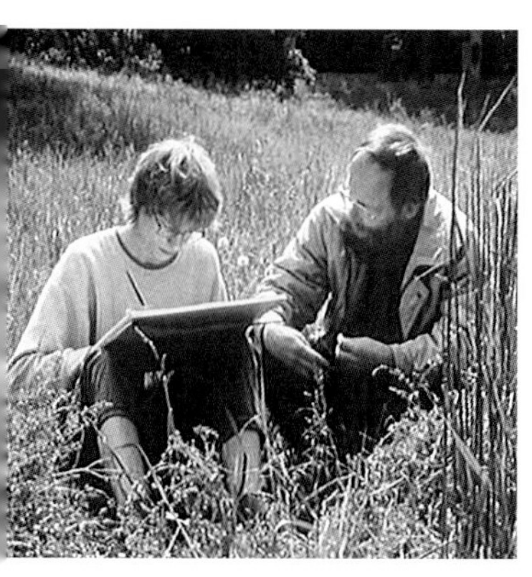

Behutsame Ratschläge, Foto: Werner Peter 1990

Meine Freundin Maj gab mir den Tipp: „Freunde von mir sind in so einem Zirkel. Da machen sie auch mal Ferienlager. Außerdem ist das was mit Umwelt." Und so ging ich irgendwann ab 1990 über die langen Gänge der Volkshochschule Berlin Lichtenberg. Ich war 14 oder 15, und es war noch recht neu für mich, in andere Stadtviertel zu fahren. Dass ich Anschluss an den Kreis der Malenden wollte, hatte mit meiner DDR-Kindheit zu tun. Damals bildeten die kreativen Freiberufler eine Nische mit Freiräumen, die es in dem Land sonst nirgends gab. Nun, im Konsumrausch der Nachwendezeit, erschienen mir die Umweltschützer als Stimme der Vernunft. Eine Gruppe, die beides verband – ideal.

Im Volkshochschulzimmer beugten sich Jugendliche über Papier, und Wali monologisierte dazu leise, bezog Stellung zu dem rasanten Wandel der frühen 1990er-Jahre, den wir gerade durchlebten. Wertete, urteilte, spannte Bögen, entwarf Möglichkeiten. Innehalten, Bescheidenheit, Verzicht, Stille. Damals hörte ich so etwas nur von Wali.

Das Malen wurde für mich dabei zur Nebensache. Die Wochenenden draußen, die Stunden allein im Wald, der Herbstwind – und dann die Gruppe. Der köstliche Geschmack der verpönten, aber heimlich im Dorfkonsum gekauften Schokolade nach so einem Tag! Darum ging es.

Irgendwann wurden mir die Nachmittage in der Volkshochschule lang und der Zirkel zu eng. Meine Freizeit verlagerte sich an andere Orte, mein Leben später in andere Städte. Wali habe ich schnell aus den Augen verloren, die Leute aus dem Zirkel sind mir noch lange erhalten geblieben. Was wir zusammen erlebt hatten, bildete für lange Zeit ein festes Band zwischen uns.

Ich bin Kinderbuchillustratorin geworden. Ich gehöre Umweltverbänden an. Ich laufe immer noch gerne durch die Natur. Manchmal kann ich ein Kinderbuch vorschlagen und selbst entwickeln. Dann ist es oft der Gedanke, wie alles zusammenhängt, der mich umtreibt. Was wir taten und was wir tun, das hat einen Einfluss auf die Welt und das Leben jetzt und später. Wir haben eine Verantwortung, und wir sind nicht machtlos.

Das hatte ich in der Zirkel-Zeit begriffen und gleichzeitig schmerzlich erkannt, dass es nicht jeder so richtig verstanden hat. Das versuche ich nun weiterzugeben. Und das hat auch mit Wali zu tun.

ULRIKE JÄHRLING, AUTORIN/MODERATORIN, BERLIN

Das mit dem eigenen Malen allerdings war so eine Sache. Ich wollte stets viel mehr, als ich konnte. Zum Glück kam mir die Technik des Aquarells entgegen: Viel Wasser auf's Papier, intuitiv mit dem Pinsel eine kräftige Farbe gewählt, hineingestupst und das Abenteuer des Farbverlaufs beobachtet. Ich hatte es bald ganz gut raus. Je wilder, desto mehr Lob kam von Wali. Ein dunkles Lila im Erdbereich ging immer gut. Da sah er dann ganz viel „Vergehen", oder sagte „da ist Musik drin!"

Ein Abenteuer, damals Ende der 1980er Jahre in der DDR. Keine Handys, kaum bunte Medien. Dazu jugendliche Sinnsuche, Rebellion, Weltschmerz – sich einsetzen für die Umwelt, Das fühlte sich richtig gut an! Eigentlich gab es gar keine Alternative für mich als sensible 14-Jährige. Bei Wali fand ich Gleichgesinnte, was für eine Wohltat!

Ulrike Jährling

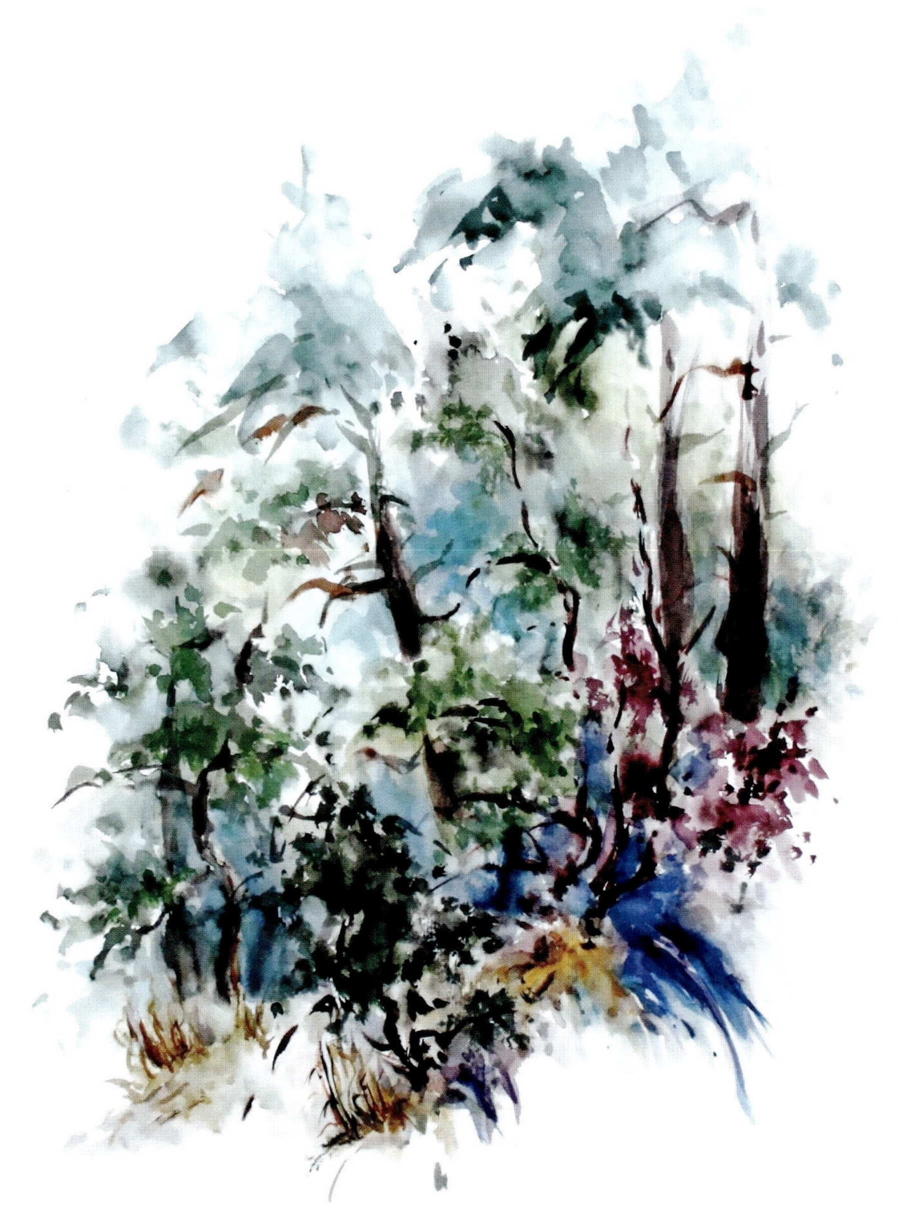

Vom Klavier spielen bin ich zum Wald gegangen, ans knisternde, wispernde Dickicht, darinnen etwas lebte, ganz bestimmt.

Ulrike Jährling,
16 Jahre. Waldstück, Aquarell, 1992

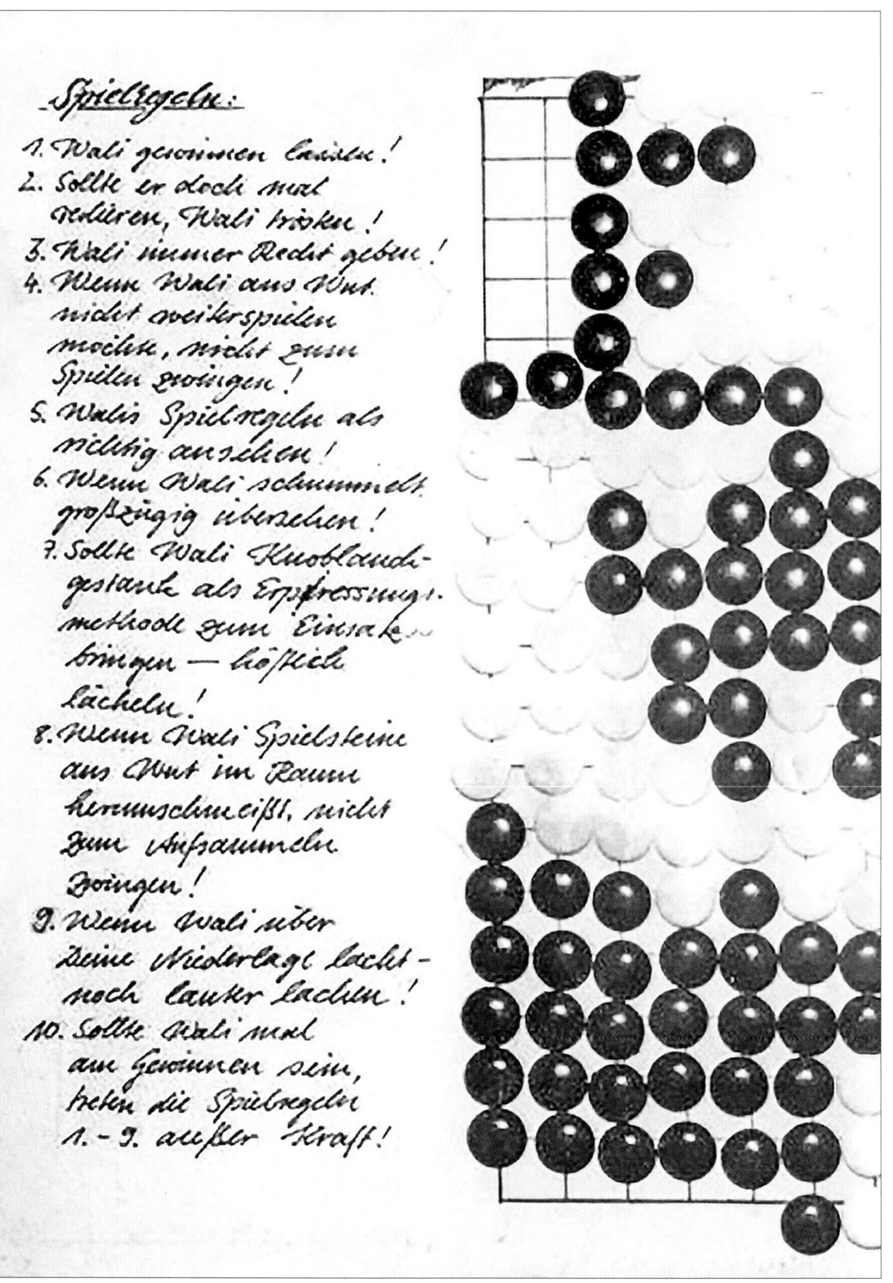

David Furmanek, Regeln für das GO-Spiel mit Wali

DAVID FURMANEK, GESCHÄFTSFÜHRER, BERLIN

Als Vater blicke ich heute bewundernd auf Wali, wie er eine Gruppe pubertierender Mädchen und Jungen durch Wanderungen, Arbeitseinsätze und Ferienlager bändigte und die Energie in das Zeichnen, Malen, Erfahren und Erkennen der Natur/Umwelt umleitete. Es ging nicht immer friedlich zu. Und doch ist rückblickend bemerkenswert, wie Wali viele Konflikte lösen konnte.

Wir lernten nicht nur Malen, Zeichnen und die Natur verstehen, sondern Wali lehrte uns eines der ältesten, variantenreichsten und faszinierendsten Strategiespiele der Menschheit. GO aus China. Ein Spiel, das uns in den Ferienlagern an verregneten Tagen und langen Abenden die Zeit verkürzte. Mein GO-Spiel begleitete mich in den studentischen Wanderjahren und wird auch noch heute ab und zu für eine Partie hervorgeholt. In den Jahren merkte ich, dass mein Interesse groß, aber meine künstlerischen Fertigkeiten mittelmäßig sind. Organisatorische und wirtschaftliche Aspekte begannen mich mehr zu interessieren. Hier trennten sich unsere Wege. Aber aus dieser Zeit erwuchs mein Berufswunsch, an der Schnittstelle von Kunst/Kultur und Wirtschaft zu arbeiten.

Zum Ende eine nie beendete persönliche Wortspielerei, die Wali und mich verbindet: „Wenn Du wüsstest, …"

STEFAN KAMINSKI, SCHAUSPIELER, BERLIN

Andrej Loll, ein guter Freund aus der Klasse, hat mich in den Zirkel gebracht. Ich wollte unbedingt Umweltarbeit machen, im Wald rumgrubbern, Vögel beobachten, Pilze suchen, Feuer machen, draußen schlafen, weit gucken können. Das hatte ich ihm gesagt.

Er meinte, komm mit, ich bin in einem Zirkel, da machen wir sowas – kein Wort vom Malen … So kam ich in die AG. Erste Eindrücke: Stinkendes Treppenhaus im VEB Elektrokohle Lichtenberg, Neonlicht, Sprelacart-Tische und eine kleine, feine, nette Gruppe von jungen Menschen wie ich einer war.

Eigentlich malte man draußen – bis die Farbe gefriert! Allein, bis man sich auf Rückwegen traf und die nächste karge Mahlzeit zubereitete. Für den „Kalender", den man verkaufen und mit dem Geld Nutzbringendes tun wollte. Die Fahrten in die Schorfheide waren Höhepunkt dieser intensiven Zeit.

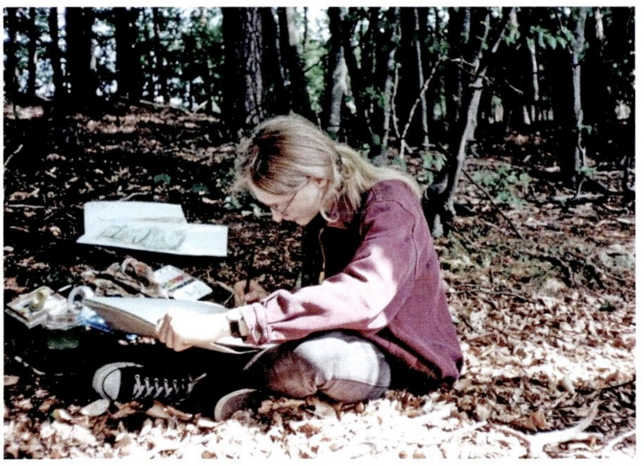

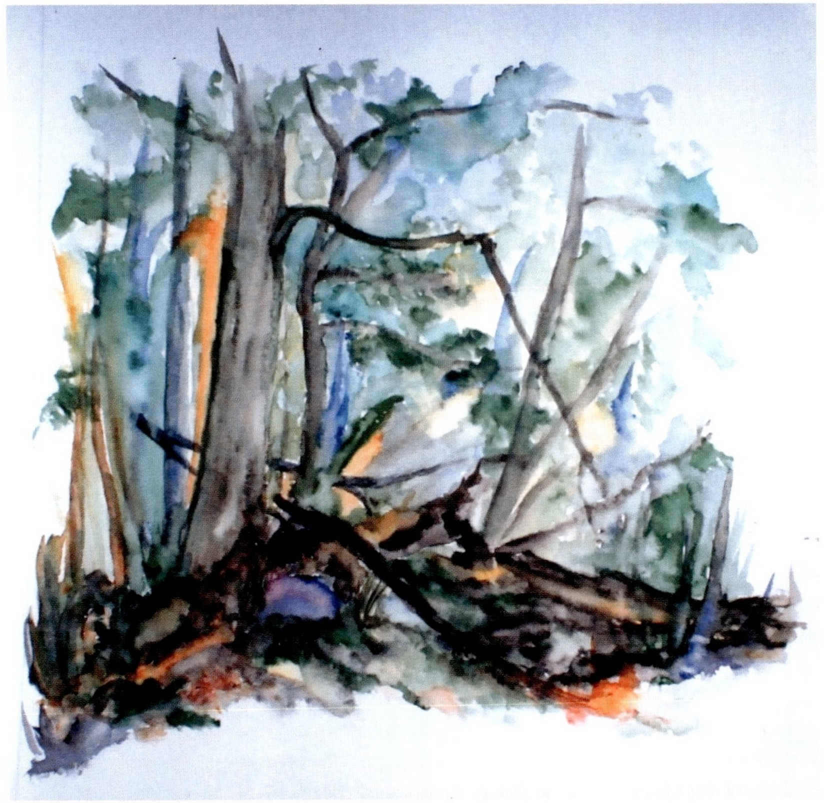

Stefan Kaminski, 17 Jahre. Waldstück bei Neuhaus, Aquarell, 1992

Mit 14, 15 will man albern, Musik hören, Süßigkeiten essen, rumflachsen, sich verknallen – mit Wali aber fuhr man in die Stille. Ich allein im Rauschen, Zwitschern, im Duft von Borke, Regen, Sonne, Nebelschwaden. Das Malen wurde nie meine Passion, es war ein Druck für mich, malen zu müssen, Wali gefallen zu wollen. Ehrlich. Aber mit wertvollen Menschen was bewegen zu können, mit Herz, Gefühl und den Händen im Waldboden, das hat mich gefangen und lässt mich nicht los.

Es waren intensive fünf Jahre mit Wali, in denen ich wirkliche Freunde fand. Eine Sehnsucht befällt mich oft nach Einsamkeit im Wald, nach Duft und Weite. Ich fahre regelmäßig meinen Baum angucken, sogar mit meinem Sohn war ich schon da!

Stefan Kaminski, 1993 in der Schorfheide. Foto: privat

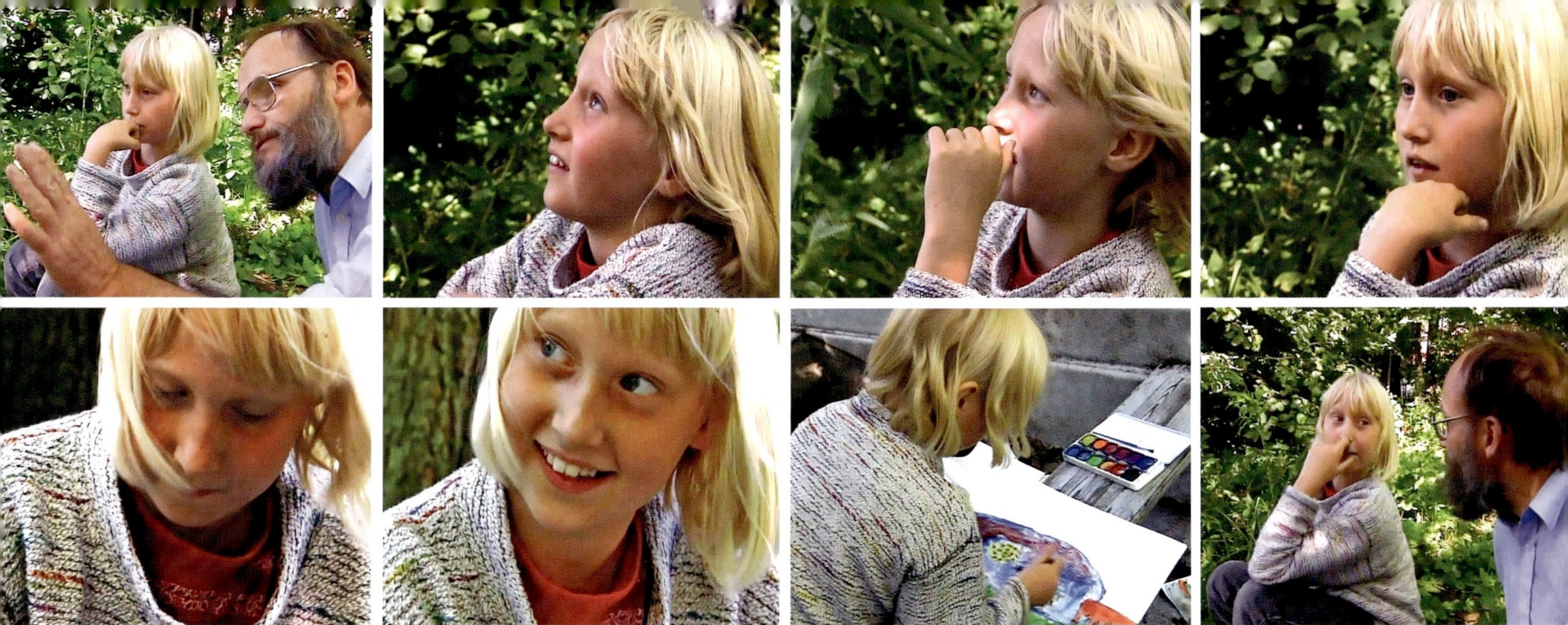

EIN VERSUCH MIT STADTKINDERN

Fotos: Werner Peter, 1996

Sommer 1996. Gilbert Waligora war eingeladen nach Buckow in die Märkischen Schweiz. Ins „Besucherzentrum für Natur- und Umwelterziehung Drei Eichen". Für Schulklassen aus Berlin sollte es ein Kunstseminar geben. An einem schönen Vormittag lud er interessierte Schüler ein zum Aquarellmalen an einem Waldsee gleich nebenan. Auch ein Fernsehteam des ORB war dabei.

Acht Kinder folgten ihm zu einem stillen Ufer. Er bat sie zunächst, nur das Glitzern und die Farben in den Bäumen und im Wasser zu beobachten. Dies sollten sie ganz frei als Stimmung mit Pinsel und Aquarellfarben wiedergeben, ohne den Zwang, konkrete Pflanzen zu malen.

Doch die Kinder sahen den Zauber und die Farben zunächst gar nicht.

Fast alle schauten nur aufs Papier. Manche drehten sich sogar mit dem Rücken zum See, malten Wasser, Ufer, Bäume aus dem Kopf. So ging es eine Stunde. Dann setzte sich Gilbert Waligora leise zu einigen Kindern und lenkte ihre Blicke behutsam. Auf das Licht in den Zweigen, auf das unterschiedliche Grün und die Baumformen, auf Spiegelungen und Blätter im Wasser. Große Geduld war nötig. Es fiel ihnen nicht leicht, sich zu konzentrieren.

Neues Papier wurde hervor gezogen. Wieder konnten die Kinder in Ruhe schauen. Nochmals verging eine Stunde. Es entstanden keine Kunstwerke. Aber hier und da war deutlich zu spüren, dass sie jetzt genauer hin schauten und auch Stimmungen wahrnahmen.

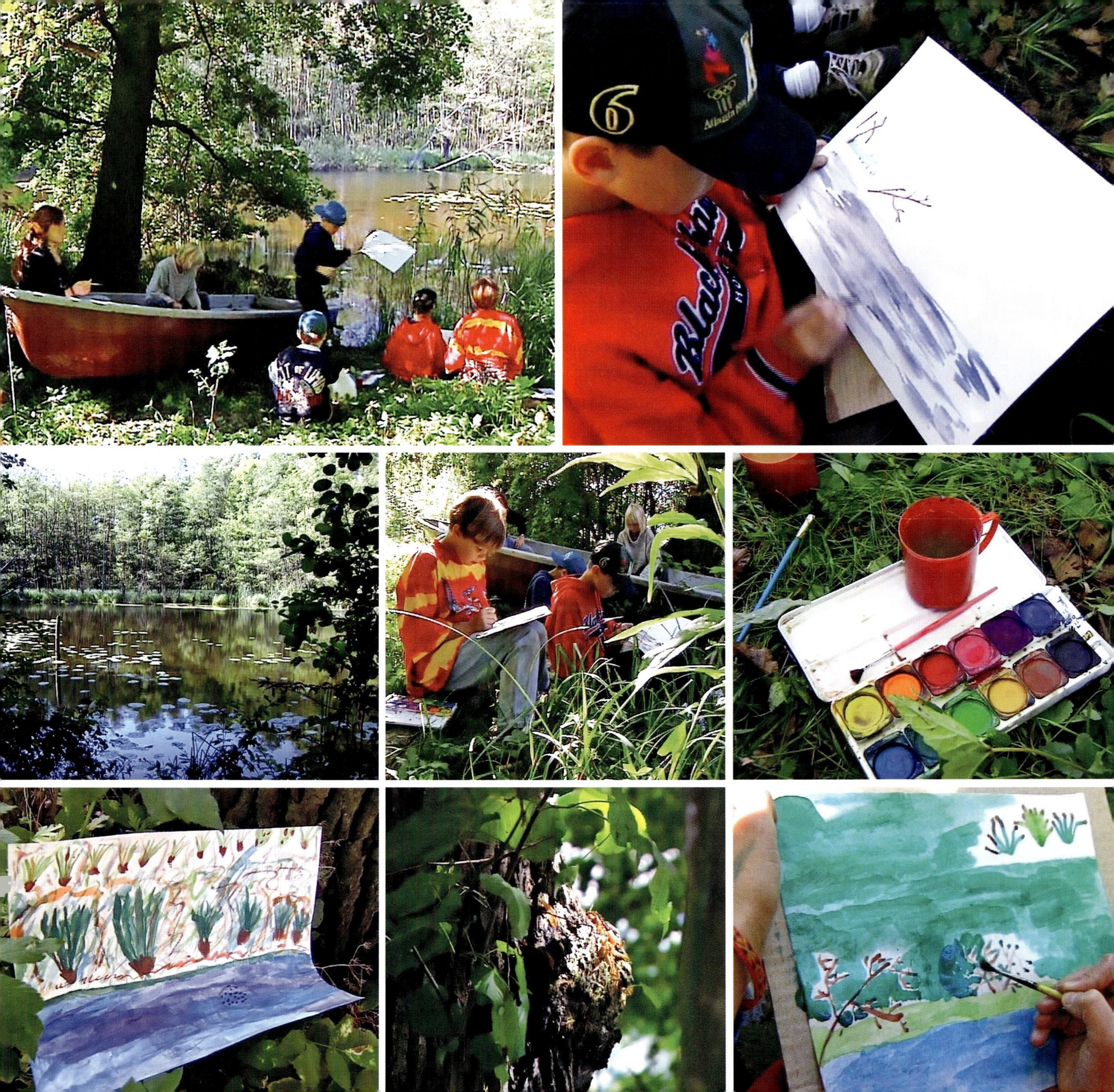

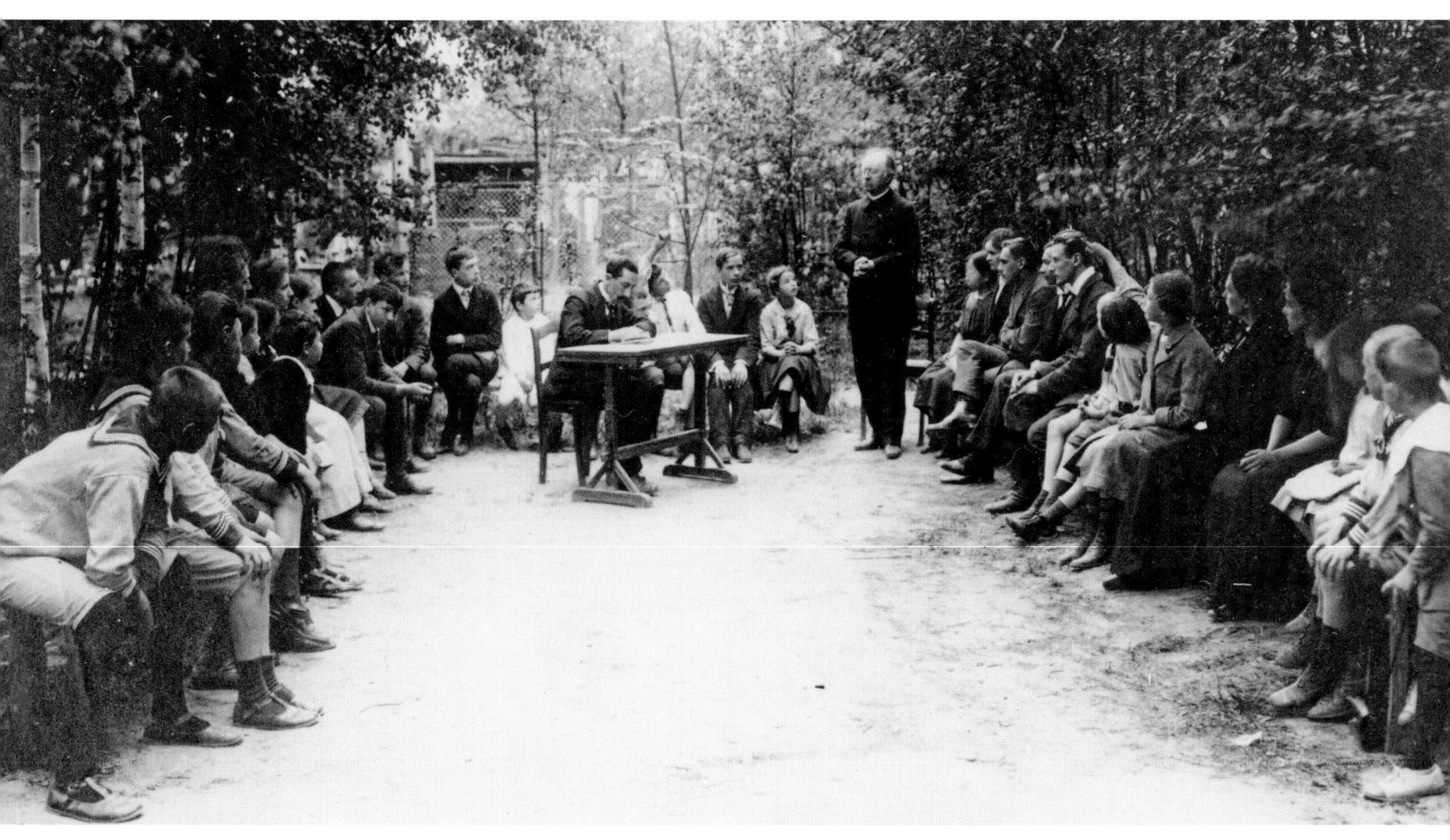

Gesamtunterricht mit Berthold Otto im Freien, um 1913, Foto: Bibliothek für Bildungsgeschichtliche Forschung

NACHWORT: PÄDAGOGIK VOM KINDE AUS

Statt knöcherner Didaktik Erlebnisse und Erfahrungen zulassen, die die Selbstständigkeit fördern. Dieser Gedanke „der Erziehung vom Kinde aus" vereinte seit Johann Comenius, Jean-Jaques Rousseau und Heinrich Pestalozzi viele Reformpädagogen und Kunsterzieher. Dazu kam das Credo der Montessori-Pädagogik „Hilf mir, es selbst zu tun". Dies alles zieht sich auch durch Gilbert Waligoras Bestreben, Naturerfahrung und künstlerisches Arbeiten zu vereinen.

Um Bildung durch Kunst, Musik, Literatur und körperliche Bewegung bemühten sich besonders ab 1900 die Pioniere der „Kunsterziehungsbewegung" wie Alfred Lichtwark (1852–1914). Statt braves geometrisches sollte freies Zeichnen und Werken im Unterricht die Wertschätzung von Kinderzeichnungen auch als „Kunst" heben.

Der süddeutsche Volksschul- und Zeichenlehrer Gustav Kolb (1867–1943) forderte für die Kunsterziehungslehrpläne eine Abkehr vom Kopieren von Vorlagen hin zum gewissenhaften Studium der lebendigen Pflanzen. Sein 1925 verfasstes Hauptwerk „Das Bildhafte Gestalten" war lange Standardwerk für den Zeichenunterricht.

Der Schweizer Reformpädagoge und Kunstsammler Heinrich Corray (1880–1974) wurde ein Pionier der Waldpädagogik. Jeden Mittwoch führte er Schulklassen ins Freie. Seine Erfahrungen mit 8- und 9-jährigen Schülern veröffentlichte er in „Neulandfahrten".

Auch der Berliner Berthold Otto (1859–1933) machte in seiner privaten Versuchsschule in Lichterfelde viel Unterricht unter freiem Himmel, forderte von seinen Lehrerinnen und Lehrern, dass sie alle Kinder als Persönlichkeiten ernst nehmen und an ihre Fähigkeiten glauben. Jedes Kind habe Talent und seinen eigenen Antrieb zu geistigem Wachstum.

Gilbert Waligora hat sich wenig für die Theorien der Reformpädagogik interessiert und doch ein Leben lang so gearbeitet. Gemeinschaftliches Erleben, Achtung und Vertrauen, das Credo von Anton Semjonowitsch Makarenko (1888–1939) und Janusz Korzak (1878–1942) empfand er als besonders anregend geschildert im Buch des sowjetischen Pädagogen Wassili Suchomlinski (1918–1970) „Mein Herz gehört den Kindern".

ANHANG

Quellen

IUGR – Institut für Umweltgeschichte und Regionalentwicklung e.V. an der Hochschule Neubrandenburg

StUG 373-1: „Jugend forscht und gestaltet auf Fontanes Spuren" Ausstellungen 1–5 (1983–1987)

StUG-373-2: „Liepe, wie wir es erlebten" (Ausstellung 1988)

StUG 373-4 „Mein Land, das ferne Leuchtet" Ausstellung zu Ehm Welk 1997

StUG 476-1 Iris Berndt (betr. Gesellschaft für Natur und Umwelt)

BBF | Bibliothek für Bildungsgeschichtliche Forschung des DIPF | Leibniz-Institut für Bildungsforschung und Bildungsinformation. Bedeutende Teile des Vorlasses von Gilbert Waligora wurden der BBF im Oktober 2019 übereignet. Darunter Schriftdokumente zu seinem Leben und Wirken, sowie eine große Sammlung an Zeichnungen, die im Rahmen der AG-Arbeit für Ausstellungen oder als künstlerische Einzelwerke entstanden sind. Der Bestand wird gegenwärtig archivfachlich bearbeitet und steht nach Abschluss der Arbeiten unter dem Bestandskürzel WALIG für eine interessierte Öffentlichkeit zur Einsicht zur Verfügung

Förderverein für Öffentlichkeitsarbeit im Natur- und Umweltschutz FÖN e. V., Geschäftsstelle Potsdam

Wanderausstellung. „Der Baum und Ich und Du – Wir wollen leben" 2010 (weitere Kopie im Nationalpark Hainich)

Zeitungsartikel

Unsere Taten und Träume, in: Deutsche Lehrerzeitung. Magazin für Schule und Gesellschaft, 33 (1986) Nr. 50, S. 12

Charlotte Groh, Junge Leute aus Berlin, in: Sonntag, Unabhängige Wochenzeitung für Kunst und modernes Leben 42 (1987) S. 7–8

(ohne Autor) Von der 1. Zentralen Delegiertenkonferenz der Gesellschaft für Natur und Umwelt berichtet: Landeskultur – wichtiger Wert unserer Lebensweise, in: Sächsische Union (Dresden), 13. Mai 1987, S. 3

Klaus Radestock, Die Umwelt zeichnen und Zeichen setzen, in: Neues Deutschland, 21. Juli 1990

Christina Matte, Waligora oder die Spannkraft dünner Haut, in: Neues Deutschland, 25./26. Mai 1991, S. 9

Günther Queißer, Junge Maler, Kraniche und die vier Elemente. Über zwei Jahrzehnte gibt es die Jugendgruppe Grafik, Malerei und Umweltpflege, in: Neues Deutschland vom 8. November 2002

Beeindruckende Aquarelle auf einem einzigartigen Naturkalender für 2000, in: Märkische Oderzeitung, August 1999

(ohne Autor) Kalender ohne Natur-Romantik, in: Märkische Oderzeitung 24. November 2011 (https://www.moz.de/artikel-ansicht/dg/0/1/111788/)
Günter Queißer, Naturerbe Buchenwald. Kalender wirbt für Neuaufnahmen in die UNESCO-Liste, in: Neues Deutschland 13. September 2010, S. 8
Daniela Windolf, Ohne Angst vor dem ersten Pinselstrich, in: Märkische Oderzeitung, 25. Januar 2011 (https://www.moz.de/artikelansicht/dg/279148/ abgerufen am 14. 1. 2018)

Rundfunk- und Fernsehbeiträge

Hartmut Sommerschuh, Parsteiner See, Filmbeitrag in „Kreisläufe", Fernsehen der DDR II, (Erstausstrahlung 9. September 1987), DRA Potsdam
Renate Beckmann, Sie nennen ihn Wali, Radio-Feature im Berliner Rundfunk (Erstausstrahlung 19. Dezember 1989), DRA Potsdam
Uta Greschner, Riamara Sommerschuh, Fernseh-Feature Alles muss klein beginnen, ORB (Erstausstrahlung 5. Juni 1990), DRA Potsdam
Hartmut Sommerschuh, Ozon Extra: Umwelterziehung ORB-Fernsehen, (Erstausstrahlung 11. Dezember 1996) , rbb Potsdam

Publikationen

Jugend forscht, pflegt und gestaltet. II. Zentrales Treffen von Jugendlichen der Gesellschaft für Natur und Umwelt im Kulturbund der DDR vom 12.–15. Dezember 1985 in Heiligendamm, ausgewählte Diskussionsbeiträge, hrsg. von Rolf Caspar, Zentralsekretariat GNU, Berlin 1985 (Broschüre 34 Seiten)
Natur und Umwelt, Diskussionsbeitrage der 1. Zentralen Delegiertenkonferenz der Gesellschaft für Natur und Umwelt im Kulturbund der DDR 8. und 9. Mai 1987 in Dresden, hrsg. vom Zentralvorstand der Gesellschaft für Natur und Umwelt, Heft 1/1988 und Heft 2/1988 (jeweils 84 und 64 Seiten)
Jugend forscht, pflegt und gestaltet, III. Zentrales Treffen von Jugendlichen der Gesellschaft für Natur und Umwelt im Kulturbund der DDR im Dezember 1987 in Burg Hohnstein, ausgewählte Diskussionsbeiträge, hrsg. von Rolf Caspar, Zentralsekretariat GNU, Berlin 1988 (Broschüre, 44 Seiten)
Iris Berndt, Irmgard Schuschke, Meine Zeit tickt anders. Begegnungen mit Giselher Schuschke (Vorsitzender Gesellschaft für Natur und Umwelt Magdeburg), Potsdam 2011
Gilbert Waligora, in: Naturschutzgeschichte(n). Lebenswege zwischen Ostseeküste und Erzgebirge, hrsg. von Hermann Behrens und Jens Hoffmann, Friedland 2013, S. 449–473

Abbildungsnachweis

Julika Achtzig, Leipzig S. 31
Iris Berndt, Potsdam S. 48, 114, 144

Berlin Story, Verlag S. 44

BBF | Bibliothek für Bildungsgeschichtliche Forschung des DIPF | Leibniz-Institut für Bildungsforschung und Bildungsinformation, Berlin S. 7, 28, 30, 35, 46, 47, 49, 50, 60, 62, 71, 72, 74, 78, 93–105, 107, 108–113, 126 (1996), 156–158, 159–162, 166, 175, 180 (DIPF/BBF/Archiv: OT FOTO 753)

Barbara Bremer S. 139

Bundesarchiv Berlin S. 42 (Bild 183-H0711-0205-002), S. 43 (Bild 183-K0430-1001-002)

FÖN e. V. Potsdam S. 9, 14, 28, 56, 57, 163, 164 (Ausstellung Der Baum und Ich und Du – Wir wollen leben), 167

Martin Flade, Brodowin S. 79

David Fuhrmanek, Berlin S. 26, 45, 49, 154, 155

IUGR – Institut für Umweltgeschichte und Regionalentwicklung e.V. an der Hochschule Neubrandenburg S. 12, 32, 40, 41, 75, 81–83, 85–91, 106–113, 118–125, 127, 130–138, 140, 141, 144, 150–153

Jahreskalender der Jugendgruppe Grafik, Malerei, Umweltpflege und der Gruppe FORMICA Buchcover, S. 8 (1997), 10 (1993), 15 (1997), 167 (2007, 2010, 2020), 168 (1997), 168 (1997), 169 (2020), 170 (2009), 171 (2009)

Stefan Kaminski, Berlin S. 176, 177

Rainer Kant, Hamburg S. 79, 80

Steffen Lehmann, IMB Archiv S. 76

Claus Lindner, Prenzlau S. 61

Heike Matthées, Berlin S. 175

Neues Deutschland, Archiv S. 157

Ökodorfverein Brodowin e. V. S. 171

Fred Pechardscheck, Berlin S. 79

Werner Peter, Berlin S. 126, 142, 174, 178, 179

Ralf Roletschek, Eberswalde S. 84, 92

Matthias Schilling, Templin, OT Klosterwalde S. 58

Hans Serner, Lindenberg S. 63, 64, 65, 67

Hartmut Sommerschuh, Potsdam S. 3, 18–25, 27, 28, 29, 33, 77, 148, 166, 172

Thomas Treml S. 52 (https://naturfotografen-forum.de/0623620-Fichtenwald)

Gilbert Waligora, Berlin S. 16, 33, 36–39, 49, 54, 55, 128, 145, 146

Björn Wilda, Leipzig S. 66, 68, 69